权威·前沿·原创

皮书系列为

“十二五”“十三五”国家重点图书出版规划项目

智库成果出版与传播平台

加拿大发展报告
（2020）

ANNUAL REPORT ON THE DEVELOPMENT OF CANADA
(2020)

主　编／唐小松
广东外语外贸大学加拿大研究中心

社会科学文献出版社
SOCIAL SCIENCES ACADEMIC PRESS (CHINA)

图书在版编目(CIP)数据

加拿大发展报告. 2020 / 唐小松主编. -- 北京：社会科学文献出版社，2020.12
（加拿大蓝皮书）
ISBN 978-7-5201-7632-3

Ⅰ. ①加… Ⅱ. ①唐… Ⅲ. ①经济发展-研究报告-加拿大-2020②社会发展-研究报告-加拿大-2020 Ⅳ. ①F171.14

中国版本图书馆 CIP 数据核字（2020）第 229217 号

加拿大蓝皮书
加拿大发展报告（2020）

主　　编 / 唐小松

出 版 人 / 王利民
责任编辑 / 叶　娟　邓　翃　俞孟令

出　　版 / 社会科学文献出版社 · 国别区域分社（010）59367078
地址：北京市北三环中路甲 29 号院华龙大厦　邮编：100029
网址：www.ssap.com.cn
发　　行 / 市场营销中心（010）59367081　59367083
印　　装 / 天津千鹤文化传播有限公司

规　　格 / 开　本：787mm × 1092mm　1/16
印　张：18.5　字　数：275 千字
版　　次 / 2020 年 12 月第 1 版　2020 年 12 月第 1 次印刷
书　　号 / ISBN 978-7-5201-7632-3
定　　价 / 128.00 元

本书如有印装质量问题，请与读者服务中心（010-59367028）联系

《加拿大发展报告（2020）》
编　委　会

主编简介

唐小松　博士，教授，博士生导师，广东外语外贸大学加拿大研究中心主任；兼任中国加拿大研究会副会长、全国高校国际政治研究会常务理事、察哈尔学会高级研究员。入选广东省“千百十人才培养工程”省级学术带头人。在国内外重要刊物发表学术论文101篇，出版专著、编著9部，译著5部；主持国家社科基金重点课题2项、省部级课题6项；获广东省哲学社会科学优秀成果奖“一等奖”。

摘　要

2019 年 10 月，特鲁多带领的自由党在加拿大新一轮联邦大选中赢得连任，但失去了多数党的地位，最终组成少数派政府，内外政策受到了明显的掣肘。2020 年新冠疫情在北美暴发后，特鲁多政府面临着对内的疫情、经济压力，以及对外的美加关系、中加关系和联合国安理会非常任理事国选举的压力，在政治、外交、经济、社会等各个方面都经历了较大的变化与调整。内政方面，特鲁多政府为了抗疫，不计成本地推出各种大规模、大力度的补助政策，虽然得到了选民的认可，支持率有所上升，但留下了天文数字的政府财政赤字，受到反对党的诟病，同时也给未来经济复苏留下了隐患。外交方面，在疫情的推动下，加拿大匆忙通过了《美国—墨西哥—加拿大协定》，其中的“毒丸条款”基本上阻断了未来加拿大与中国自贸协定谈判的道路。当然，中加关系也早已恶化到暂时没有任何可能推进这一议题的程度，尤其是孟晚舟案于 2020 年 5 月被宣判符合“双重犯罪”标准，继续进行引渡听证之后，原本在抗疫期间出现良好合作机会的中加关系再一次受到重创，前途比较黯淡。加美关系此次在疫情中也同样受到负面影响。美国治理疫情的失败导致加美边境迟迟不能开放，特朗普政府各种施压政策也令加拿大联邦与省政府颇为反感。此外，两国在对待疫情以及国际合作抗疫方面采取了完全不同的政策，以至于两国的疫情控制与发展呈现出完全不同的状态。

关键词： 加拿大　联邦大选　美国　中国　新冠疫情

序 言

《加拿大蓝皮书》系列成果是由教育部国别和区域研究培育基地——广东外语外贸大学加拿大研究中心负责组织编写的。作为教育部国别和区域研究培育基地，广东外语外贸大学加拿大研究中心每年将编写出版《加拿大蓝皮书》列为年度重点任务之一。2014 年，国内首部《加拿大蓝皮书》出版，它就加拿大国内政局发展、外交事务、经济管理、社会企业、环境治理等热点问题进行系统和深入研究，受到政府、社会各界及媒体的广泛关注，在国内外引起较大反响，受到普遍肯定和赞誉。

《加拿大发展报告（2020）》是第 7 部系统研究加拿大国情的蓝皮书，参与报告撰写的专家来自广东外语外贸大学、上海外国语大学、上海财经大学、上海师范大学、澳门大学、澳门城市大学、成都中医药大学等单位。报告由 1 篇主报告、4 篇分报告和 7 篇专题报告构成。蓝皮书系统深入分析和预测了2019 ~2020年度加拿大国内政局发展、经济管理、外交事务、社会政策形势，重点研究特鲁多政府第一任期和第二任期承前启后之年的政治局势、对外政策、社会福利等年度热点和关键议题。不同于普通的论文集对于不同议题的分散研究，加拿大蓝皮书通过政治、经济、外交、社会等各领域来整体呈现加拿大年度发展状况，研究内容丰富，具有很强的动态性和前瞻性。蓝皮书研究方法严谨，注重定量分析与定性分析相结合的科学研究方法。同时，研究团队在研究过程中通过与国内外加拿大研究机构、高校建立联系，获取最新和最权威的资料与数据，确保各领域的研究紧跟形势，数据新颖翔实，真实、科学地反映研究对象的最新情况。

2019 ~2020 年度是自由党政府承前启后之年。2019 年加拿大实际 GDP

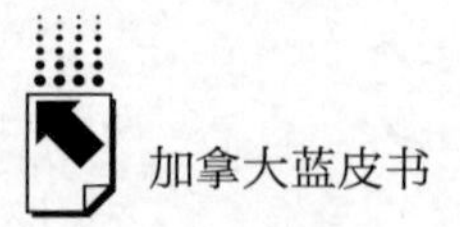

比前一年增长1.6%。对实际GDP增长贡献最大的来自最终消费支出，其次来自货物与服务出口，而企业和政府固定资本形成总额则为负贡献。最终消费支出增长中政府与非营利机构消费支出增长显著，居民消费价格指数和工业品价格指数总体同比变动幅度不大，货物与服务进出口额增加且贸易顺差规模扩大，商品生产和服务行业就业增加且全国平均失业率下降；不过，企业和政府投资减少且固定资本形成总额下降，前三季度公司税前利润同比下降，总负债增额超过总资产增额且负债规模扩大。未来加拿大经济发展仍受到世界经济发展形势的影响。从2020年看，由于新冠疫情蔓延，全球经济将出现急剧收缩。第一季度加拿大制造业无论是生产还是销售，都出现了下降。预计受上半年的拖累，全年将出现负增长。

从2019年开始，加拿大波荡起伏的就业市场、持续低迷的人口出生率、日益严峻的老龄化危机等诸多社会经济问题凸显。2020年新冠疫情暴发则更进一步暴露和激发了诸多潜藏的社会问题，例如偏远地区、原住民社区的公共医疗供给问题等，甚至引发了小范围的暴力抗议事件。加拿大联邦政府试图通过一系列针对特殊群体的紧急救助计划，稳固加拿大社会发展的基石。然而，尚不明朗的经济形势和日趋紧张的财政预算都紧紧捆绑着加拿大联邦政府的手脚，也给诸多社会政策的实际效果打上了一个大大的问号。2020年加拿大是否能够维持一个较为稳定的局面，这在极大程度上取决于其经济复苏的能力，也取决于特鲁多政府针对不同群体是否能够采取更为行之有效的措施。

2019年下半年至2020年上半年，加拿大的外交重点主要集中在加美关系、中加关系和多边外交三个方面。《美国—墨西哥—加拿大协定》（United States - Mexico - Canada Agreement，USMCA）在加拿大国会的通过，解决了美加关系中的贸易问题。这是特鲁多政府第一任期完成的最重要的外交工作之一，它意味着加美关系中关于贸易争端的问题暂时告一段落。但两国在应对新冠疫情的过程中依然产生了一些矛盾和分歧。这一年，特鲁多政府为缓和中加关系做了一些人事上的安排，也在疫情中与中国建立了不错的合作关系，但随着孟晚舟被判罪名成立，中加关系进一步走向恶化。多边外交是特鲁多政府一贯坚持的战略，尤其是在争取联合国安理会非常任理事国席位和抗击新冠疫情的背景下，特鲁多政府外交更加注重在多边合作的环境中为自身拉票和共同应对全球治理难题，但由于对手强劲，以及此前一系列外交失误，加拿大依然难以圆梦联合国。

2019 年 10 月，特鲁多带领自由党再次赢得大选，但是以少数派政府得以连任。这一局面对于自由党来说，意味着接下来的执政将受到反对党很大的掣肘，并且危机四伏。保守党和新崛起的人民党不断地抨击自由党政府，而其他在野党也并未如此前所表达的那样对特鲁多予以支持，尤其是新民主党。特鲁多连任初期，遭遇了国内一系列的矛盾与问题，包括西部省份闹独立、铁路大罢工、原住民反对能源管道建设等，危机重重。然而，突如其来的新冠疫情却让特鲁多第二任期的局面有了转机。面对疫情，联邦政府一系列抗疫及救济措施让特鲁多本人和自由党的支持率都有所上升。不过，这一切都是用不断增加的财政赤字换来的。疫情之后，特鲁多政府将面临如何恢复经济、降低财政赤字以及解决国内矛盾等各种难题。

感谢蓝皮书的全体编委和作者通过一年的努力，用他们的智慧和汗水为我们带来了新一年的加拿大研究盛宴，让我们可以持续了解加拿大相关领域的最新发展与变化。希望蓝皮书可以为中国学界和社会搭建一个有效的沟通和交流平台，为国内的加拿大研究继续贡献力量。

隋广军

广东外语外贸大学党委书记

2020 年 7 月 25 日

目　录

Ⅰ　总报告

B.1　2019～2020年加拿大发展形势 …………………………… 黄　忠 / 001

Ⅱ　分报告

B.2　2019年加拿大政党政局 ………………………………… 唐小松 / 023

B.3　2019年加拿大经济形势 ………………………………… 林　珏 / 040

B.4　2019年加拿大外交局势 ………………………………… 刘　丹 / 082

B.5　2019年加拿大社会形势 ………………………………… 于茗卉 / 101

Ⅲ　专题报告

B.6　加拿大高等教育与中加高等教育合作 ………… 李树英　魏　航 / 116

B.7　2019年加拿大联邦大选与华人参政 …………………… 丁　果 / 138

B.8　2019年加拿大移民政策分析 …………………………… 贾葆蘅 / 156

B.9　特鲁多政府原住民政策评析 …………………………… 刘江韵 / 185

B.10　新冠疫情时代的加拿大金融 ……………… 杰弗瑞·麦科马克 / 202

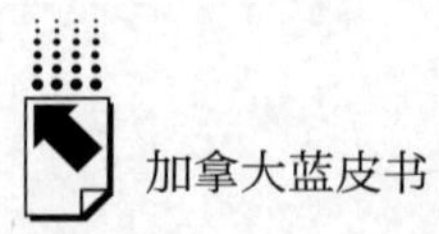

B.11 新冠疫情下的加拿大互联网医疗 …………………… 米　睿 / 231

B.12 军队在加拿大北极战略中的角色和行动 …………… 安德万 / 248

Contents …………………………………………………… / 268

皮书数据库阅读**使用指南**

总 报 告

General Report

B.1
2019～2020年加拿大发展形势

黄 忠*

摘 要： 2019～2020年，加拿大经济增长放缓，新冠疫情对国家整体经济发展的负面影响有待观察；通货膨胀面临较高不确定性，就业波动较大，贸易赤字缩小处于较低水平；国家财政赤字和联邦债务略微下降，但新冠疫情会明显恶化未来国家财政状况。贾斯廷·特鲁多带领自由党以少数优势赢得大选，新冠疫情让其获得新机遇；新冠疫情对国家安全造成重大挑战，政府开展紧急援助行动；国内犯罪增多，安全形势持续变差，新网络安全行动计划正式提上日程。加美之间仍旧龃龉不断，中加关系僵局没有根本改变；国内政治与环境外交目标难以协调，联合国安理会非常任理事国席位竞选失败；国家竞争

* 黄忠，博士，广东外语外贸大学加拿大研究中心讲师，研究方向：加拿大外交。

力和国际声誉度上升，国家软实力排名持续下降。

关键词： 加拿大 经济 政治 安全 外交

2019～2020年，加拿大平稳地完成了联邦大选这一最为重要的国家政治事件。加拿大经济社会也一度保持着稳定祥和的局面，只是在外交层面存在纷争。新冠疫情这一黑天鹅事件的发生，不仅让世界，也让加拿大的未来发展平添了诸多不确定因素。

一 经济与财政形势

1. 经济增长放缓，新冠疫情对整体经济发展的负面影响有待观察

2019年，加拿大国内生产总值增长率为1.6%，相比2018年的2%和2017年的3%可谓持续放缓，主要原因是国际贸易与投资有所下降。其中，住房部门的企业投资下降0.6%，非住房部门的企业投资上升0.9%；出口增长1.2%，进口增长0.3%。[①] 加拿大近3年国内生产总值和国内最终需求变化相关数据参见图1。分部门来看，服务业增长了2.5%，制造业下降了0.9%。[②] 2020年1月，加拿大国内生产总值比上个月增长了0.1%，其中制造业增长0.8%，金融保险业增长0.9%，运输仓储业下降1.7%，采矿、采石和油气开采业下降0.6%。[③]

在加拿大联邦政府发布的《2019年国家经济和财政更新报告》中，财政部坚定地认为国家经济仍旧会增长，预测未来两年加拿大经济增长率

---

① "Gross Domestic Product, Income and Expenditure, Fourth Quarter 2019", https://www150.statcan.gc.ca/n1/daily-quotidien/200228/dq200228a-eng.htm，检索日期：2020年4月1日。

② "Gross Domestic Product by Industry, December 2019", https://www150.statcan.gc.ca/n1/daily-quotidien/200228/dq200228b-eng.htm，检索日期：2020年4月1日。

③ "Gross domestic product by industry, January 2020", https://www150.statcan.gc.ca/n1/daily-quotidien/200331/dq200331a-eng.htm?lnk=dai-quo&indid=3569-1&indgeo=0，检索日期：2020年4月2日。

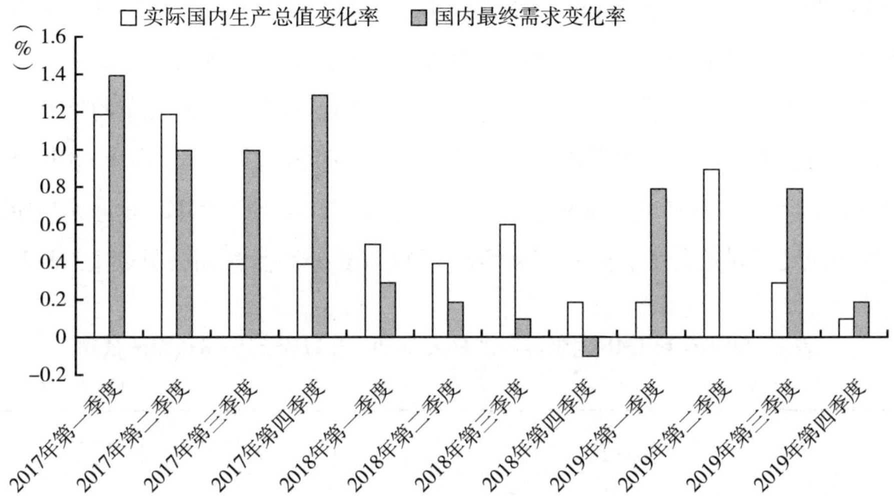

图 1　2017～2019 年加拿大实际国内生产总值变化率和国内最终需求变化率

注：相关数据以 2012 年为基数。

资料来源：https：//www150. statcan. gc. ca/n1/daily – quotidien/200228/cg – a001 – eng. htm，检索日期：2020 年 2 月 28 日。

为 1. 6% 和1. 8% 。[①] 在 2020 年 1 月发布的货币政策报告中，加拿大央行对国家经济未来两年增长率的预测分别为 1. 6% 和 2. 0% 。报告认为，尽管国家经济在 2019 年第四季度的增长有所放缓，但随后就会出现反弹。[②]

然而，从 2020 年 3 月份开始，由于新冠疫情的扩散和全球原油价格的下降，加拿大经济面临更多考验。财政部部长莫诺（Bill Morneau）尽管认为加拿大经济会保持强劲，而且仍然会保持 G7 成员国中第二高的经济增长率，却也坦承新冠疫情对国家经济发展的影响非常现实。[③] 加拿大 2020 年第一季度的经济已经陷入大衰退中，仅 3 月份就同比下降 9% ，创造了 1961 年有纪录以来的单月

① “Economic and Fiscal Update 2019”，https：//www. budget. gc. ca/efu – meb/2019/docs/statement – enonce/toc – tdm – en. html，检索日期：2020 年 4 月 2 日。

② “Monetary Policy Report – January 2020”，https：//www. bankofcanada. ca/2020/01/mpr – 2020 – 01 – 22/，检索日期：2020 年 4 月 2 日。

③ “Morneau Says Coronavirus to Have ‘Real’ Impact on Canada’s Economy”，https：//www. bnnbloomberg. ca/trudeau – s – finance – chief – says – coronavirus – will – take – real – toll – 1. 1387930，检索日期：2020 年 4 月 2 日。

最大跌幅，直接拖累整个第一季度的 GDP 下降 2.6%。[①] 3 月 13 ~ 15 日的民调显示，86% 的受访者认为新冠疫情对加拿大经济正在造成伤害，65% 的受访者表示个人财务状况受到负面影响。[②] 加拿大央行 2020 年 4 月发布的货币政策报告认为，2020 年第一季度和第二季度与 2019 年第四季度相比，国家 GDP 会分别下降 1% ~3% 和 15% ~30%。[③] 在疫情背景下，OECD 和 IMF 对世界和加拿大经济的发展同样表露了某种悲观情绪，调低了经济增长预期（见表1、表2）。

表 1　OECD 和 IMF 对世界和加拿大 2020 ~ 2021 年经济增长率的预测

单位：%

	OECD		IMF	
	2020 年	2021 年	2020 年	2021 年
世界	2.4	3.3	-3.0	5.8
加拿大	1.3	1.9	-6.2	4.2

资料来源："Coronavirus: The World Economy at Risk", https: //www. oecd - ilibrary. org/docserver/7969896b - en. pdf? expires = 1585735024&id = id&accname = guest&checksum = A990874F136D4864C3B88A5CFF257088，检索日期：2020 年 6 月 28 日；"World Economic Outlook, April 2020: The Great Lockdown", https: //www. imf. org/en/Publications/WEO/Issues/2020/04/14/weo - april - 2020，检索日期：2020 年 6 月 28 日。

表 2　OECD 对 G7 成员国 2019 ~ 2021 年经济增长率的统计和预测

单位：%

	2019 年(统计)	2020 年(预测)	2021 年(预测)
加拿大	1.7	-9.4	1.5
法国	1.5	-14.1	5.2
德国	0.6	-8.8	1.7
意大利	0.3	-14	5.3
日本	0.7	-7.3	-0.5
英国	1.4	-14	5.0
美国	2.3	-8.5	1.9

资料来源："Real GDP Forecast", https: //data. oecd. org/gdp/real - gdp - forecast. htm#indicator - chart，检索日期：2020 年 6 月 28 日。

---

① "Gross Domestic Product by Industry: Nowcast, March 2020", https: //www150. statcan. gc. ca/n1/daily - quotidien/200415/dq200415a - eng. htm，检索日期：2020 年 4 月 15 日。

② "Percentage of Canadian Adults Concerned about the Possible Economic Effects of the Novel Coronavirus in March 2020", https: //www. statista. com/statistics/1103744/coronavirus - economic - effect - concerns - canada/，检索日期：2020 年 4 月 1 日。

③ "Monetary Policy Report - January 2020", https: //www. bankofcanada. ca/wp - content/uploads/2020/04/mpr - 2020 - 04 - 15. pdf，检索日期：2020 年 6 月 28 日。

2. 通货膨胀面临较高不确定性，就业波动较大，贸易赤字处于较低水平

2019 年，加拿大的通货膨胀率为 1.9%，比 2018 年下降了 0.4 个百分点，继续保持平稳势头。来自房产抵押的利息成本是对通货膨胀影响最大的因素，其上涨高达7.6%，而汽油价格下降6.1%则是最大的平衡因素。[①] 趋势方面，2019 年 5 月之前通货膨胀率持续上升，然后又连续下降 3 个月，到 9 月再次上升，是一个明显的 V 形和倒 V 形相结合的曲线（见图 2）。

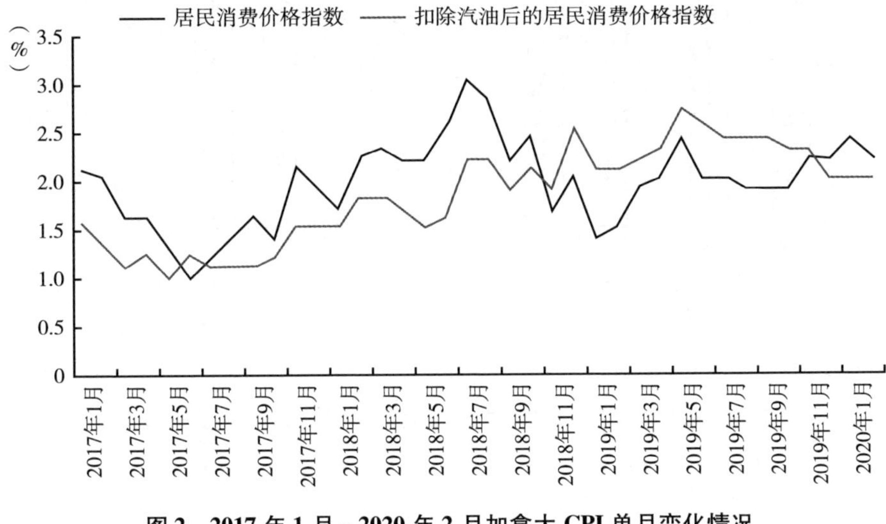

图 2　2017 年 1 月~2020 年 2 月加拿大 CPI 单月变化情况

资料来源：https：//www150. statcan. gc. ca/n1/daily - quotidien/200318/cg - a001 - eng. htm，检索日期：2020 年 3 月 18 日。

2020 年 2 月，加拿大通货膨胀率为 2.2%，比 1 月低 0.2 个百分点。其中，和上年同期相比，交通价格上涨 4.4%，住房价格上涨 2.3%，汽油价格上涨 7%。[②] 地区方面，新斯科舍省和艾伯塔省最高，纽芬兰 - 拉布拉多省最低（见图 3）。在 2020 年 1 月发布的货币政策报告中，加拿大央行认为国家

① “Consumer Price Index：2019 in Review”，https：//www150. statcan. gc. ca/n1/pub/11 - 627 - m/11 - 627 - m2020005 - eng. htm，检索日期：2020 年 4 月 10 日。

② “Consumer Price Index, February 2020”，https：//www150. statcan. gc. ca/n1/daily - quotidien/200318/dq200318a - eng. htm，检索日期：2020 年 4 月 10 日。

通货膨胀率会继续维持在2%左右。① 受新冠疫情影响，加拿大央行4月份的货币政策报告认为，未来三年国家的通货膨胀率为-0.5%~2.5%，且不确定性较高。②

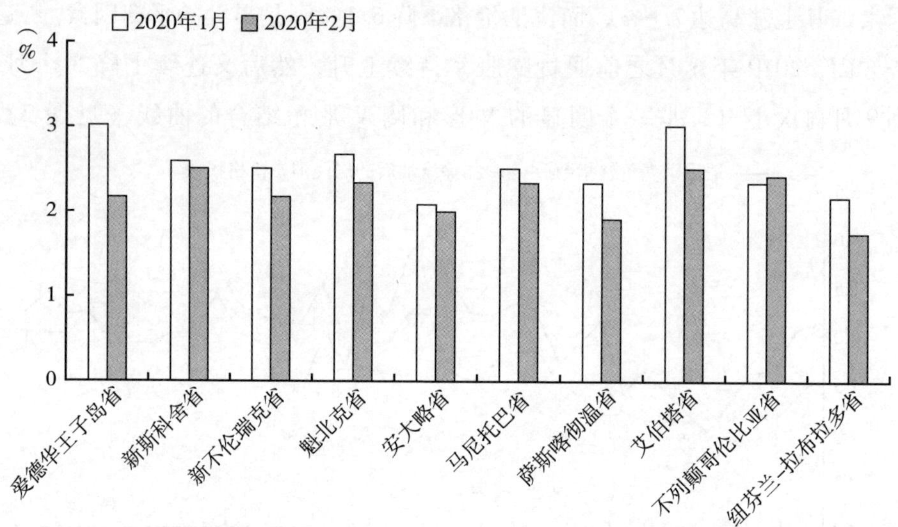

图3　2020年1月~2020年2月加拿大各省CPI单月变化情况

资料来源：https://www150.statcan.gc.ca/n1/daily-quotidien/200318/cg-a004-eng.htm，检索日期：2020年3月18日。

加拿大财政部于2019年底认为，加拿大失业率处于低点，适龄人口的就业率创历史最高，使得国家劳动力市场形势良好。③ 当时事实也的确如此。其中，2019年12月和2018年12月相比，加拿大就业人数增加320000人；失业率则一致为5.6%。④ 2020年2月，加拿大就业人数和上月相比增加30000人，增长了

① "Monetary Policy Report - January 2020", https://www.bankofcanada.ca/2020/01/mpr-2020-01-22/，检索日期：2020年4月2日。

② "Monetary Policy Report - January 2020", https://www.bankofcanada.ca/wp-content/uploads/2020/04/mpr-2020-04-15.pdf，检索日期：2020年6月28日。

③ "Economic and Fiscal Update 2019", https://www.budget.gc.ca/efu-meb/2019/docs/statement-enonce/toc-tdm-en.html，检索日期：2020年4月2日。

④ "Labour Force Survey, December 2019", https://www150.statcan.gc.ca/n1/daily-quotidien/200110/dq200110a-eng.htm，检索日期：2020年1月10日。

0.2%；失业率为5.6%，和上月相比增加0.1个百分点。[①] 然而，新冠疫情的暴发让加拿大良好的就业形势急转直下。3月，就业人数下降了1011000人，环比下降5.3%。整个国家的就业率，即15岁及以上年龄人口的就业率，下降3.3个百分点，为58.5%，是1997年4月以来的最差数据。与此同时，国家的失业率增加了2.2个百分点，达到7.8%，是加拿大1976年有可比较数据以来的单月最高值。[②] 加拿大2017年1月至2020年3月的失业率参见图4。

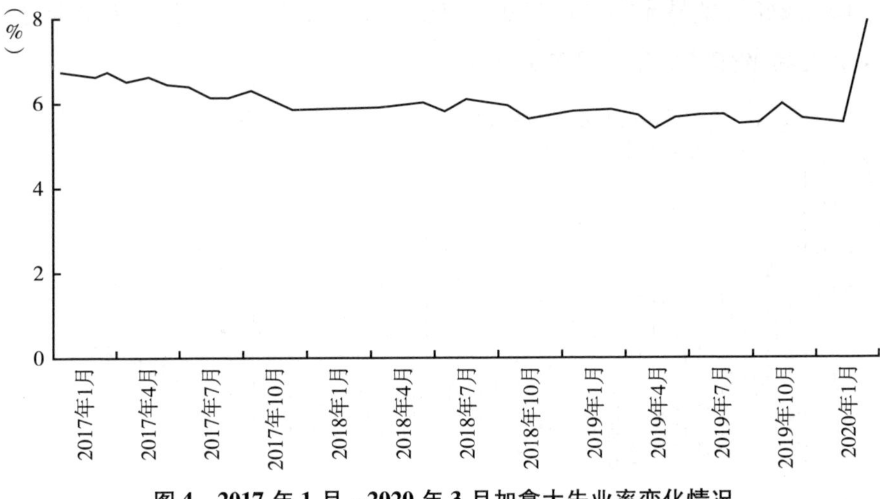

图4　2017年1月~2020年3月加拿大失业率变化情况

资料来源：https：//www150. statcan. gc. ca/n1/daily - quotidien/200306/cg - a002 - eng. htm，检索日期：2020年3月6日。

2020年1月，加拿大非农业部门全国周平均工资为1050.59加元，同比上涨4.0%；工作时间为平均每周33小时，环比多0.2小时，同比多0.4小时。[③] 2019年全年，加拿大企业部门劳动生产率和2018年相比上升

① "Labour Force Survey, February 2020", https：//www150. statcan. gc. ca/n1/daily - quotidien/200306/dq200306a - eng. htm，检索日期：2020年3月6日。

② "Labour Force Survey, March 2020", https：//www150. statcan. gc. ca/n1/daily - quotidien/200409/dq200409a - eng. htm? HPA =1&indid =3587 -2&indgeo =0，检索日期：2020年4月9日。

③ "Payroll Employment, Earnings and Hours, January 2020", https：//www150. statcan. gc. ca/n1/daily - quotidien/200327/dq200327a - eng. htm? lnk = dai - quo&indid = 3555 - 1&indgeo = 0，检索日期：2020年3月27日。

0.6%；企业单位劳动成本上升2.9%，比上一年高0.5个百分点，其主要原因是每小时工资成本上涨3.4%。[①]

加拿大2019年出口额同比增加1.7%，同2018年的6.3%和2017年的5.4%相比有较大差距；进口额同比增加1.0%，同样远低于2018年的5.7%和2017年的4.9%。2019年全年贸易赤字183亿加元，创下了2014年以来的最低值。[②] 2020年2月，加拿大出口额环比上升0.5%，进口额环比下降0.8%，贸易赤字增加到9.83亿加元。[③] 2017年4月至2020年2月加拿大贸易平衡度变化情况参见图5。

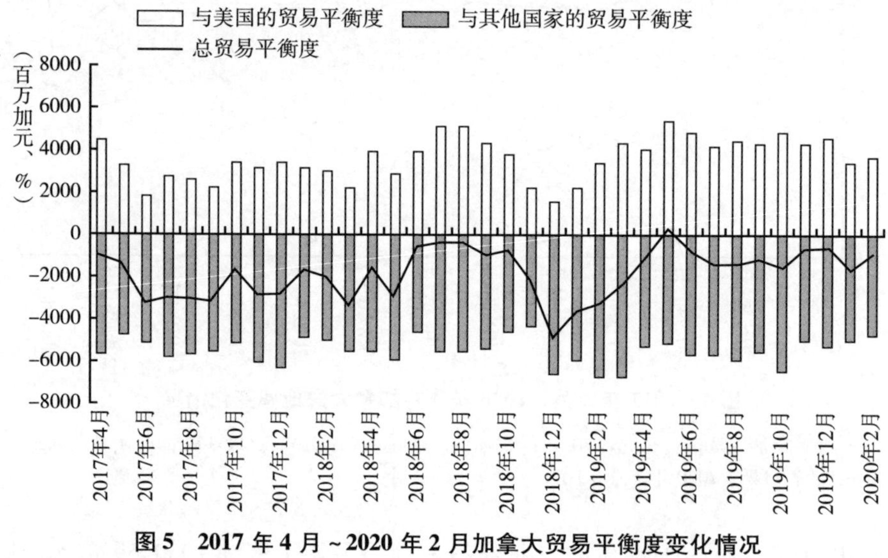

图5 2017年4月~2020年2月加拿大贸易平衡度变化情况

资料来源：https：//www150. statcan. gc. ca/n1/daily - quotidien/200402/cg - a007 - eng. htm，检索日期：2020年4月2日。

---

① “Labour Productivity，Hourly Compensation and Unit Labour Cost，Fourth Quarter 2019”，https：//www150. statcan. gc. ca/n1/daily - quotidien/200304/dq200304a - eng. htm? lnk = dai - quo&indid = 3313 - 1&indgeo = 0，检索日期：2020年3月4日。

② “Canadian International Merchandise Trade，December 2019”，https：//www150. statcan. gc. ca/n1/daily - quotidien/200205/dq200205a - eng. htm，检索日期：2020年2月5日。

③ “Canadian International Merchandise Trade，February 2020”，https：//www150. statcan. gc. ca/n1/daily - quotidien/200402/dq200402a - eng. htm? lnk = dai - quo&indid = 3612 - 3&indgeo = 0，检索日期：2020年4月2日。

3. 国家财政赤字和联邦债务略微下降，但新冠疫情会导致未来国家财政状况恶化

2019年9月17日，联邦政府发布了最新的财政报告。2018/2019财年，加拿大财政赤字为140亿加元，占GDP的0.6%，相对于2017/2018财年的财政赤字190亿加元占GDP的0.9%而言，总额和占比都缩小，比最初的预计要少9亿加元。其中，国家财政收入为3322亿加元，和上一年度相比增加了210亿加元，增长6.7%。国家财政收入占GDP的15%，和上一年度相比增加0.5个百分点。国家财政支出3462亿加元，和上年相比增加160亿加元，增长4.8%。截至2019年3月31日，加拿大联邦总负债（total liabilities）为1.2万亿加元，国家金融资产为4130亿加元，非金融资产为867亿加元。联邦债务（the federal debt），即累计赤字（accumulated deficit）为6855亿加元，和2018年3月31日相比增加了142亿加元。2018/2019财年，加拿大联邦政府债务占GDP的30.9%，和2017/2018财年的31.3%相比，略有下降。2018年，G7成员国政府的政府债务占GDP的比重平均为86%，其中加拿大政府的政府债务占GDP的比率为26.8%，在G7成员国中占比最低。①

2020年2月，加拿大联邦财政结余36亿加元，比2019年同期减少7亿加元。其中，收入322亿加元，增加1亿加元，增长0.4%；支出286亿加元，增加9亿加元，增长3.3%。从2019年4月至2020年2月联邦政府财政赤字为69亿加元，上一财年同期则是结余31亿加元。其中，收入3085亿加元，增加80亿加元，增长2.7%；支出3154亿加元，增加181亿加元，增长6.1%。从2019年4月至2020年2月，在财政赤字69亿加元扣除国家其他方面的综合收入（comprehensive income）7亿加元之后，联邦债务下降62亿加元。②

在《2019年国家经济和财政更新报告》中，联邦政府原本预计2019/

① “Annual Financial Report of the Government of Canada（2018－2019）”，https：//www.canada.ca/content/dam/fin/publications/afr－rfa/2019/afr－rfa19－eng.pdf，检索日期：2020年5月1日。

② “The Fiscal Monitor－February 2020”，https：//www.canada.ca/en/department－finance/services/publications/fiscal－monitor/2020/02.html，检索日期：2020年4月24日。

2020财年和2020/2021财年的财政赤字均为251亿加元。[①] 但由于新冠疫情暴发，国家经济停摆，收入减少，支出增加，估计国家财政赤字会出现大幅增加。比如，2020年3月25日，加拿大国会就通过了总额达1070亿加元的防控疫情经济刺激援助计划。4月11日，国会又出台730亿加元的薪资补贴计划。随着疫情的发展，相关的经济刺激和补贴方案可能还会陆续出台，这些都会加剧国家财政负担。[②]

二 国内政治与社会治理

1. 特鲁多带领自由党以少数优势赢得大选，新冠疫情让其获得新机遇

在2019年10月21日的联邦选举中，特鲁多赢得了大选，成功连任。但是，他领导的自由党在国会众议院投票中只获得了157席，没有实现在338席中过半的目标。其最大对手保守党获得121席，魁北克人党32席，新民主党24席，绿党3席，独立参选人1席。但是，在四年前的2015年大选中，自由党获得了184席，保守党只有99席。[③] 相比之下，自由党此次选举成绩欠佳。就原因而言，一方面，特鲁多涉嫌干预司法和种族歧视，让其之前的光辉形象大为失分；另一方面，特鲁多的进步主义内外政策在国内引发争议，受到以保守党为首的民粹主义的挑战。此前，加拿大13个少数党政府执政时间一般是一至两年，最短的甚至不足半年。可以说，特鲁多尽管赢得了大选，但还是输掉了民心。[④] 民调机构Nanos 2019年1月的调查数据也证明了这一点：在对联邦政府政绩的评价上，44%的受访者认为非常差（25%）或者有些差（19%），27%的受访者认为一般，27%的受访者认为

① "Economic and Fiscal Update 2019", https://www.budget.gc.ca/efu-meb/2019/docs/statement-enonce/efu-meb-2019-eng.pdf，检索日期：2020年5月2日。

② "Gross Domestic Product by Industry: Nowcast, March 2020", https://www150.statcan.gc.ca/n1/daily-quotidien/200415/dq200415a-eng.htm，检索日期：2020年4月15日。

③ 《特鲁多连任加拿大总理》，http://www.xinhuanet.com/2019-10/22/c_1125138373.htm?spm=C73544894212.P59792594134.0.0，检索日期：2019年10月22日。

④ 程宏亮：《特鲁多险胜，大选“撕裂”加拿大》，《世界知识》2019年第22期。

非常好（6%）或者还行（21%），3%的受访者表示不知道。这与几年前的数据形成了鲜明对比（见表3）。

表3　2016～2019年加拿大民众对自由党政府政绩的评价

单位：%

年份	非常好	还行	一般	有些差	非常差	不知道
2016	15	28	22	16	17	—
2017	11	26	24	15	24	—
2018	10	25	23	15	26	1
2019	6	21	27	19	25	3

注：图表数据取整，因此不必累计至100%。

资料来源：https：//secureservercdn. net/198. 71. 233. 47/823. 910. myftpupload. com/wp - content/uploads/2020/02/2019 - 1556 - Mood - of - Canada - Dec - Populated - Report - with - Tabs - FINAL. pdf，检索日期：2020年4月14日。

在对国家发展方向的态度上，41%的受访者认为正确（2018年为47%），34%的受访者认为错误（2018年为39%），25%表示不确定（2018年为14%）。在联邦与省的关系方面，超过61%的受访者认为联邦与省的关系没有进步（33%）或者某种程度上没有进步（28%），22%的受访者表示不好不坏，超过12%的受访者表示进步（2%）或者取得某些进步（10%），6%的受访者表示不确定。相对于2015年，认为关系改善的受访者减少了23个百分点，没有改善的则增加了23个百分点。①

然而，新冠疫情让特鲁多政府的支持率得以改善。2020年4月份的民调数据表明，在对联邦政府的态度上，32%的受访者表示满意（2019年6月为15%），22%的受访者表示乐观（2019年6月为15%），21%的受访者表示悲观（2019年6月为30%），11%的受访者表示愤怒（2019年6月为23%），另

① "Canadians Views of the Trudeau Government's Performance Continue to Trend Negatively", https：//secureservercdn. net/198. 71. 233. 47/823. 910. myftpupload. com/wp - content/uploads/2020/02/2019 - 1556 - Mood - of - Canada - Dec - Populated - Report - with - Tabs - FINAL. pdf，检索日期：2020年4月14日。

有4%的受访者不感兴趣，10%的受访者表示不确定。[①] 3 月 27 日的民调也发现，特鲁多本人和自由党的支持率在短期内获得了较大提升。特鲁多本人方面，3 月 27 日当周的支持率为 31.9%，之后一周为 35.4%，之前一周为 30.7%，2019 年 10 月 21 日为 30.5%。自由党方面，3 月 27 日当周支持率为 53.5%，之后一周为 56.3%，之前一周为 51.6%，2019 年 10 月 21 日为 50.7%。[②] 由此不难得出结论，新冠疫情虽然是挑战，但也是自由党的重大机遇。只要特鲁多政府应对得当，其未来的执政之路就会平坦很多。

2. 新冠疫情对国家安全造成重大挑战，政府开展紧急援助行动

突发的新冠疫情对加拿大国内安全构成了重大挑战。截至 2020 年 4 月 17 日上午 11 点，加拿大全国新冠病毒感染共报告 30670 例，确诊 30659 例，疑似 11 例，死亡 1250 例，致死率为 4.1%。全国共 503003 人接受了新冠病毒核酸检测，相当于每百万人口检测 12382 人，阳性率约为 6.2%。从易感人群来看，40～59 岁和 20～39 岁的群体占比最大，分别为 33% 和 26%，55% 的病例为女性。就地区而言，魁北克省和安大略省是重灾区，确诊人数分别达 15875 人和 9525 人。[③]

为了尽快渡过新冠疫情难关，从 2020 年 3 月起，加拿大政府陆续启动了一系列经济应对计划，对个体、企业和行业进行援助。

对个体方面的援助措施主要包括：对全时工作月薪低于 2500 加元的低

---

① “Feelings of Satisfaction towards the Federal Government in Ottawa Are on the Rise with COVID－19 Outbreak”，https：//secureservercdn. net/198. 71. 233. 47/823. 910. myftpupload. com/wp－content/uploads/2020/04/2020－1614－Nanos－Emotion－March－Populated－Report－with－TABS. pdf，检索日期：2020 年 4 月 15 日。

② “Preferred PM：Trudeau 31. 9 > Scheer 19. 7 > Singh 13. 2 > Unsure 23. 3 > May 5. 8 > Blanchet 4. 3 > Bernier 1. 8”，https：//secureservercdn. net/198. 71. 233. 47/823. 910. myftpupload. com/wp－content/uploads/2020/03/Political－Package－2020－03－27－with－Tabs－1. pdf，检索日期：2020 年 4 月 15 日；“COVID－19Is the Top Issue of Concern and Trending Up”，https：//secureservercdn. net/198. 71. 233. 47/823. 910. myftpupload. com/wp－content/uploads/2020/04/Weekly－Political－Package－2020－04－03－FR－with－TABS. pdf，检索日期：2020 年 4 月 15 日。

③ “Daily Epidemiology Update”，https：//www. canada. ca/content/dam/phac－aspc/documents/services/diseases/2019－novel－coronavirus－infection/surv－covid19－epi－update－eng. pdf，检索日期：2020 年 4 月 17 日。

收入群体进行临时补助；对儿童临时每月增加300加元的补助；对中低收入家庭进行一次性税收补贴（单身400加元、夫妻600加元）；推迟个人所得税申报和缴纳时间分别到6月1日和8月31日；房产抵押贷款的还款时间最长延迟可达6个月；对因疫情而失业的群体发放补贴，标准为每4周2000加元，最多16周；对原住民社区支持基金提供3.05亿加元的应急资金；为全国便利获得食品提供1亿加元资金；为疫情暴发期间的无家可归者提供1.575亿加元的资助；为妇女庇护所和防性侵中心提供0.5亿加元；为慈善和非营利组织提供3.5亿加元，支持它们帮助弱势群体；5～8月资助每名学生1250加元，对于需要参与帮助他人的学生和残疾学生资助1750加元；为学生研究员和博士后研究员提供2.916亿加元的资金；等等。

对企业方面的援助措施主要有：从3月15日至6月6日，对于在3月收入下降15%、4月和5月收入下降30%的企业，不分大小和部门，资助其75%的员工工资，最高为847加元每周；将80%新增经营信贷和现金流方面的定期贷款投放给中小企业；给小企业和非营利企业提供4万加元的紧急无息贷款；为符合条件的小企业提供50%的租房补贴；资助农村企业2.87亿加元；拿出1.537亿加元执行“青年就业和技能战略”（Youth Employment and Skills Strategy），帮助青年获得就业必要的技巧和经验；推迟企业应该于3月18日前后支付所得税的时间，最晚可到9月1日；对原住民中小企业和金融机构提供3.068亿的资金支持；降低银行利率；等等。

对行业方面援助的措施主要有：给农业、渔业等食品生产和加工行业补助5000万加元，帮助其采取必要措施让从海外归来的员工遵守14天的强制隔离规定；给农业综合企业、食品加工企业提供额外借款50亿加元，帮助它们在疫情期间维持现金流；给渔业和海产品加工部门提供6250万加元，帮助其解决储存、改进生产效率与维护员工健康的问题；资助文化、艺术和运动行业组织5亿加元；为维持北部和偏远社区的关键航空服务资助1730万加元；为艾伯塔省、萨斯喀彻温省和不列颠哥伦比亚省清理相关不活跃的油气井提供17.2亿加元，创造大约5200个工作岗位；为主要减少甲烷排放提供7.5亿加元的资金；给相关的慈善和非营利组织提供3.5亿加元的资金支持；等等。①

3. 国内安全形势持续变差，新网络安全行动计划正式提上日程

2018 年加拿大官方报告的犯罪形势已经是连续第四年变差。其中，犯罪严重指数（Crime Severity Index，CSI）增加 1.9%，犯罪率上升 2.1%，全国平均每 10 万人犯罪 5488 起。全国刑事案件为 200 万多起（排除交通方面），比 2017 年多将近 6.98 万起。就区域而言，2018 年加拿大有五个省和两个地区的犯罪严重指数较上年同期上升：爱德华王子岛省为 17%，安大略省为 6%，马尼托巴省为 6%，努纳武特地区为 6%，西北地区为 5%，新不伦瑞克省为 4%，以及纽芬兰－拉布拉多省为 4%。全国 2/3 的大都会地区（census metropolitan areas）犯罪严重指数较上年同期出现了上升，其中温莎（Windsor）上升 21%，蒙克顿（Moncton）与圣·凯瑟琳斯－尼亚加拉（St. Catharines-Niagara）上升 15%。②加拿大近 10 年犯罪严重指数和犯罪率情况变化参见图 6 和图 7。

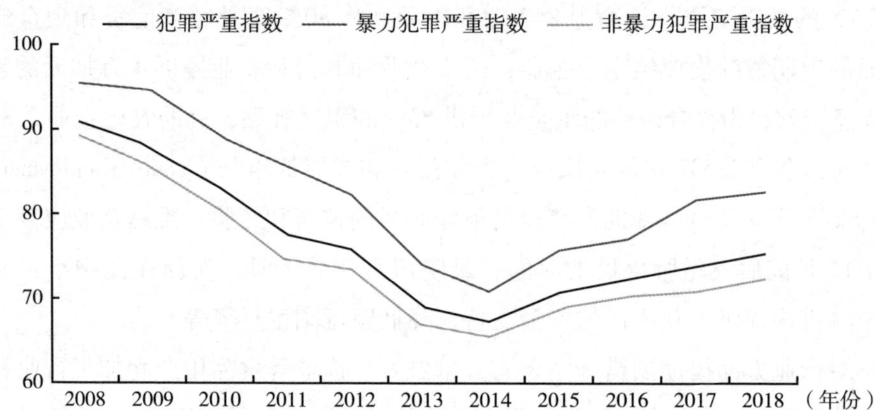

图 6　2008～2018 年加拿大犯罪严重指数情况变化

注：2006 年的基准指数值为 100。

资料来源：https：//www150. statcan. gc. ca/n1/daily－quotidien/190722/cg－a001－eng. htm，检索日期：2019 年 7 月 22 日。

① “Canada's COVID－19 Economic Response Plan”，https：//www. canada. ca/en/department－finance/economic－response－plan. html#industry，检索日期：2020 年 5 月 4 日。

② “Police-Reported Crime Statistics，2018”，https：//www150. statcan. gc. ca/n1/daily－quotidien/190722/dq190722a－eng. htm？lnk＝dai－quo&indid＝4751－1&indgeo＝0，检索日期：2020 年 5 月 4 日。

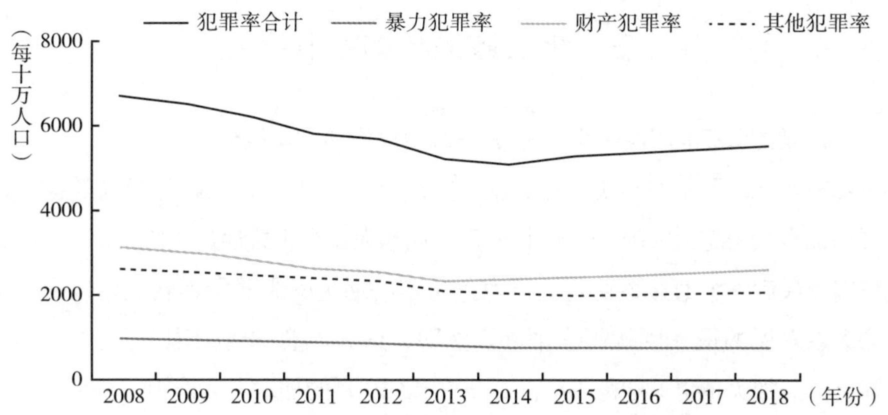

图7　2008～2018年加拿大官方报告的犯罪率情况变化

资料来源：https：//www150. statcan. gc. ca/n1/daily – quotidien/190722/cg – a002 – eng. htm，检索日期：2019年7月22日。

在加拿大公共安全部2020～2021年度的行动计划中，防范和打击枪支与暴力犯罪、贩卖人口、性虐待与药物危险驾驶被列为重点关注工作。①

另外值得注意的是，自2019年起，加拿大开始执行为期五年"新网络安全行动计划"。此次行动计划谋划已久，它于2016年开始酝酿，2018年正式上升为国家战略。加拿大政府认为，有力的网络安全是加拿大创新与繁荣的基本保证，为此必须实现三个方面的目标：建设一个安全且有弹性的国家网络体系，打造一个创新和适应性强的网络生态系统，联邦政府能够有效发挥出对内领导治理与对外合作的作用。此次执行的新五年计划就是对这三个目标进行落实的具体蓝图。具体措施包括支持关键基础设施建设，整合网络威胁评估体制、准备量子通信交流以及改善金融与能源部门的网络安全能力等。②

① "Public Safety Canada Departmental Plan 2020 – 21"，https：//www. publicsafety. gc. ca/cnt/rsrcs/pblctns/dprtmntl – pln – 2020 – 21/index – en. aspx，检索日期：2020年4月18日。

② "National Cyber Security Action Plan（2019 – 2024）"，https：//www. publicsafety. gc. ca/cnt/rsrcs/pblctns/ntnl – cbr – scrt – strtg – 2019/index – en. aspx，检索日期：2020年4月18日。

三　外交政策与国家形象

1. 加美之间仍旧龃龉不断，中加关系僵局没有根本改变

2019 年 12 月 10 日，美、加、墨三国高级官员正式签署修订版《美国—墨西哥—加拿大协定》。2020 年 3 月 13 日，加拿大议会正式通过该协定。① 加拿大是三国中最后一个通过该协定的国家，协定的通过标志着特朗普上台以来影响美加关系发展的最大困扰因素消除。然而，这并不意味着两国关系就此转好。实际上，美加关系仍然龃龉不断。在 2019 年 10 月的加拿大大选中，特鲁多胜利的一个重要因素是打着反特朗普的旗号，而保守党候选人希尔则被称为“加拿大版特朗普”，与民粹主义挂钩。在 12 月的北约峰会上，特鲁多等多国领导人群嘲特朗普的视频泄露，特朗普也称特鲁多是个两面派，并指责加拿大的北约经费没有达到其国内生产总值的 2%。2020 年新冠疫情暴发后，又发生了美国拦截加拿大口罩、美国限制向加拿大出口医疗用品的风波。此外，民调数据显示，73% 的受访加拿大民众对特朗普的印象为负面，11% 为中立，14% 为正面。即便是保守党，也有 52% 的人对特朗普持负面态度，持正面印象的只有 29%。②

围绕孟晚舟事件，中加关系几乎降到了自 1970 年建交以来的冰点。2019 年 10 月大选结束后，反对党施压特鲁多在对华政策上采取更强硬立场。12 月 10 日，加拿大国会决定专门成立一个特别委员会，全面审视和中国的关系。保守党甚至要求特鲁多放弃对亚投行的投资，反对华为参与加拿大 5G 建设。③ 与此同时，加拿大外交部、军方和智库，要求对华采取负面和强硬政策的声音也是持续不断。虽然双方民间交往正常，但官方往来几乎停滞。2016 ~ 2018 年，加拿大主要官员访华次数分别为 13、11 和 10 次，

---

① 《加拿大议会放行美墨加贸易协定》，http：//world. people. com. cn/n1/2020/0315/c1002 - 31632461. html，检索日期：2020 年 4 月 22 日。

② 《最新民调：只有 14% 加拿大人对特朗普有正面印象》，https：//www. rcinet. ca/zh/2019/07/23/，检索日期：2020 年 4 月 21 日。

③ 《加拿大国会表决通过成立委员会，检视对华关系》，https：//www. guancha. cn/internation/2019_ 12_ 11_ 528133. shtml，检索日期：2019 年 12 月 11 日。

但2019年仅为1次，2020年尚无人来访。[①] 双方经贸关系也受到影响。孟晚舟事件发生后，2019年加拿大对华出口额为46亿加元（35亿美元），同比下降了16%。这是2014年以来加拿大对华出口的首次下降，也是1997年以来的最大跌幅。[②] 中国对加拿大的投资也出现了大幅下降。2018年前3个季度，中国对加拿大投资达36亿加元，而2019年前3个季度仅为0.4亿加元。[③] 在民间，受访的加拿大民众对中国持正面印象的比例有29%，50%的民众不希望华为在加拿大5G建设中扮演主要角色，74%的人认为加拿大在中美之间陷入困境，50%的人担心中国日益增强的军力。[④]

中国遭受新冠危机时，加拿大政府对华采取了友好态度。加拿大外交部公开发表声明支持中国的抗疫行动，并支援了大量物资。[⑤] 特鲁多明确表示，只要中国提出要求，加拿大就做好帮助中国对抗新冠疫情的准备。[⑥] 2020年4月2日，加拿大外长商鹏飞同中国国务委员兼外长王毅通话时，赞赏中国抗击新冠疫情取得明显成效，感谢中方向加方提供医疗物资捐助并分享防疫经验。[⑦] 然而，这没能从根本上改变因孟晚舟事件而陷入僵局的中

---

① 参见 https://www.ourcommons.ca/content/Committee/431/CACN/WebDoc/WD10653524/431_CACN_reldoc_PDF/DepartmentOfForeignAffairsTradeAndDevelopment-1-e.pdf，检索日期：2020年2月5日。

② Erik Hertzberg, "Exports to China Plunge 16% After Canada's Arrest of Huawei CFO", https://www.bloomberg.com/news/articles/2020-02-05/exports-to-china-plunge-16-after-canada-s-arrest-of-huawei-cfo，检索日期：2020年2月6日。

③ Kai Valdez Bettcher, "Investments Drop One Year into the Canada-China Dispute - But There's a Catch", https://www.asiapacific.ca/publication/investments-drop-one-year-canada-china-dispute-theres-catch，检索日期：2020年4月22日。

④ "October 2019 National Survey Results and Findings on Canadian Public Attitudes on China and Canada-China Relations", https://sppga.ubc.ca/wp-content/uploads/sites/5/2019/10/Full-Report-Website.31oct19.pdf，检索日期：2019年10月31日。

⑤ "Canada Supports China's Ongoing Response to Novel Coronavirus Outbreak", https://www.canada.ca/en/global-affairs/news/2020/02/canada-supports-chinas-ongoing-response-to-novel-coronavirus-outbreak.html，检索日期：2020年4月22日。

⑥ 方华：《特鲁多：只要中国开口加拿大将帮助防疫》，https://www.rcinet.ca/zh/2020/02/10，检索日期：2020年4月22日。

⑦ 《王毅同加拿大外长商鹏飞通电话》，http://ca.china-embassy.org/chn/zjwl/t1767044.htm，检索日期：2020年4月7日。

加关系。

2. 国内政治与环境外交目标难以协调，联合国安理会非常任理事国席位竞选失败

特鲁多政府应对气候变化立场积极。2016 年加拿大签署《巴黎协定》，承诺到 2030 年温室气体排放量比 2005 年降低 30%。此次大选中，自由党再次承诺胜选后会在未来 10 年内植树 20 亿棵，实现 2050 年温室气体“净零排放”目标。然而，加拿大环境外交的真正难题在于国内。为了实现 2030 年减排目标，特鲁多政府制定了《泛加拿大清洁增长与气候变化框架》，碳税是框架的核心。特鲁多试图将其作为彰显加拿大在控制碳排放制度方面领导地位的关键措施和引领全球实施碳税控制温室气体排放的重要步骤。但是，新不伦瑞克、安大略、马尼托巴和萨斯喀彻温四个省以征收碳税会增加民众负担、冲击就业岗位为由反对该政策，萨斯喀彻温省和安大略省更是将联邦政府告至最高法院，指责特鲁多纯粹是想在临大选前收买选票。民众在这一问题上也立场分裂。全国仅有不到一半的民众认为征收碳税是一个好举措，工业大省安大略省 70% 的人认为征收碳税将会极大地增加税务负担。① 特鲁多政府在跨山输油管道（Trans Mountain Pipeline）项目上的决策在国内同样引起了争议。石油大省艾伯塔省特别支持金德摩根公司（Kinder Morgan, Inc.）的跨山输油管道项目，即建设一条从该省的埃德蒙顿市直达不列颠哥伦比亚省的大温哥华地区海岸的输油管道，将现有管道运力增加到近乎当前三倍的水平。但是，该计划自 2016 年获得联邦政府许可以来长期处于停滞状态，金德摩根公司甚至不得不表示退出该项目。其中的一个重要原因是环保人士以它会增加温室气体排放为由加以抵制。对此，联邦政府先是以 45 亿加元的价格收购该项目的相关资产，然后又于 2019 年 6 月 18 日批准项目扩建。尽管自由党政府承诺会从输油管道的收入中，每年拨出 3 亿加元用于清洁能源开发和其他气候行动项目，

① “Carbon Consensus Cracks as Domestic Opposition Increases”, http://country.eiu.com/article.aspx?articleid=1527380336&Country=Canada&topic=Politics&subtopic=Recent+developments#，检索日期：2020 年 4 月 22 日。

但环保主义者仍然对此表示愤怒和失望。值得一提的是，自由党在此次大选中也没有得到以艾伯塔省为代表的中西部石油省份的支持，这里的选票基本给了保守党。艾伯塔省选民认为，特鲁多政府关于碳税、大型工业项目的环保评估和不列颠哥伦比亚省北部海岸禁止油轮出入等措施是在给该省的能源工业设置障碍。整体来看，加拿大社会和自由党政府就经济发展和环境保护远未达成共识，民众、省和联邦政府的分裂与对峙极大地限制了特鲁多环境外交政策的发挥空间。未来四年，他在这方面能拿出什么新对策值得关注。

特鲁多政府上台后，于2016年3月正式提出要竞选2021年联合国安理会非常任理事国席位，希望借此巩固加拿大中等强国地位、提升国家软实力，但在当时来看加拿大获胜的前景不容乐观。首先，相比竞争对手，加拿大在两个重要指标上严重落后。要想在非常任理事国席位竞选中胜出，候选国就必须在联合国193个成员国中获得2/3的选票，这意味着获得发展中国家的支持异常重要。因此，对发展中国家的官方援助和参与国际维和行动成为观察候选国能否取胜的重要指标。2018年9月，经济合作与发展组织就加拿大近五年的对外援助出台了专门报告。报告认为，尽管加拿大近年来经济获得了强劲增长，加拿大对外援助的力度却无法与之匹配。其中，2016年，加拿大官方发展援助金额为39.3亿美元，仅占其国内生产总值的0.26%，不仅远远低于国际通行标准0.7%的比例，甚至比哈珀保守党政府2012年的0.31%都要低。[①] 加拿大2018年对外援助总额只有46.5亿美元，占其国内生产总值的0.28%。然而，其竞争对手之一挪威的对外援助却占其国内生产总值的1.04%，不仅将加拿大远远甩在后面，而且高出国际通行标准一大截。[②] 2019年，加拿大对外援助总额增加为64亿加元，但占其

① "OECD Development Co－operation Peer Reviews：Canada 2018"，https：//read.oecd－ilibrary.org/development/oecd－development－co－operation－peer－reviews－canada－2018_9789264303560－en#page1，检索日期：2020年4月23日。

② "The Commitment to Development Index 2018"，https：//www.cgdev.org/commitment－development－index－2018，检索日期：2020年4月23日。

国内生产总值的比例只有 0.27%。[①] 在参与国际维和行动上也远远落后其竞争对手。早在 2016 年 8 月，加拿大就承诺未来 3 年内派出维和人员的数量达到 750 人，但 2018 年 5 月的数据显示当年加拿大实际只派出了 40 人，这是加拿大自 1956 年参与维和行动以来的最低人数。[②] 截至 2020 年 2 月 29 日，该数字有所上升，但也仅为 46 人，与此同时其另外一个竞争对手爱尔兰却达到 532 人。[③] 尽管加拿大政府为竞选联合国安理会非常任理事国席位直接投入了 200 万加元的资金，但是在 2020 年 6 月 17 日的投票中，加拿大仍然以 108 票败选，其竞争对手挪威和爱尔兰则分别以 130 票和 128 票成功胜出。[④]

3. 国家竞争力和国际声誉度提升，软实力排名持续下降

在瑞士洛桑管理学院（IMD）世界竞争力中心《2020 世界竞争力年鉴》中，加拿大在 63 个国家中位居第 8（比 2019 年上升 5 名），在人口超过 2000 万的国家与地区中排第 1 名（2019 年为第 2 名），总得分 93.506 分（见图 8）。[⑤] 加拿大的四个主要指标排名如下：经济成绩（Economic Performance）第 10 名，政府效率（Government Efficiency）第 10 名，商业效率（Business Efficiency）第 10 名，基础设施（Infrastructure）第 8 名。[⑥]

---

① "Analysis of Canada's 2018 - 19 Development Spending", http://cidpnsi.ca/analysis-of-canadas-2018-19-development-spending/，检索日期：2020 年 4 月 15 日；"Canada's Foreign Aid", http://cidpnsi.ca/canadas-foreign-aid-2012-2/，检索日期：2020 年 4 月 23 日。

② "Update: Peacekeeping and Canada", https://www.wfmcanada.org/2018/07/update-peacekeeping-canada/，检索日期：2020 年 4 月 23 日。

③ "Contributors to UN Peacekeeping Operations by Country and Post Police", https://peacekeeping.un.org/sites/default/files/01_summaryofcontributions_21.pdf，检索日期：2020 年 4 月 23 日。

④ Ryan Tumilty, "Canada Loses Bid for Seat on UN Security Council, Finishing Third to Norway and IReland in Vote", https://nationalpost.com/news/politics/canada-loses-bid-for-seat-on-united-nations-security-council，检索日期：2020 年 6 月 28 日。

⑤ "Canada", https://www.imd.org/globalassets/wcc/docs/wco/pdfs/countries-landing-page/ca.pdf，检索日期：2020 年 6 月 28 日。

⑥ "IMD World Competitiveness Ranking 2020: Factors Ranking", https://www.imd.org/globalassets/wcc/docs/2020/wcc-site/wcy2020_overall_factors_5years.pdf，检索日期：2020 年 6 月 28 日。

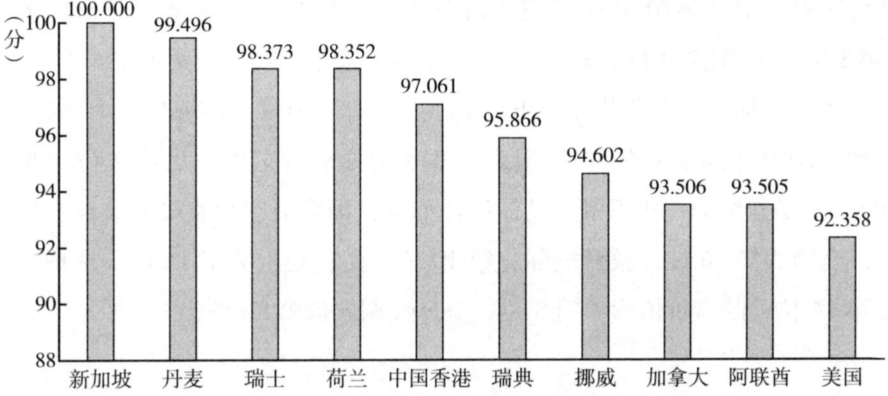

图 8　《2020 世界竞争力年鉴》排名前十位的国家和地区

资料来源："IMD World Competitiveness Ranking 2020"，https：//www. imd. org/contentassets/6333be1d9a884a90ba7e6f3103ed0bea/wcy2020_ overall_ competitiveness_ rankings_ 2020. pdf，检索日期：2020 年 6 月 28 日。

在 2020 年美国《新闻周刊》评选的全球"最好国家"排行榜中，加拿大比 2019 年往前靠 1 名，在 80 个国家中位居第 2 名，总得分 99. 4 分（见图 9）。加拿大主要指标排名情况如下：旅游探险指数 46. 0 分（第 16 位），公民权 98. 6 分（第 2 位），文化影响力 50. 4 分（第 11 位），企业家精神 87. 7 分（第 6 位），文

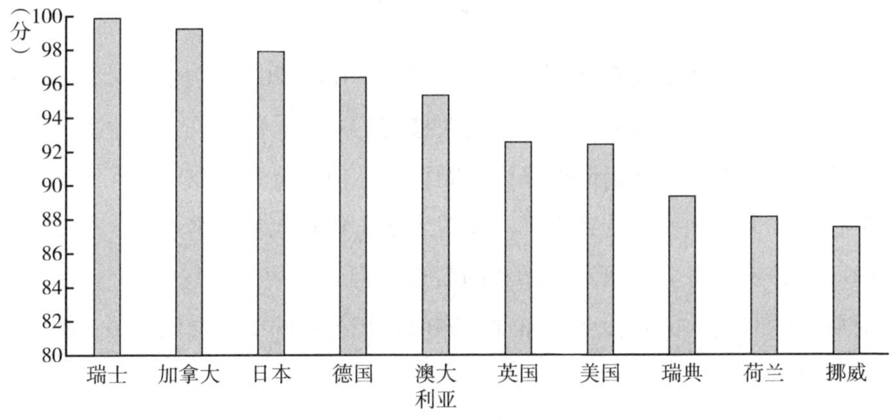

图 9　美国《新闻周刊》评选的 2020 年全球"最好国家"前十排名

资料来源："Overall Best Countries Ranking：2020 Rankings"，https：//www. usnews. com/news/best - countries/overall - rankings#canada，检索日期：2020 年 4 月 29 日。

化传统22.4分（第40位），流动人口28.5分（第37位），商业开放性81.6分（第3位），国家权力45.2分（第12位），生活质量100分（第1位）。[①]

美国南加州大学公共外交研究中心发布的“2019年国家软实力排行榜”表明，2019年加拿大在30个国家的软实力指数排名中位居第7位（见图10），这是连续第三年下滑。具体指标如下：国家数字化水平第2位，经济模式竞争力第16位，教育国际化第10位，文化吸引力第15位，全球参与度第14位，政府价值形象第8位，全球民调评价第5位[②]。

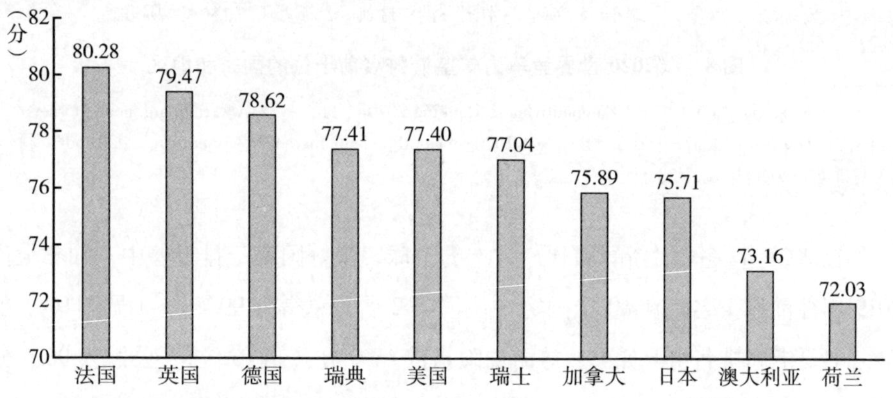

图10　美国南加州大学“2019年国家软实力排行榜”前十排名

总体来看，如果没有新冠疫情的发生，2019～2020年的加拿大可以用政通人和来形容，国家整体保持着繁荣稳定的局面。新冠疫情发生后，相对于英美，加拿大的表现仍旧可以说可圈可点。但是特鲁多政府不成熟的外交政策让加拿大的软实力受到损害。展望未来，在新冠疫情结束后，加拿大的国内政治经济仍将会重回安定祥和的轨道，但其需要认真思考并解决的是，面对后疫情时代的国际社会，加拿大如何审视自己的中等强国身份，在外交上谋求突破。

① “Overview of Canada”，https：//www.usnews.com/news/best-countries/canada，检索日期：2020年4月29日。

② “Canada”，https：//softpower30.com/country/canada/，检索日期：2020年4月29日。

分 报 告

Study Reports

B.2
2019年加拿大政党政局

唐小松*

摘　要： 2019年10月，特鲁多带领自由党再次赢得大选，但却是以少数派政府得以连任。这一局面对于自由党来说，意味着接下来的执政将受到掣肘，并且危机四伏。保守党和新崛起的人民党不断地抨击自由党政府，而其他在野党也并未如此前所表达的那样对特鲁多予以支持，尤其是新民主党。特鲁多连任初期，遭遇了国内一系列的矛盾与问题，包括西部省份闹独立、铁路大罢工、原住民反对能源管道建设等，危机重重。然而，突如其来的新冠疫情却让特鲁多第二任期的局面有了转机。面对疫情，联邦政府一系列抗疫及救济措施让选民感到满意，特鲁多本人和自由党的支持率都有所上升。不过，

* 唐小松，博士，广东外语外贸大学加拿大研究中心教授，研究方向：加拿大政党政局。

这一切都是用日益高企的财政赤字换来的。疫情之后，特鲁多政府将面临如何恢复经济、降低赤字以及解决国内矛盾等各种难题。

关键词： 加拿大　少数派政府　新冠疫情　赤字

2019 年 10 月 22 日，特鲁多带领自由党在联邦大选中再次击败保守党，成功赢得第二个任期。不过，这一次胜选已经没有了 2015 年的辉煌战绩，在财政赤字无法平衡、中加关系恶化、孟晚舟事件迟迟未决、兰万灵丑闻、内阁成员辞职等一系列负面因素的影响下，特鲁多的支持率还是受到了影响，其带领的自由党最终仅以微弱的优势在大选中险胜，并失去了多数党的地位。并且，特鲁多很快宣布，自由党不会与其他党派组成联合政府。如此一来，特鲁多带领自由党组成了新一任的少数派政府，并且与其他在野党采取“逐案逐议”的合作方式，在个案中寻求其他党派的支持，例如，新民主党在此次大选中获得的席位虽然也有所减少，但如果在个案中能够支持自由党，两党将掌握 181 个议席，如此便能有把握推行特定的政策。不过，这是一种理想的状态，毕竟在加拿大的历史上，少数派联邦政府的平均寿命只有 18 个月。可见，获得连任对于特鲁多而言，仅仅是压力的开始，其未来执政将面临诸多挑战。

一　新任内阁的政策特点

大选之后，作为少数派政府，特鲁多需要一支能够帮助他应对未来执政压力的内阁队伍，因此，他对新一届内阁的人选十分谨慎。新一届内阁一直到大选后一个月才宣誓就职。与上一届内阁一样，本届内阁继续遵循性别平等、种族多元化的原则，不过此次内阁在地域代表性上略逊一筹，36 名内阁成员大部分来自安大略省和魁北克省，4 名来自不列颠哥伦比亚省，1 名来自马尼托巴省，1 名来自爱德华王子岛省。由于自由党在艾伯塔省和萨斯喀彻温省全军覆没，无一人当选联邦议员，因此特鲁多无法从现有自由党议会党团中找到能够代表这两个省的议员加入内阁。内阁人选方面，除财政部、司法部、国防部、农业部和国税部仍由原部长担任之外，内阁中超过大半的上一任成员这次都更换了岗位，同时，还增加了不少新面孔，吸收了 7 名新成员，其中有 2 人还是首次进入内阁。可见，特鲁多对于新人新气象的第 29 届内阁寄予了厚望。针对加拿大国内出现的西部省份疏离问题，以及国际上与中国关系调整的需要，本届内阁有两个大的调整值得注意。

其一，设立副总理，由外交部前部长弗里兰（Chrystia Freeland）担任，同时兼任政府事务部部长。弗里兰是加拿大历史上第 10 位副总理，特鲁多此举主要就是为了让弗里兰重点处理棘手的国内事务，例如，加拿大西部省份对于联邦政府的不满情绪。大选期间，加拿大西部省份对于联邦政府的不满情绪开始高涨，甚至出现了所谓的“Wexit”,[①] 即“西部脱加”（Western Exit），其中 western 指的就是加拿大西部三省艾伯塔省、萨斯喀彻温省和马尼托巴省。之所以会出现西部省份闹独立，主要是特鲁多实行积极的气候政策，对石油工业重视不够，导致这几个省份陷入了较为严重的经济和就业困境，引发了民怨。因此，特鲁多特意安排出生于艾伯塔省、有着丰富外交经验的弗里兰出任副总理兼政府事务部部长，期待她可以妥善处理诸如输油管道扩建、全民医保、碳税等各种需要联邦政府与省级政府合作的议题。实际上，不仅要面对的这些问题非常棘手，而且，在较为松散的加拿大联邦制度下，还要面对各省不同政党和政见的省长，尤其是在几个西部省份对联邦政府积怨已久的情况下，其难度之大，并不亚于她此前在国际社会代表加拿大。

其二，外交部部长由来自魁北克省的商鹏飞（François - Philippe Champagne）接任。众所周知，特鲁多第一任期的外交表现很一般，与美国

① Robin Levinson - King, “Wexit: Why Some Albertans Want to Separate from Canada”, BBC, October 11, 2019, https: //www. bbc. com/news/world - us - canada - 49899113，检索日期：2020 年 4 月 6 日.

和墨西哥的新版贸易协定、与中国的外交关系等十分棘手的问题都留待其在第二任期来处理。商鹏飞作为一名经验丰富的议员，从2017年起就在特鲁多内阁中先后出任过国际贸易部部长和基础建设及社区部部长，更重要的是，商鹏飞有丰富的与中国打交道的经验，尤其是在经贸方面。商鹏飞曾陪同特鲁多访华，并参与两国自由贸易协定的探索性谈判。2017年，担任加拿大国际贸易部部长的商鹏飞与加拿大财政部部长莫诺及中国国务院副总理汪洋共同主持“中加经济财金战略对话”启动会时表示，“加中关系存在着巨大的潜力。两国互惠贸易将造福众多行业”。[①] 加上此前特鲁多政府安排了同样对华经验丰富的鲍达民（Dominic Barton）接任驻华大使，可见特鲁多预备在第二任期内将改善中加关系作为施政重点。

二　国内矛盾：劳资纠纷、原住民与能源管道

特鲁多胜选之后，其少数派政府的执政地位不仅面临来自反对党的威胁，也同样面临社会层面各种矛盾的冲击。例如，从2019年11月到2020年2月，大选之后短短四个月时间，国内重要的铁路运输就被迫停运两次，让联邦政府面临不小的压力。

第一次铁路停运是由于劳资纠纷引发了铁路大罢工。2019年7月23日，加拿大国家铁路公司（Canadian National Railway）的劳资协议到期，工会在与资方谈判新协议时，在三个问题上提出了新的要求，包括超时工作、病假及危险的工作条件等。双方对于这些条件迟迟无法达成一致，例如，国家铁路公司希望对员工的处方药承保范围设置终身上限，而工会方面则表示，这会限制对患有慢性疾病的工人的适当治疗。由于劳资双方通过数月谈判和调解均无果，一直僵持到11月19日依然没有达成协议，3200名加拿大国家铁路公司的列车工作人员、培训人员及车场工作人员开始了大罢工。

① 《莫诺部长和商鹏飞部长在北京出席“加中经济财金战略对话”启动会》，加拿大财政部，2017年4月25日，https://www.canadainternational.gc.ca/china-chine/highlights-faits/2017/2017-05-02a.aspx?lang=zh-cn，检索日期：2020年4月7日。

随后，罢工还引发了裁员。

加拿大国家铁路公司是加拿大最大的铁路货运机构，一直承担着国内重要商品的运输，包括燃料、能源、农产品等。此次大罢工是加拿大铁路行业近十年以来持续时间最长的一次罢工。加拿大最大的铁路网被迫关闭，严重影响了加拿大的铁路货运服务。大量农产品、矿产品、化工产品等的运输受阻，使得加国内依赖这些物资的行业、地区都面临困难，例如，罢工导致了魁北克省等东部地区用于供暖的丙烷出现短缺。再如，西部的艾伯塔省本就缺乏运输原油的油管，一直以来其原油运输主要是依赖铁路。铁路罢工对于艾伯塔省的原油运输产生了巨大的影响，令该省的经济雪上加霜。正如艾伯塔省能源部部长桑娅·萨维奇（Sonya Savage）所言，由于国家铁路公司每天要负责运送加拿大西部超过 170000 桶的石油，即便是短暂的停运，也会对艾伯塔省的经济造成严重损害。[①] 因此，艾伯塔省的能源部部长桑娅·萨维奇和农业部部长德文·德雷森（Devin Dreeshen）一起呼吁刚刚连任的总理特鲁多立即召集国会以解决铁路大罢工的问题。[②] 此外，加国内多个行业协会也纷纷对大罢工引起的铁路运输中断怨声载道。魁北克省的农民于 2019 年 11 月 25 日在特鲁多位于帕皮洛（Papineau）的办公室外游行，以表达对大罢工的抗议。[③] 谷物经营者和农场主发出警告，铁路大罢工不仅会影响到谷物的销售量，而且导致他们因为可能不能按合同规定的日期交货而被罚款。加拿大矿业联盟也对铁路工人罢工表示“严重担忧”，因为如果矿产

---

① Rachel Gilmore, “Alberta Energy Minister Calls for Parliament to Return Early to End CN Rail Strike”, CTV News, November 19, 2019, https://www.ctvnews.ca/politics/alberta-energy-minister-calls-for-parliament-to-return-early-to-end-cn-rail-strike-1.4692622, 检索日期：2020 年 4 月 6 日。

② “CN Rail Strike: Statement from Ministers Savage and Dreeshen”, Gate-way Gazette, https://gatewaygazette.ca/cn-rail-strike-statement-from-ministers-savage-and-dreeshen/, 检索日期：2020 年 4 月 6 日。

③ Kalina Laframboise, “Quebec Farmers Protest outside Trudeau’s Papineau Office over CN Rail Strike”, Global News, November 25, 2019, https://globalnews.ca/news/6213659/quebec-farmers-cn-rail-strike/, 检索日期：2020 年 4 月 6 日。

品运不出来，矿产公司就不得不裁员。①

类似的铁路罢工在加拿大历史上也曾经发生过，一般时间并不会太长，因为理论上来说，联邦政府可以通过返工立法（back – to – work legislation）来缓解事态。不过这次罢工的时机有些尴尬，即在大选结束之后一个月的时候，刚刚当选的新议会无法立刻举行会议，需要等到12月5日。更重要的是，即便可以举行紧急会议，通过返工立法也一定要有多数票的支持，然而特鲁多胜选之后自由党在议会中是少数派，因此必须得到其他党派的支持。而其重要盟友——新民主党一直以来都比较反对通过类似立法来结束罢工，其党魁贾格梅特·辛格（Jagmeet Singh）也表示并不赞同通过返工立法来结束铁路罢工。基于此，自由党联邦政府虽然面临结束罢工的压力，但并没有对这一次铁路罢工进行干预，只是派出了劳工部部长菲洛梅娜·塔西（Filomena Tassi）、交通部部长马克·加尔诺（Marc Garneau）以及联邦调解与和解服务局的官员参与调解。② 最终，加拿大国家铁路公司与工会于11月26日在蒙特利尔宣布达成临时协议，抗议罢工等各种活动也随即结束，铁路大罢工告一段落。

第二次铁路停运是由于加拿大国内的原住民针对修建天然气管道，爆发了大规模的抗议示威。此次原住民的堵路抗议活动造成了加拿大两大铁路运输公司的全部或部分停运，其中加拿大客运铁路公司维亚铁路（Via Rail）于2020年2月13日暂停了所有客运服务，而不久前刚刚结束铁路大罢工的加拿大国家铁路公司也在同一天宣布关闭其东部铁路网。鉴于维亚铁路的客运列车是在国家铁路公司的铁道线上运行，如此一来，抗议活动就导致了横

---

① 亚明：《加拿大铁路工人罢工对经济影响严重》，加拿大国际广播，2019年11月20日，https：//www. rcinet. ca/zh/2019/11/20/%E5%8A%A0%E6%8B%BF%E5%A4%A7%E9%93%81%E8%B7%AF%E5%B7%A5%E4%BA%BA%E7%BD%A2%E5%B7%A5%E5%AF%B9%E7%BB%8F%E6%B5%8E%E5%BD%B1%E5%93%8D%E4%B8%A5%E9%87%8D/，检索日期：2020年4月6日。

② “Windsor Rail Workers ‘Very Happy’ Tentative Deal Reached with CN Rail”，CTV News，November 26，2019，https：//windsor. ctvnews. ca/windsor – rail – workers – very – happy – tentative – deal – reached – with – cn – rail – 1. 4702763？cache = yes%3FclipId%3D104069，检索日期：2020年4月6日。

跨加拿大国内大陆的货运和客运全部停止。[①] 随后，加拿大国家铁路公司还在2月16日宣布了1000名临时裁员计划。[②] 如前所述，铁路运输的暂停对于加拿大国内经济的打击是不容忽视的，更为重要的是，此次事件还涉及另外两方面问题：一方面涉及国内重要的能源管道建设，另一方面涉及原住民问题。这两方面问题也都是特鲁多第二任期需要特别妥善处理的。

首先，能源管道问题牵涉甚广，关乎联邦政府接下来的能源政策、气候政策、西部省份矛盾以及原住民问题。此次抗议活动的原因是不列颠哥伦比亚省北部的第一民族（First Nations）特苏维持恩族（Wet'suwet'en）原住民反对正在修建的滨海天然气管道（Coastal GasLink），抗议这些管道通过他们位于加拿大最西端的传统领地。部分原住民示威者被联邦警察逮捕，引发了全国性的原住民抗议浪潮，对不列颠哥伦比亚省原住民示威者表示声援[③]，虽然这次运动针对的是不列颠哥伦比亚省的天然气管道项目，但意味着在能源管道建设方面，未来联邦政府以及地方政府可能还将面临比较大的阻力，尤其是对于接下来联邦政府准备大力推动的跨山输油管道（Trans Mountain PipeLine）建设计划而言是非常有压力的。2019年，自由党政府就从承建公司手中斥巨资45亿加元买了整个跨山输油管道项目，因为这不仅关系到解决长期以来不列颠哥伦比亚省与艾伯塔省输油管道问题引发的矛盾，也关系到通过输油管道建设来盘活西部省份的能源经济，以此缓解西部

---

① Dan Ronan, "CN Railroad Halts Operations as Pipeline Protests Spread", Transport Topics, February 18, 2020, https://www.ttnews.com/articles/cn-railroad-halts-operations-pipeline-protests-spread，检索日期：2020年4月6日。

② Justin Giovannetti, Daniel Leblanc, Josh O' Kane, "Ottawa Rejects Calls to Shut Down Rail Blockades, Will Focus on Negotiation", the Globe and Mail, February 16, 2020，检索日期：2020年4月6日，https://www.theglobeandmail.com/canada/article-ottawa-rejects-police-intervention-to-put-an-end-to-blockades/。

③ 吴薇：《加拿大两大铁路公司停运：原住民抗议导致客运货运受到严重影响》，加拿大国际广播，2020年2月13日，https://www.rcinet.ca/zh/2020/02/13/%E5%8A%A0%E6%8B%BF%E5%A4%A7%E4%B8%A4%E5%A4%A7%E9%93%81%E8%B7%AF%E5%85%AC%E5%8F%B8%E5%81%9C%E8%BF%90%EF%BC%9A%E5%8E%9F%E4%BD%8F%E6%B0%91%E6%8A%97%E8%AE%AE%E5%AF%BC%E8%87%B4%E5%AE%A2/，检索日期：2020年4月6日。

省份对于联邦政府的埋怨与疏离。此前，联邦政府对于大型工业项目的环保评估以及不列颠哥伦比亚省禁止油轮出入等做法给艾伯塔省的能源工业发展带来较大的阻碍，加上联邦政府所实行的碳税、平衡拨款和移民接收等政策，因此，几个西部省份一直都对联邦政府十分有意见①，这也是大选前后西部省份闹独立的主要原因。如果跨山输油管道计划无法顺利推行，西部省份将会对联邦政府的意愿和能力提出更大的质疑，进而导致它们独立的声音无法停止，给联邦与地方的关系带来更多的负面影响。

其次，原住民问题在加拿大不仅是政治正确的问题，更是特鲁多政府从第一个任期起就十分重视的问题，其本人甚至在联合国公开检讨过加拿大历史上不公平的原住民政策，并承诺要帮助改善原住民的生活条件和社会地位，以此进一步改善加拿大的国际形象，为争取在2021年获得安理会非常任理事国席位铺路。② 因此，加拿大政府在处理与原住民有关的问题时，必然都会非常谨慎，并且充分考虑原住民的诉求。在这次抗议活动发生后，特鲁多很快就安排了政府负责人与该部族世袭酋长会面，进行对话。而受到原住民抗议影响的同样也有跨山输油管道项目。此前在不列颠哥伦比亚省长期坚持反对跨山输油管道扩建的主要力量就是原住民社区，并且还向加拿大最高法院提起了诉讼。虽然最高法院驳回了诉讼③，但建设方皇冠公司

---

① 吴薇：《加拿大联邦大选过后，中部省份独立呼声重现》，加拿大国际广播，2019年10月28日，https：//www. rcinet. ca/zh/2019/10/28/%E5%8A%A0%E6%8B%BF%E5%A4%A7%E8%81%94%E9%82%A6%E5%A4%A7%E9%80%89%E8%BF%87%E5%90%8E%EF%BC%8C%E4%B8%AD%E9%83%A8%E7%9C%81%E4%BB%BD%E7%8B%AC%E7%AB%8B%E5%91%BC%E5%A3%B0%E9%87%8D%E7%8E%B0/，检索日期：2020年4月6日。

② 方华：《为啥特鲁多在UN大讲土著人问题》，加拿大国际广播，2017年9月22日，https：//www. rcinet. ca/zh/2017/09/22/%E4%B8%BA%E5%95%A5%E7%89%B9%E9%B2%81%E5%A4%9A%E5%9C%A8un%E5%A4%A7%E8%AE%B2%E5%9C%9F%E8%91%97%E4%BA%BA%E9%97%AE%E9%A2%98/，检索日期：2020年4月6日。

③ Rod Nickel，“Canada's Supreme Court Dismisses Trans Mountain Oil Pipeline Appeals”，Reuters，March 6，2020，https：//www. reuters. com/article/us－canada－pipeline－trans－mountain/canadas－supreme－court－dismisses－trans－mountain－oil－pipeline－appeals－idUSKBN20S2AO，检索日期：2020年4月6日。

（Crown Corporation）还是针对原住民所关心的问题签署了交易协议，并提供资源支持原住民积极参与跨山输油管道项目的应急和监督事项，同时避免和减轻对原住民社区利益和管理的影响。

接下来联邦政府将继续推进跨山输油管道项目的建设，不过一系列阻碍和折腾之后，这一2016年批准的输油管道项目的成本已经暴涨了70%，高达126亿加元。[①] 2018年联邦政府大笔一挥以45亿加元的价格从金德摩根公司手里买下该输油管道项目，就为之后一系列矛盾埋下了隐患，包括未能顺利建好导致艾伯塔省的不满以及持续推进引发原住民的反抗等，如今大幅增加的预算也将为自由党政府久久都未平衡的财政预算带来更大的压力。

三　新冠疫情：抗疫措施与民调回升

突如其来的新冠疫情已经演变为一场影响全球每一个国家的公共卫生灾难。加拿大所在的北美地区，因为美国疫情严重失控，更是成了新冠病毒肆虐的重灾区。不过相比邻国每天数以万计的新增病例，加拿大各级政府的抗疫措施和成果倒是显得优秀很多。截止到2020年5月20日，加拿大一共有确诊病例80091例，死亡病例6030例。[②] 疫情之下，除了迅速关闭美加边境、颁布各种抗疫措施、让军方协助抗疫之外，自由党联邦政府在疫情期间最大的亮点就是投入了大量资金用以资助各个领域、各个行业的加拿大人和加拿大企业（见表1），其规模和数量之庞大，在加拿大历史上绝无仅有。

① James Keller，Bill Curry，“Trans Mountain Pipeline Expansion Cost Balloons to ＄12.6 – billion”，the Globe and Mail，February 7，2020，https：//www.theglobeandmail.com/canada/alberta/article – trans – mountain – expansion – cost – balloons – to – 126 – billion/，检索日期：2020年4月6日。

② 数据来源：Coronavirus Disease（COVID – 19）：Outbreak Update，Government of Canada，更新日期：2020年5月20日。

表1　加拿大政府的主要抗疫资助措施

名称	对象	公布时间	主要内容
加拿大政府对新冠疫情的整体应对(Canada's Whole – of – government Response to COVID – 19)	加拿大公共卫生局、研发机构、紧急医疗保健系统、原住民和因纽特社区	2020年3月11日	提供5000万加元支持公共卫生局开展新冠疫情的交流、公共教育工作和物资采购工作;提供额外的2.75亿加元,增强加拿大的研发能力;向各省和地区提供5亿加元,以加强紧急医疗保健系统的公共卫生防备;为原住民和因纽特社区提供1亿加元资助
加拿大新冠疫情经济响应计划(Canada's COVID – 19 Economic Response Plan)	工人及企业	2020年3月18日	增加近20亿加元的儿童福利金;提供50亿加元的紧急支持福利;为低收入和中等收入的个人和家庭提供高达55亿加元的特别充值;所有纳税人应缴纳的所得税缴纳时间推迟至8月31日;在接下来3个月中,向符合条件的小型企业提供10%的工资补贴;提供100亿加元资金增加大中小企业信贷;农业信贷为农民和农业食品部门提供增值信贷;将注册退休基金最低提款额度降低25%;发起"保险抵押购买计划";暂停加拿大学生贷款还款;提供3.05亿加元原住民社区支持基金
加拿大动员业界共同抗击新冠疫情计划(Canada's Plan to Mobilize Industry to Fight COVID – 19)	加拿大制造商和企业	2020年3月20日	加拿大政府提供超过10亿加元的新冠疫情应急基金,以支持制造商和企业迅速扩大生产规模或调整其生产线;战略创新基金为企业的大型项目提供支持;国家研究委员会将加快与中小企业的合作研发
对农民和农业食品企业的支持计划(Support for Farmers and Agri – food Businesses)	农民和农业食品企业	2020年3月23日	加拿大政府为生产商、农业综合企业和食品加工商提供50亿加元贷款;4月30日或之前到期未付贷款的农民获得6个月的违约保留期;预付款总额在100万加元的上限以下,但仍有未偿还的无息贷款的农民有机会申请2020～2021年的额外10万加元的无息部分

续表

名称	对象	公布时间	主要内容
加拿大动员科技力量抗击新冠疫情计划(Canada's Plan to Mobilize Science to Fight COVID - 19)	加拿大研究人员和生命科技公司	2020年3月23日	提供2.75亿加元用于新冠疫情研究;国家研究委员会获得1500万加元资金用于升级蒙特利尔的人类健康医疗设施
支持受新冠疫情影响的小型企业(Support for Small Businesses Facing Impacts of COVID - 19)	小型企业	2020年3月27日	从3月15日起,为符合条件的企业提供75%的员工工资补贴,有效期最长为3个月;允许包括自雇人士在内的企业将所有商品和服务税/协调销售税(GST/HST)付款以及进口关税减至6月;启动新的加拿大经济企业账户,为符合条件的金融机构提供高达250亿加元的资金,以便为小型企业提供无息贷款;启动新的中小企业贷款和担保计划,在加拿大出口发展局和商业银行的支持下提供多达400亿加元贷款,用于金融机构在应对新冠疫情时向小型企业提供担保贷款
支持受新冠疫情影响的加拿大弱势群体(Support for Vulnerable Canadian Affected by COVID - 19)	无家可归者、妇女庇护所、防性侵中心、儿童、青少年、老年人	2020年3月29日	为无家可归者提供1.575亿加元;向妇女庇护所和防性侵中心(包括原住民社区的设施)提供最高5000万加元的资金;为儿童与青少年提供疫情24小时咨询服务,向"儿童帮助热线"提供750万加元支持;为受新冠疫情影响的老年人提供900万加元支持
加拿大紧急救援补助金(Canada Emergency Response Benefit,CERB)	加拿大公民	2020年4月5日	符合条件的个人最高可以申请16周的补助金,每4周为一个周期,额度为2000加元,最高可领取8000加元
北部社区健康和社会支持(Health and Social Support for Northern Communities)	北部社区	2020年4月14日	向育空地区、西北地区和努纳武特地区政府拨款7260万加元,以支持它们准备和应对新冠疫情的医疗和社会服务;向该地区政府提供1730万加元的资金支持北部航空运营商,以确保继续为偏远和依靠飞行才能到达的社区提供食物、医疗用品以及其他基本物品和服务;为该地区的企业提供500万加元的无偿支持,以帮助应对新冠疫情的影响;向加拿大北部地区营养局进一步提供2500万加元的支持,为当地家庭增加补贴

续表

名称	对象	公布时间	主要内容
扩大加拿大紧急救援补助金范围 (Expand Access to Canada Emergency Response Benefit)	加拿大公民	2020 年 4 月 15 日	允许领取紧急救援补助金(Emergency Rosponse Benefit, CERB)的人士同时可获得每月最多 1000 加元收入;将 CERB 范围扩展到最近已经用尽就业保险常规津贴,但因新冠疫情而无法找到工作、重返工作岗位或从事通常的季节性工作的人士;对在抗击新冠疫情中被视为提供必要服务、而收入少于每月 2500 加元的工人临时增加工资
增加对小型企业的额外支持 (Additional Support for Small Businesses)	小型企业	2020 年 4 月 16 日	为在 2019 年度工资总支出在 2 万至 150 万加元的企业,延伸加拿大应急商业款项(Canada Emergency Business Account);宣布为小型企业推出加拿大紧急商业租金援助项目(Canada Emergency Commercial Rent Assistance)
加拿大紧急学生救助金 (Canada Emergency Student Benefit, CESB)	大学生和应届毕业生	2020 年 4 月 22 日	总计金额为 90 亿加元的紧急学生救助金。符合条件的大学生,可以从 5 月份开始至 8 月份,申请每月 1250 加元的补助;另外,如果符合条件的学生在此期间在照顾亲属朋友或看护残障人士,这项紧急学生福利将额外多给 500 加元,增至每月 1750 加元
支持新冠疫情医学研究和疫苗开发 (New Support for COVID - 19 Medical Research and Vaccine Development)	研究人员、医疗专家和机构	2020 年 4 月 23 日	投入超过 10 亿加元,用于支持一项抗击新冠疫情的国家医学研究战略,其中包括疫苗开发、医疗产品生产和病毒追踪;建立新冠病毒免疫专题工作队;为疫苗和传染病组织国际疫苗中心(VIDO - InterVac)提供 2300 万美元资金,以加速研制新冠疫苗;加拿大国家研究委员会将投入 2900 万加元,用于对蒙特利尔的人类健康医疗设施进行关键升级的第二阶段;两年内拨款 6 亿加元投入战略创新基金

续表

名称	对象	公布时间	主要内容
支持新冠病毒医学研究和疫苗开发 (New Support for COVID－19 Medical Research and Vaccine Development)	研究人员、医疗专家和机构	2020年4月23日	支持由私营部门领导的新冠疫苗和药物的临床试验，以及加拿大的生物制造企业；为加拿大数据监控计划投入1000万加元，以便在全国范围内协调和共享与大流行相关的数据；两年内拨款1030万加元，并持续拨款500万加元，以支持加拿大免疫研究网络进行疫苗相关的研究和临床试验，并增强加拿大监控疫苗安全性和有效性的能力；通过加拿大卫生研究院拨款1.149亿加元用于研究项目，加快开发、测试和实施医学和社会对策，以缓解新冠疫情的快速传播及其对社会和健康的影响
加拿大小型企业紧急商业租金援助 (the Canada Emergency Commercial Rent Assistance for Small Businesses)	小型企业	2020年4月24日	减免受影响的小企业租户所欠的租金；向符合条件的租户提供可免除的贷款，以援助受新冠疫情影响经济困难的小企业租户3个月(4/5/6月)月租金的50%；联邦、省和地区政府继续敦促业主在这个不确定的时期为面临困境的租户提供灵活的租金方案
提供虚拟护理和心理健康工具 (Virtual Care and Mental Health Tools for Canadians)	加拿大人	2020年5月3日	投资2.405亿加元，用于开发、扩展和启动虚拟护理和心理健康工具；用于创建数字平台和应用程序，改善对虚拟心理健康支持的访问并扩大虚拟医疗服务的能力
将通过加拿大儿童福利金向家庭提供更多支持 (Families to Receive Increased Support through the Canada Child Benefit)	加拿大家庭	2020年5月3日	2020年5月，为接受加拿大儿童福利金(Canada Child Benefit, CCB)的家庭的每个孩子额外提供300加元补助

续表

名称	对象	公布时间	主要内容
支持加拿大农民、食品生产商和食品供应(Supporting Canada's Farmers, Food Businesses, and Food Supply)	加拿大农民、食品生产商	2020年5月5日	为农民以及食品生产商提供2.52亿加元的紧急援助,其中7700万加元的紧急处理基金用以帮助食品生产商获得更多的个人防护设备(PPE),适应卫生规程,实现设施、流程和操作的自动化或现代化;启动高达1.25亿加元的国家农业复兴计划,以帮助应对新冠疫情所产生的额外费用;将加拿大乳业委员会的借贷限额提高2亿加元;启动第一个盈余食品购买计划,初始资金为5000万加元;与各省和地区合作,通过联邦、省和地区性农业稳定计划,将中期付款从50%增加到75%
提高基本工人的工资(Boost Wages for Essential Workers)	工人	2020年5月7日	政府提供30亿加元以增加低收入工人的工资

数据来源:加拿大特鲁多总理官网,https://pm.gc.ca,检索日期:2020年5月20日。

特鲁多政府的抗疫措施,尤其是对加拿大社会各个层面的支持,得到了民众的认可(见图1),这直接反映在选民对特鲁多本人和自由党的支持率上。2020年3月,特鲁多本人与自由党的支持率都出现轻微的上升,其中特鲁多支持率为31.9%,与2019年10月大选时相比提高1.4个百分点。而保守党党魁希尔的支持率为19.7%,与2019年10月大选时相比下跌6.7个百分点。同时,自由党的权力指数为53.5分,相比大选时提高3.2分;保守党为43.4分,相比大选时下跌3.9分。而对联邦政府的看法,受访的加拿大人中有32%的人表示满意(2019年6月为15%,2019年4月为14%),22%表示乐观(2019年6月为15%,2019年4月为12%)。之后随着疫情加重,特鲁多的支持率继续保持攀升的态势,达到37.6%,接近12个月以来的高位(38.2%)。保守党党魁希尔的支持率则继续下跌至17.1%,是12个月以来的最低水平(见图2)。

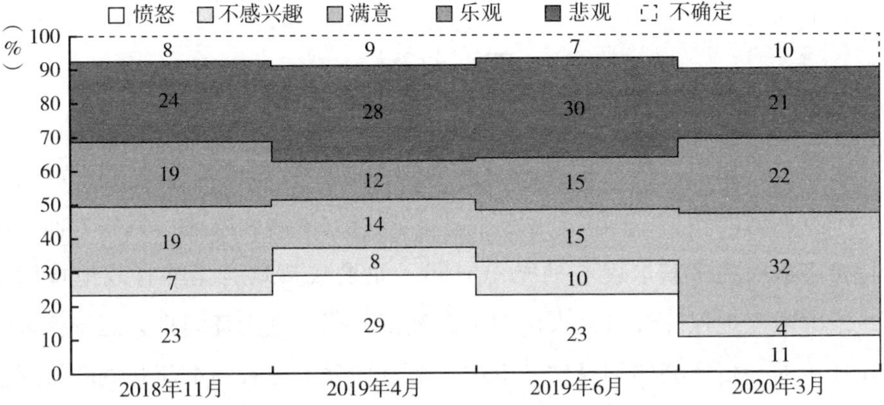

图 1　加拿大民众对联邦政府的满意度调查（2020 年 4 月）

注：调查问题是“以下几种情绪：愤怒、不感兴趣、满意、乐观、悲观、不确定，哪一种最能描述你对于特鲁多政府的态度?”

数据来源：Nanos Survey。

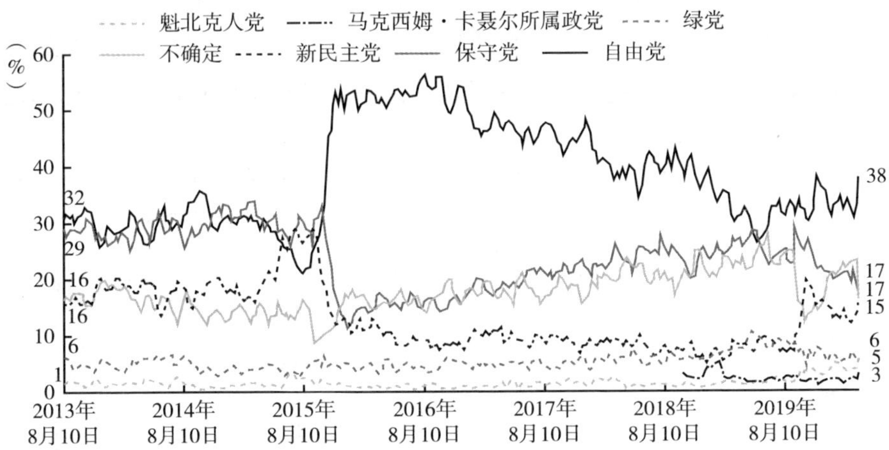

图 2　2013～2019 年加拿大主要政党领导人支持率趋势

注：贾斯汀·特鲁多（自由党）：38%；安德鲁·希尔（保守党）：17%；贾格梅特·辛格（新民主党）：15%；布朗谢（魁北克人党）：5%；伊丽莎白·梅（绿党）：6%；马克西姆·卡聂尔所属政党：3%；不确定：17%。

数据来源：Nanos Research。

四 结语

可以说，新冠疫情给特鲁多领导的自由党少数派政府带来了一定的机会，一方面暂时转移了国内外困扰特鲁多政府的矛盾和问题，另一方面也给了特鲁多政府更多获取民心的操作空间。如果联邦政府能够有效地指挥抗疫，最大限度地保障加拿大人民的生命健康，那这毫无疑问将会是特鲁多政府连任后的一场漂亮的翻身仗。不过，随着加拿大各省的重新开放政策逐步提上日程，疫情的发展暂时不可预计，第二波疫情的风险依然存在。目前着重于各种财政支持的联邦政府接下来将面临几个主要的挑战。第一，随着疫情略有好转，民众对于新冠疫情的关注程度有所下降，而对于经济和就业的关注度则逐渐上升（见图3），这也就意味着政府需要开始致力于恢复经济和就业。疫情暴发前加拿大的经济本就在缓慢的复苏过程中，而疫情对于经济和就业的打击又是极大的，想要重启经济和就业，并且达到民众满意的程度，对于联邦政府而言将会是十分艰难的任务。是否可以在申请提前选举前

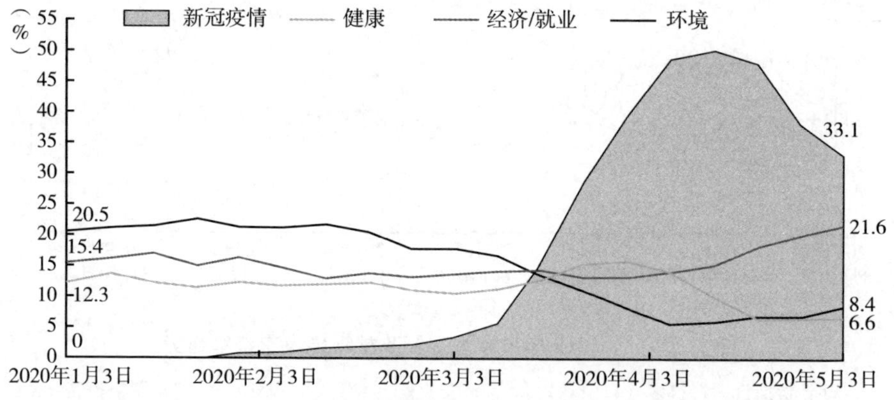

图3 2020年加拿大民众对于不同议题的关注程度（截至2020年5月）

注：新冠疫情：33.1%；健康：6.6.%；经济/就业：21.6%；环境：8.4%。

数据来源：Nanos Weekly Tracking。

得到一个较为满意的结果，将直接影响到自由党政府能否改变其少数派的命运。第二，大量撒钱带来的一个隐患就是联邦政府一直无法平衡的财政赤字将进一步恶化。这一问题一直都是民众对政府持负面态度的一个来源，同时更是反对党一直抓着不放的把柄。虽然撒钱可以在短时间内获得民众的好感，但长期来看，政府是否可以平衡赤字，恢复经济，保障就业，才是确保加拿大未来稳定健康发展的关键。大量的财政赤字还可能会影响接下来联邦政府原本打算大力推进的一些项目，比如成本已经飙升的输油管道建设，而这些问题处理不好，又会进一步产生连锁的负面效应，即联邦政府与西部省份的关系难以改善，等等。所以，从长远来看，特鲁多领导的自由党联邦政府想要在疫情之下“逆天改命”，依然任重道远。

B.3

2019年加拿大经济形势

林　珏*

摘　要： 2019 年，加拿大实际 GDP 比前一年增长 1.6%。对实际 GDP 增长贡献最大的是最终消费支出，其次来自货物与服务出口，而企业和政府固定资本形成总额则为负贡献。2019 年加拿大经济增长的主要特点是：最终消费支出增长中政府与非营利机构消费支出增长显著，居民消费价格指数和工业品价格指数总体同比变动幅度不大，货物与服务进出口额增加且贸易顺差规模扩大，商品生产和服务行业就业增加且全国平均失业率下降；不过，企业和政府投资减少且固定资本形成总额下降，前三季度公司利润同比下降，总负债增额超过总资产增额，且负债规模扩大。未来加拿大经济发展仍受到世界经济发展形势的影响。从 2020 年看，由于新冠疫情蔓延，全球经济将出现急剧收缩。第一季度加拿大制造业的生产和销售，都出现下降。预计受上半年的拖累，全年将出现负增长。2021 年加拿大经济有望恢复增长。

关键词： 加拿大　经济增长　新冠疫情

* 林珏，博士，上海财经大学国际工商管理学院教授，研究方向：加拿大经济。

一 2019年加拿大经济增长情况

（一）实际 GDP 和增长率

根据加拿大统计局数据，按 2012 年不变价格计算，2019 年加拿大基于支出的国内生产总值（GDP）为 20798 亿加元，比前一年增长 1.6%。从图 1 可见，尽管自 2015 年以来加拿大实际 GDP 规模在不断扩大，但 2017 年以后的两年实际 GDP 增长率连续出现下降。

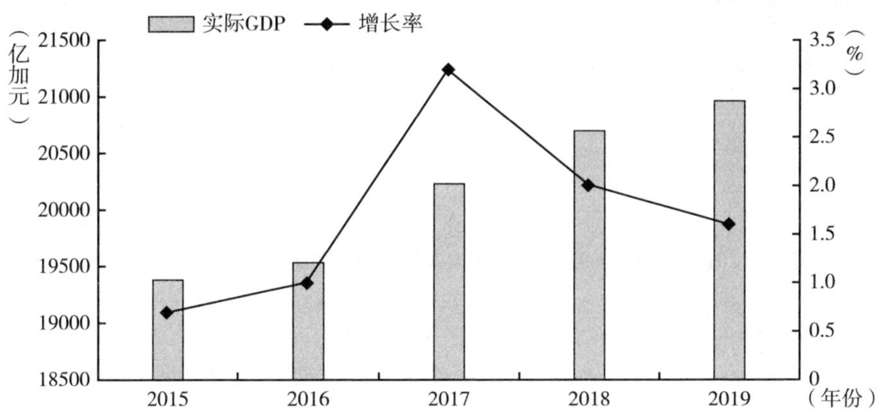

图 1　2015 ~ 2019 年加拿大实际 GDP 和增长率状况

注：（1）按 2012 年不变价格计算，基于支出的国内生产总值；（2）左轴为柱形（实际 GDP）数据刻度，右轴为曲线（增长率）数据刻度。

数据来源：其中实际 GDP 数据来自 Statistics Canada, Gross Domestic Product, Expenditure - based, at 2012 Constant Prices, Table: 36 - 10 - 0369 - 01, https://www150.statcan.gc.ca/t1/tbl1/en/tv.action?pid=3610036901；增长率数据来自 Statistics Canada, Gross National Income and Gross Domestic Income, Indexes and Related Statistics, Table 36 - 10 - 0129 - 01, May 6, 2020, https://www150.statcan.gc.ca/t1/tbl1/en/tv.action?pid=3610012901。

观察 2019 年实际 GDP 各季度同比增长率情况，第一季度至第四季度同比增长率依次为 1.7%、2.2%、1.6% 和 1.0%，显然第三季度和第四季度

同比增长增幅的下降，拉低了全年的增长率（见图2）。查看环比增长情况，第三、第四季度增幅下降尤其显著：第三季度只有0.1%，第四季度负增长，即-0.2%。

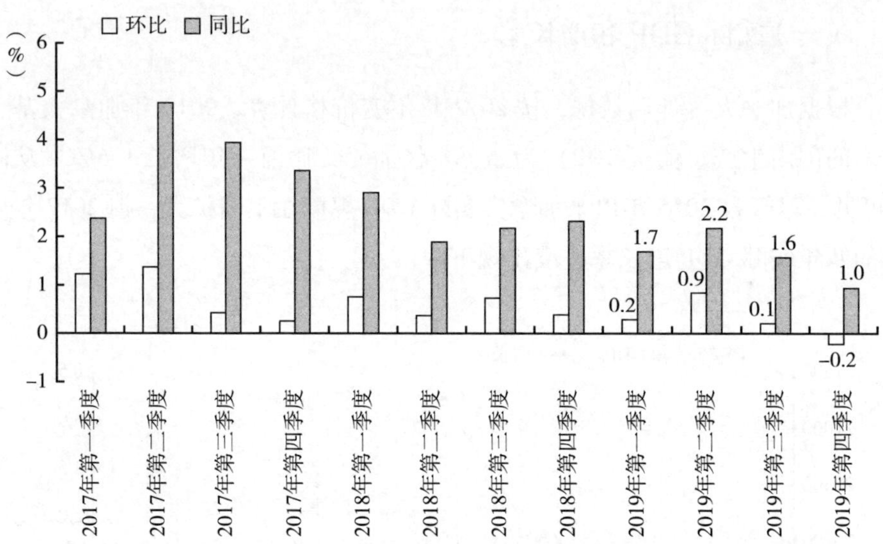

图2　2017～2019年各季度加拿大实际GDP同比与环比增长率状况

注：基于支出的国内生产总值；按2012年不变价格计算；按年率进行季节性调整。

数据来源：Statistics Canada，Gross Domestic Product，Expenditure - based，at 2012 Constant Prices，Quarterly，Table：36 - 10 - 0123 - 01，May 7，2020，https：//www150. statcan. gc. ca/t1/tbl1/en/tv. action？pid = 3610012301#tables。

分析2019年第三、第四季度GDP同比增幅下降、甚至环比增长转为负增长的原因，主要是受到投资和出口贸易下行的影响，因为第四季度固定资本形成总额（包括企业、非营利机构、政府的固定资本形成总额）以及第三季度和第四季度货物与服务出口环比增幅均出现下降（见图3）。

2019年最终消费支出各季度同比增长；但是固定资本形成总额第一季度和第二季度同比下降；存货投资则是第三季度和第四季度同比下降，且第四季度下降幅度达到两位数；货物与服务出口第四季度同比下降0.38%（见表1）。

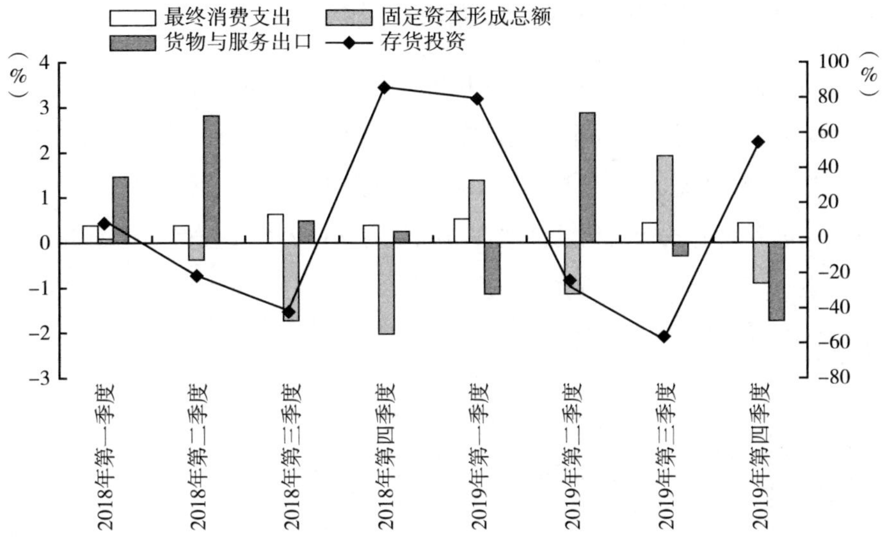

图3　2018～2019年加拿大实际GDP中各因素季度环比变化状况

注：（1）左轴为柱形刻度，右轴为曲线（存货投资）刻度；（2）基于支出的国内生产总值的计算；按2012年不变价格；按年率进行季节性调整。

数据来源：Statistics Canada，Gross Domestic Product，Expenditure - based，at 2012 Constant Prices，Quarterly，Table：36 - 10 - 0123 - 01，May 7，2020，https：//www150. statcan. gc. ca/t1/tbl1/en/tv. action？pid = 3610012301#tables。

表1　2018～2019年加拿大实际GDP中各因素季度同比变化状况

单位：%

项目	2018				2019			
	第一季度	第二季度	第三季度	第四季度	第一季度	第二季度	第三季度	第四季度
最终消费支出	3. 12	2. 51	2. 25	1. 83	1. 98	1. 85	1. 63	1. 69
固定资本形成总额	5. 44	3. 87	0. 73	-4. 04	-2. 77	-2. 84	0. 81	1. 97
存货投资	28. 24	-24. 54	-71. 50	-7. 90	50. 85	36. 98	-2. 58	-19. 65
货物与服务出口	1. 35	2. 76	6. 04	5. 12	2. 40	2. 45	1. 63	-0. 38

数据来源：Statistics Canada，Gross Domestic Product，Expenditure - based，at 2012 Constant Prices，Quarterly，Table：36 - 10 - 0123 - 01，May 7，2020，https：//www150. statcan. gc. ca/t1/tbl1/en/tv. action？pid = 3610012301#tables。

（二）实际 GDP 增长中各因素的贡献

就贡献而言，2019 年在实际 GDP 增长中贡献最大的是最终消费支出，贡献了 1.402 个百分点。[①] 其中家庭最终消费（包括商品消费和服务消费）贡献值最大，达到 0.923 个百分点，其次是政府最终消费支出，贡献值为 0.442 个百分点，最后是非营利机构的消费，贡献值为 0.037 个百分点（见图 4）。

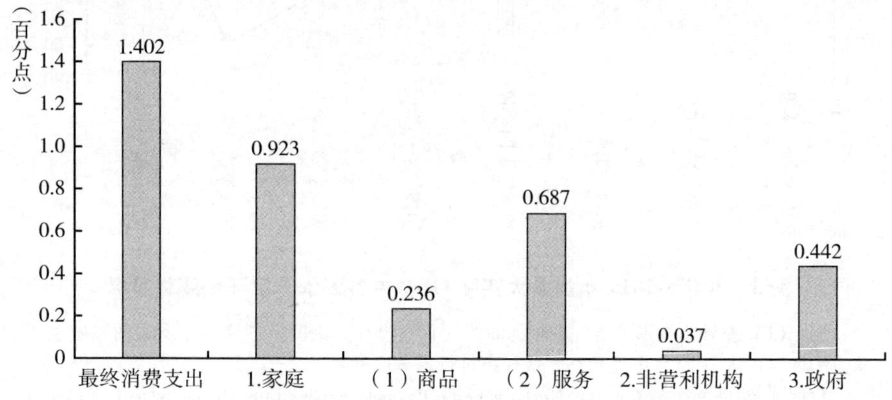

图 4　2019 年加拿大实际 GDP 增长中最终消费支出诸因子贡献状况

数据来源：根据 Statistics Canada 数据制图，Contributions to Annual Percent Change in Real Expenditure - based Gross Domestic Product，Canada，Annual，Table：36 - 10 - 0128 - 01，May 8，2020，https：//www150. statcan. gc. ca/t1/tbl1/en/tv. action？pid = 3610012801。

其次，贡献排第二的是货物和服务出口。2019 年加拿大货物出口为实际 GDP 增长贡献了 0.272 个百分点，服务出口贡献了 0.140 个百分点，二者合计贡献了 0.412 个百分点（见图 5）。

不过从投资看，固定资本形成总额贡献为 -0.151 个百分点，其中除了服务家庭的非营利机构的固定资本形成总额贡献了 0.001 个百分点外，企业和政

---

① 在 GDP 各因素贡献上，一般采用“百分点”（Percentage point）的表述，比如 GDP 增长 1.6%，其中 1.402 个百分点来自最终消费支出。但加拿大政府的统计数据中显示的单位是“百分比”（Percent），根据计算显示的数据及它们之间的关系，本文认为应该是百分点，为此本节图示单位及表述均采用“百分点”。

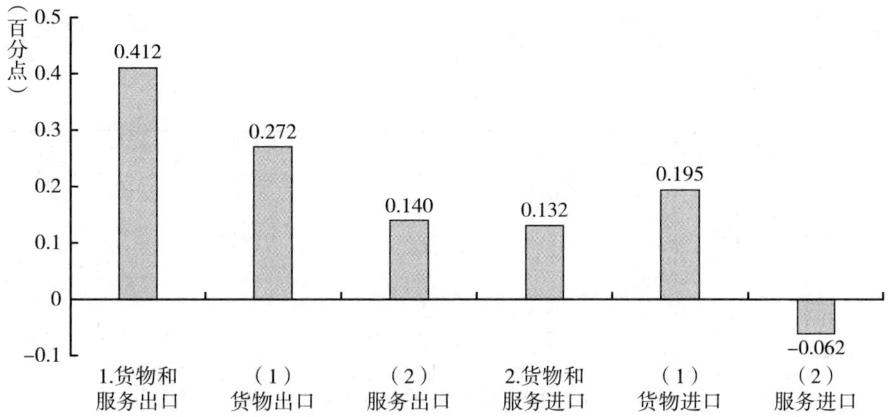

图5　2019年加拿大实际GDP增长中货物和服务出口与进口贡献状况

数据来源：根据Statistics Canada数据制图，Contributions to Annual Percent Change in Real Expenditure - based Gross Domestic Product，Canada，Annual，Table：36 - 10 - 0128 - 01，May 8，2020，https：//www150. statcan. gc. ca/t1/tbl1/en/tv. action？pid = 3610012801。

府固定资本形成总额的贡献值为负值。具体看，企业固定资本形成总额对实际GDP贡献值为 - 0. 123百分点，其主要是因为来自住宅建筑、机械和设备以及知识产权产品投资下滑，三者固定资本形成额分别比前一年下降0. 79%、1. 35%和4. 64%。尽管非住宅建筑投资增加，固定资本形成总额上升0. 88%，但总体上企业固定资本形成总额下降0. 76%。政府固定资产投资也下降0. 70%，导致政府固定资本形成总额的贡献值为 - 0. 028%①（见图6）。

二　2019年加拿大经济增长的特点及影响因素分析

（一）经济增长的特点

1. 政府与非营利机构消费支出增长相对显著

2019年加拿大最终消费支出比上年增长1. 78%，低于2018年的增长幅

① Gross Domestic Product，Expenditure - Based，at 2012 Constant Prices，Annual，Statistics Canada. https：//www150. statcan. gc. ca/t1/tbl1/en/tv. action？pid = 3610036901，检索日期：2020年5月6日。

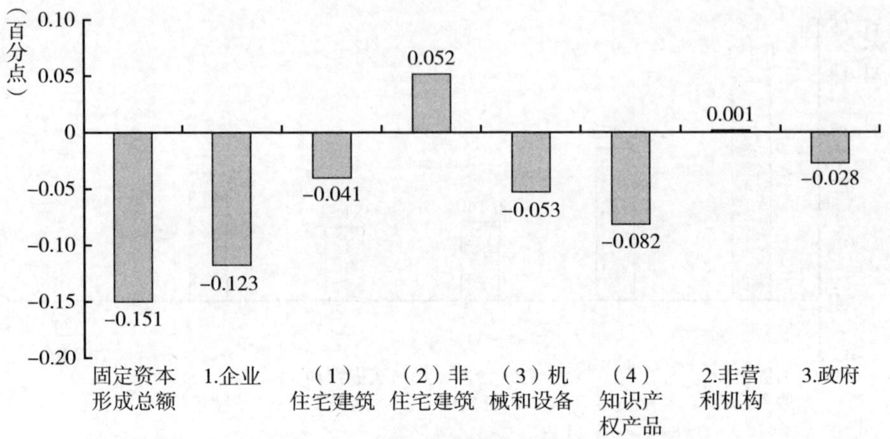

图6　2019 年加拿大实际 GDP 增长中固定资本形成总额诸因子贡献状况

数据来源：根据 Statistics Canada 数据制图，Contributions to Annual Percent Change in Real Expenditure - based Gross Domestic Product，Canada，Annual，Table：36 - 10 - 0128 - 01，May 8，2020，https：//www150. statcan. gc. ca/t1/tbl1/en/tv. action？ pid = 3610012801。

度（2.42%）。其中非营利机构消费支出增长 2.45%，超过 2018 年的增长幅度（1.35%）；政府最终消费增长虽不及前一年的增长幅度，但也超过 2% 的增幅，达到 2.09%。就家庭最终消费支出各因子看，服务消费支出增长的幅度超过商品消费支出的增幅，前者达到 2.2%；商品消费支出中，半耐用消费品支出增长的幅度超过非耐用消费品和耐用消费品支出增幅，达到 1.51%（见图 7）。

进一步观察 2019 年最终消费支出诸因子各季度同比增长状况，可以看到，第三季度最终消费支出增幅下降主要来自该季度家庭商品消费支出（半耐用消费品和非耐用消费品支出）和服务消费支出增幅的下降。非营利机构第一季度消费支出同比增长 3.02%，第二季度增幅下跌至 1.88%，第三季度增幅上升，第四季度增幅继续上升，达至 2.79%。但政府最终消费支出增幅却是逐季下降，四个季度分别为 2.59%、2.19%、2.02%、1.58%（见图 8）。

2. 货物与服务进出口额增加且贸易顺差规模扩大

2019 年加拿大货物与服务出口额为 6842 亿加元，比前一年增长

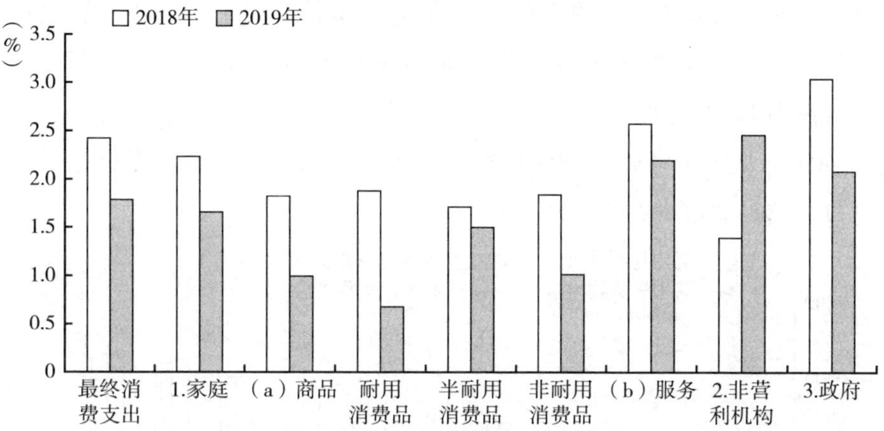

图 7　2018～2019 年加拿大最终消费支出诸因子增长状况

数据来源：根据 Statistics Canada 数据计算制图，Gross Domestic Product，Expenditure - based，at 2012 Constant Prices，Annual，Table：36 - 10 - 0369 - 01，May 6，2020，https：//www150. statcan. gc. ca/t1/tbl1/en/tv. action？pid = 3610036901。

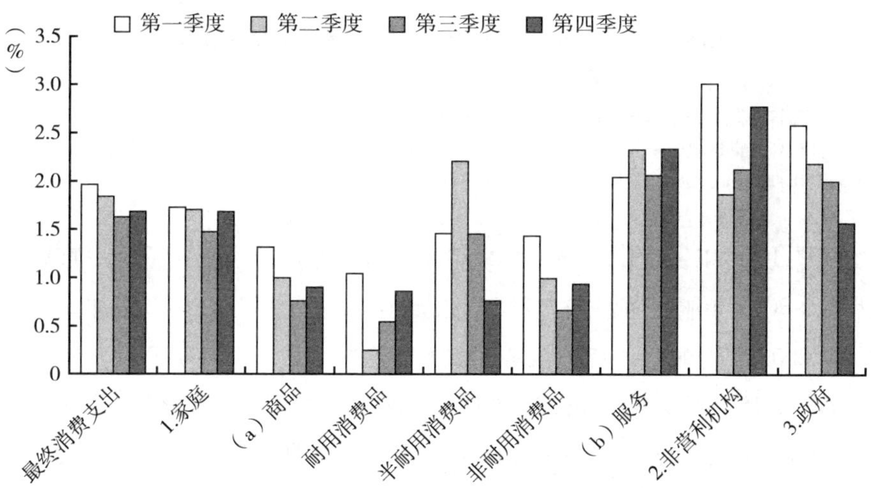

图 8　2019 年加拿大最终消费支出诸因子各季度同比增长变化状况

数据来源：根据 Statistics Canada 数据计算制图，Gross Domestic Product，Expenditure - based，at 2012 Constant Prices，Quarterly，Table：36 - 10 - 0123 - 01，May 8，2020，https：//www150. statcan. gc. ca/t1/tbl1/en/cv. action？pid = 3610012301#timeframe。

1.51%；货物与服务进口额为6752亿加元，增长0.85%。其中货物出口额为5635亿加元，增长1.33%，进口额约为5507亿加元，增长1.27%；服务出口额为1207亿加元，增长2.39%，进口额为1245亿加元，比前一年降低0.98%。从图9可见，2009年经济危机后加拿大对外贸易无论是出口还是进口，贸易规模都有所增加。

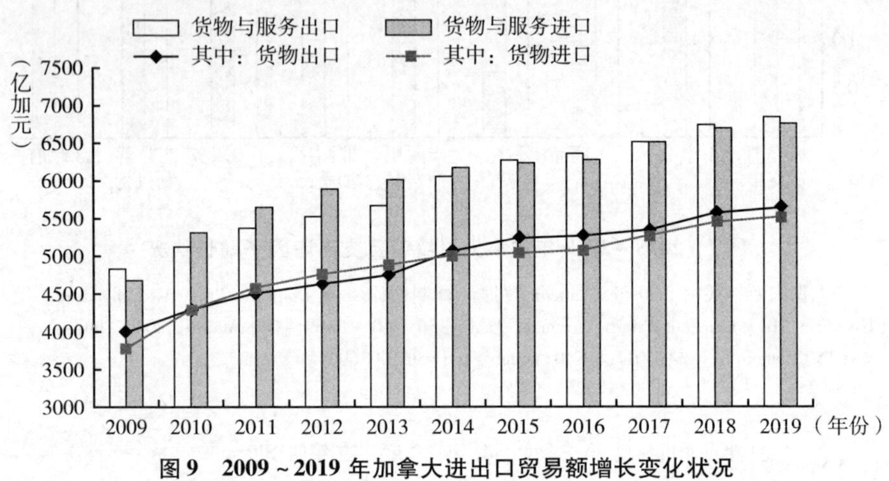

图9　2009～2019年加拿大进出口贸易额增长变化状况

注：基于支出国内生产总值，按2012年不变价格计算。

数据来源：根据Statistics Canada数据制图，Gross Domestic Product，Expenditure - based，at 2012 Constant Prices，Annual，Table：36 - 10 - 0369 - 01，May 6，2020，https：//www150.statcan.gc.ca/t1/tbl1/en/tv.action？pid=3610036901。

从图10可以发现，2009～2019年加拿大对外贸易中服务贸易一直处于逆差状况，2019年服务贸易逆差额38亿加元，比前一年收窄41亿加元。而货物贸易2009年为顺差，其后连续四年处于逆差状况，2014年开始发生逆转出现顺差，2015年顺差额达到203亿加元，2019年顺差额128.54亿加元，比前一年增加4.56亿加元。货物贸易顺差一定程度弥补了服务贸易逆差状况，使得货物与服务贸易在2009年、2015～2016年、2018～2019年出现顺差。2019年货物与服务贸易顺差额达到90亿加元，比前一年的顺差额扩大一倍。

2019年加拿大对外贸易顺差的扩大主要来自服务进口的下降。从图11可见，服务进口各季度同比下降，而服务出口各季度同比均为增长，其中后三个季度增幅均超过2%，第三季度甚至超过3%。虽然货物出口在第四季

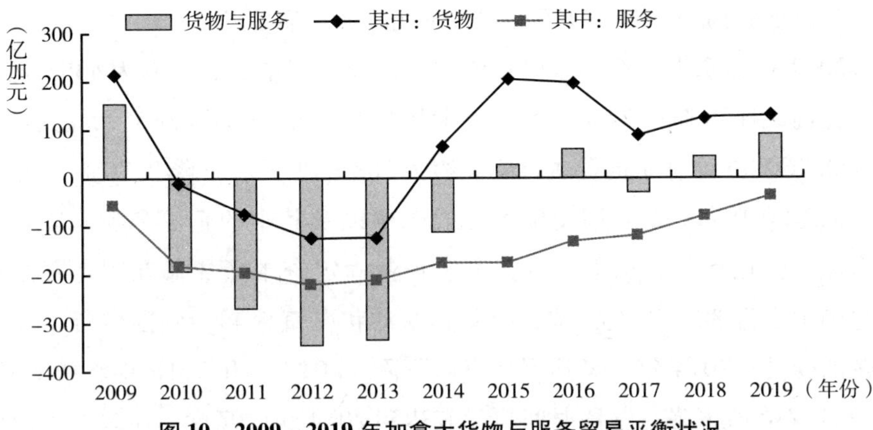

图 10　2009～2019 年加拿大货物与服务贸易平衡状况

注：基于支出国内生产总值，按 2012 年不变价格计算。

数据来源：根据 Statistics Canada 数据计算制图，Gross Domestic Product，Expenditure - based，at 2012 Constant Prices，Annual，Table：36 - 10 - 0369 - 01，May 6，2020，https：//www150. statcan. gc. ca/t1/tbl1/en/tv. action? pid = 3610036901。

度出现同比下降，但因服务出口增长，因此该季度货物与服务出口额同比下降仅 0.38%。由此，全年货物与服务出口额增长 1.51%。

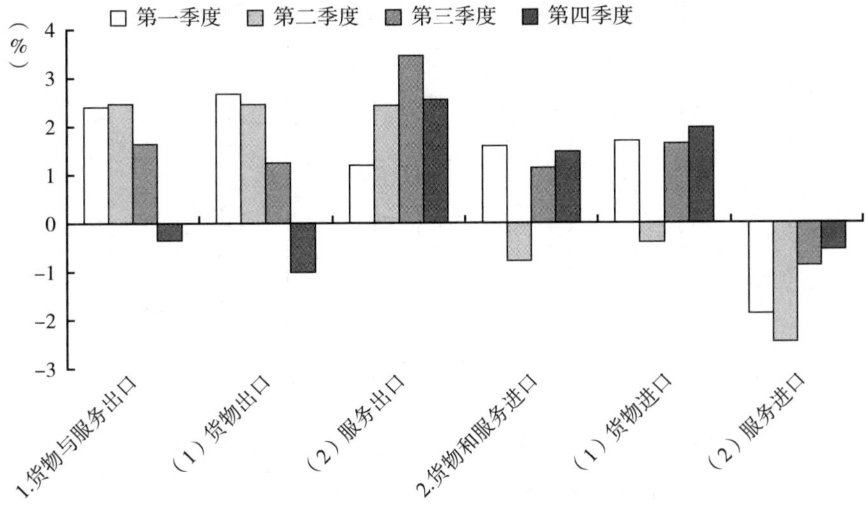

图 11　2019 年加拿大货物与服务贸易各因子季度同比变化状况

数据来源：根据 Statistics Canada 数据计算制图，Gross Domestic Product，Expenditure - based，at 2012 Constant Prices，Quarterly，Table：36 - 10 - 0123 - 01，May 8，2020，https：//www150. statcan. gc. ca/t1/tbl1/en/cv. action? pid = 3610012301#timeframe。

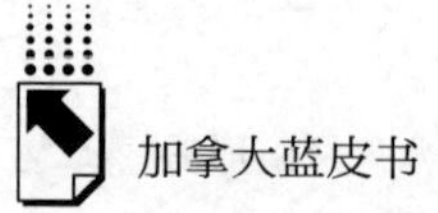

3. 企业和政府投资减少且固定资本形成总额下降

2019 年加拿大企业和政府投资减少，固定资本形成总额为 4393 亿加元，比前一年下降 0.74%。其中企业固定资本形成额约为 3590 亿加元，下降 0.76%；政府固定资本形成额约为 783 亿加元，下降 0.70%。图 12 显示的是2009～2019 年固定资本形成总额以及其中的企业和政府固定资本形成额变化状况。从中可见，由于企业固定资本形成额在固定资本形成总额中占据 80% 以上比重，因此其变动状况直接影响到固定资本形成总额的变动；2014 年二者达到顶点后下降，2017 年和 2018 年略微上升，2019 年又略微下降，这段时间再没有达到 2014 年的高度。而政府固定资本形成额一直起伏上下变动，2018 年比之前一年上升，2019 年出现又下降。固定资本形成总额中非营利机构固定资本形成额，2019 年为 20.7 亿加元，比前一年增加 0.15 亿元，增长 0.73%。不过由于该要素在固定资本形成总额中占比只有 0.47%，因此其增幅对固定资本形成总额影响微不足道。

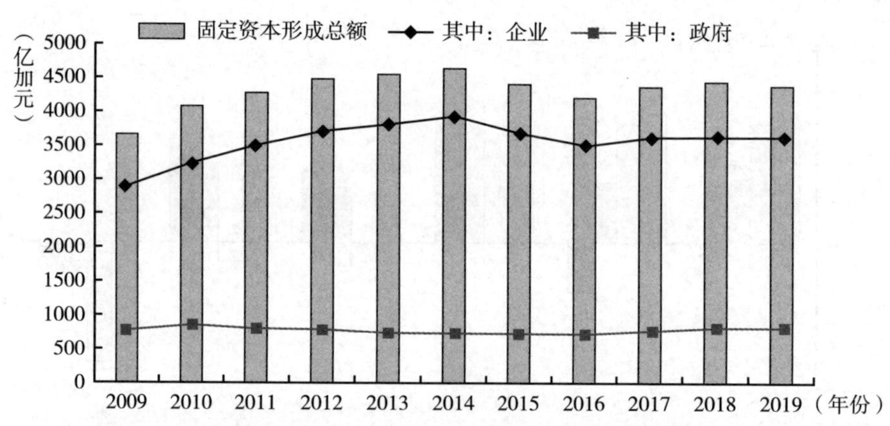

图 12　2009～2019 年加拿大固定资本形成总额变动状况

注：基于支出国内生产总值，按 2012 年不变价格计算。

数据来源：根据 Statistics Canada 数据制图，Gross Domestic Product，Expenditure - based，at 2012 Constant Prices，Annual，Table：36 - 10 - 0369 - 01，May 10，2020，https：//www150.statcan.gc.ca/t1/tbl1/en/tv.action？pid = 3610036901。

图 13 显示的是 2009～2019 年加拿大企业固定资本形成额中的住宅建筑和非住宅建筑等行业或部门的状况。从中可见，2009～2014 年非住宅建筑、机械和设备部门固定资本形成额逐年增加，2015 年出现下滑，尽管 2019 年非住宅建筑固定资本形成额比之前一年微有增加，提高 0.88%，但仍未恢复到 2014 年的最高水平。机械和设备固定资本形成额 2015 年下降后，2017 年和 2018 年有所增加，但 2019 年再次减少，比前一年下降 1.35%。此外，知识产权产品固定资本形成额十多年来上下波动，2011 年达 383 亿加元，但从这以后开始下降，2019 年为 334 亿加元，比前一年降低 4.64%。

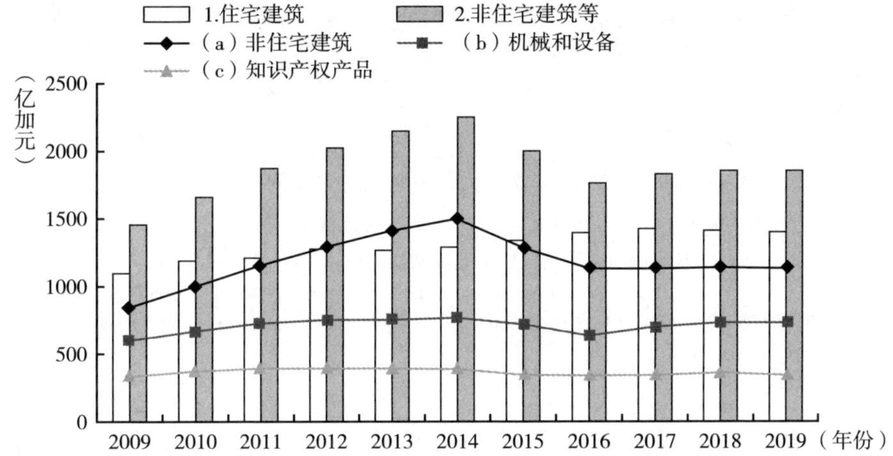

图 13　2009～2019 年加拿大企业固定资本形成额中各部门变动状况

注：基于支出国内生产总值，按 2012 年不变价格计算。

数据来源：根据 Statistics Canada 数据制图，Gross Domestic Product，Expenditure－based，at 2012 Constant Prices，Annual，Table：36－10－0369－01，May 10，2020，https：//www150.statcan.gc.ca/t1/tbl1/en/tv.action？pid＝3610036901。

4. 2019年前三季度公司利润同比下降

2019 年加拿大第一季度至第三季度公司利润与前一年同期相比出现下降，其中第三季度公司总利润额同比下降达到 10.89%（金融公司利润下降－18.06%，非金融公司利润下降－9.11%）。第四季度非金融公司利润同比出现增长即 1.97%，但金融公司利润依然下降，达到 1.4%（见图 14）。

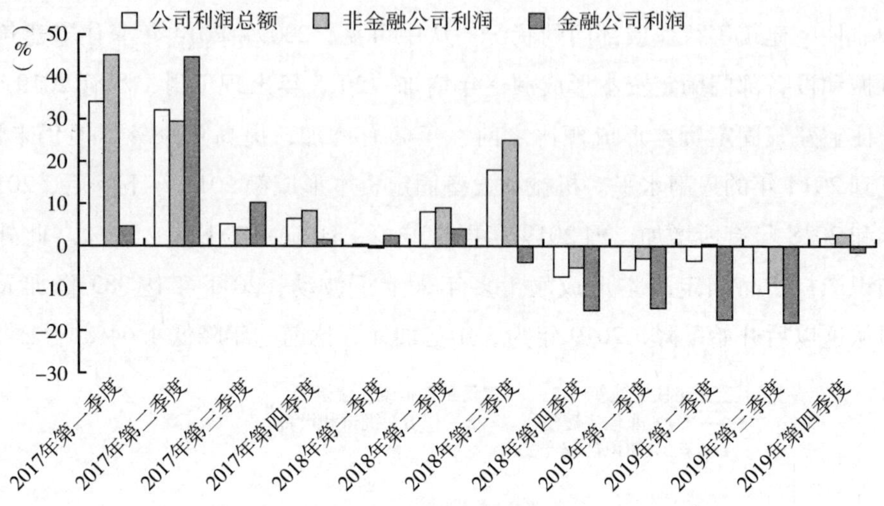

图 14　2017～2019 年加拿大公司利润各季度同比变动状况

注：按原始成本计算的公司利润，不包括加拿大政府企业。

数据来源：根据 Statistics Canada 数据计算制图，Corporation Profits before Taxes, on an Original - cost - basis, Excluding Government Business Enterprises, Canada, Quarterly, Table: 36 - 10 - 0125 - 01, May 13, 2020, https://www150.statcan.gc.ca/t1/tbl1/en/tv.action?pid=3610012501。

从环比变动状况看，2019 年第一季度和第二季度公司利润总额均比前一季度有所增长，分别为 0.58% 和 7.55%；但第三季度和第四季度公司利润总额环比前一季度均出现下降，环比变动分别为 -4.07% 和 -1.74%。全年各季度非金融公司利润环比变动与公司利润总额变动方向相同，而金融公司利润第一季度、第四季度环比增长，第二季度和第三季度环比下降（见图 15）。

5. 居民消费价格指数和工业品价格指数总体同比变动幅度不大

2019 年加拿大居民消费价格指数（CPI）各月同比增幅比 2018 年同期略有下降，其中 5 月份 CPI 同比增幅最高，达到 2.4%，其他月份则处于 1.4%～2.2%。不过，若将能源项目去掉，那么非能源品 CPI 同比增幅大部分月份超过前一年同期同比增长幅度（见图 16）。

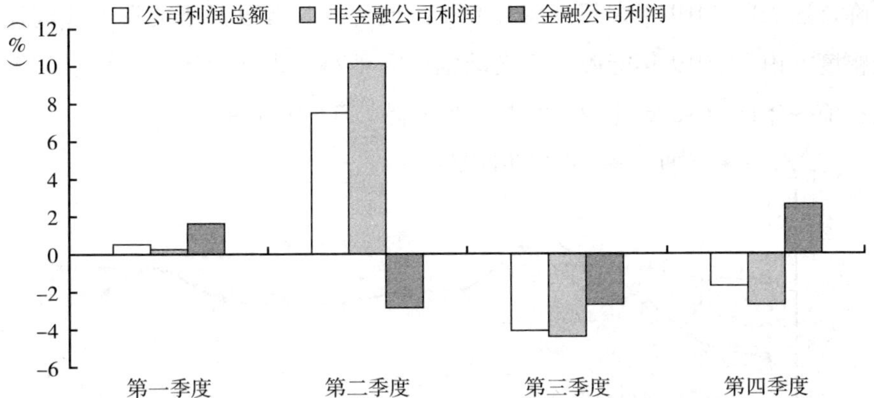

图 15　2019 年加拿大公司利润各季度环比变动状况

注：按原始成本计算的公司利润，不包括加拿大政府企业。

数据来源：根据 Statistics Canada 数据计算制图，Corporation Profits before Taxes, on an Original - cost - basis, Excluding Government Business Enterprises, Canada, Quarterly, Table: 36 - 10 - 0125 - 01, May 13, 2020, https: //www150. statcan. gc. ca/t1/tbl1/en/tv. action? pid = 3610012501。

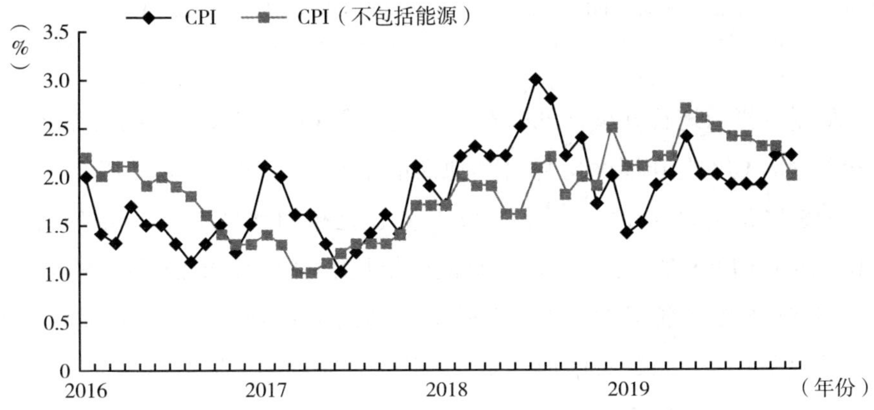

图 16　2016 ~ 2019 年加拿大居民消费价格指数各月同比变化状况

数据来源：根据 Statistics Canada 数据制图，The Daily, Table 18 - 10 - 0004 - 01, The 12 - Month Change in the Consumer Price Index (CPI) and CPI Excluding Energy, 12 - Month % Change, April 22, 2020, https: //www150. statcan. gc. ca/n1/daily - quotidien/200422/cg - a001 - eng. htm。

从图 17 可清楚看到，2019 年除了 12 月份，各月剔除能源项目的非能源 CPI 曲线高于包括能源在内的全部商品 CPI，并且从 6 月份开始同比增幅下降，这表明2019年大部分商品CPI的同比增长幅度高于能源CPI同比增长幅度。由于2019年能源CPI变动幅度并不小，因此上述情况可能的解释是：前一年即2018年能源CPI与其他商品CPI相比较高。

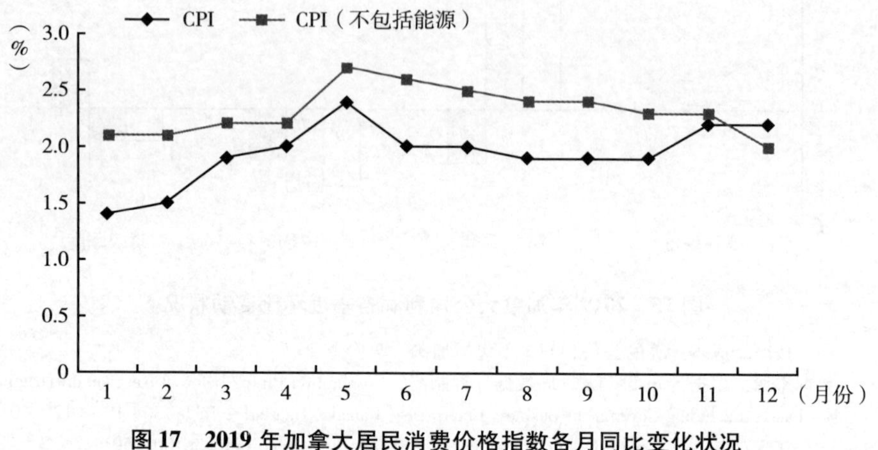

图17　2019年加拿大居民消费价格指数各月同比变化状况

数据来源：根据 Statistics Canada 数据制图，The Daily，Table 18 - 10 - 0004 - 01，The 12 - Month Change in the Consumer Price Index（CPI）and CPI Excluding Energy，12 - Month % Change，April 22，2020，https：//www150. statcan. gc. ca/n1/daily - quotidien/200422/cg - a001 - eng. htm。

如果以指数进行分析，可以看到事实上2019年居民消费物价指数中能源和食物的CPI上升幅度均超过其他商品指数的平均水平。2019年加拿大居民消费物价指数（CPI）年末（12月）比之年初（1月），全部项目（商品和服务）CPI增加不到3，其中食品的指数增加3.2，能源的指数增加9.8（其中汽油指数增加了16.2），交通运输的指数达到6.5。如果去掉能源，那么其他所有项目指数只增加2.3，如果再去掉食物，那么不包括能源和食物的物品指数只增加2.2（见图18）。

从工业品价格指数（IPPI）看，2019年IPPI基本在117以上变动，同比变动率不超过±1.7%。1月IPPI指数为116.7，其后增加，4月达到119.5后下降，7月为117.3，这以后在117以上变动起伏，到12月为117.7。与2018年相比，2019年上半年各月同比增长不超过1.7%，下半年7月至11月同比均为负增长，在-1.0%～-1.7%；12月才出现同比增长，达0.5%（见图19）。

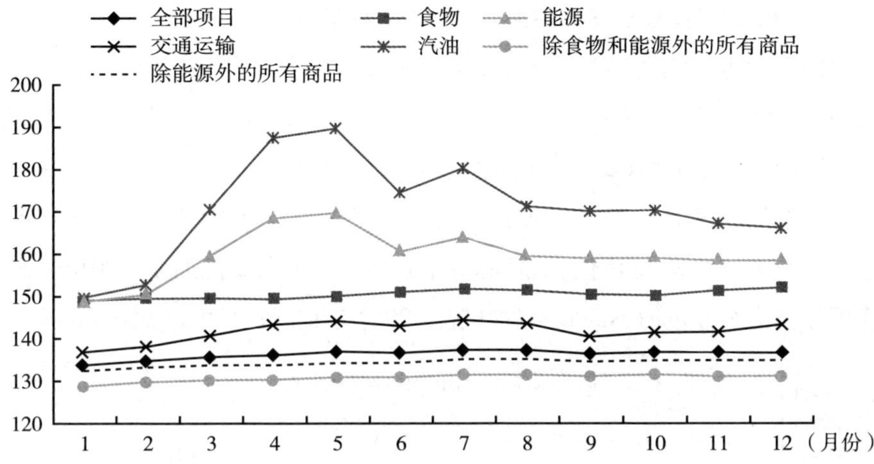

图 18　2019 年加拿大居民消费价格指数逐月变动状况

注：指数未作季节性调整；指数 2012 年 =100。

数据来源：根据 Statistics Canada 数据制图，The Daily，Table 18 –10 –0004 –01，The 12 –Month Change in the Consumer Price Index（CPI）and CPI Excluding Energy，12 –Month % Change，April 22，2020，https：//www150. statcan. gc. ca/n1/daily – quotidien/200422/cg –a001 – eng. htm。

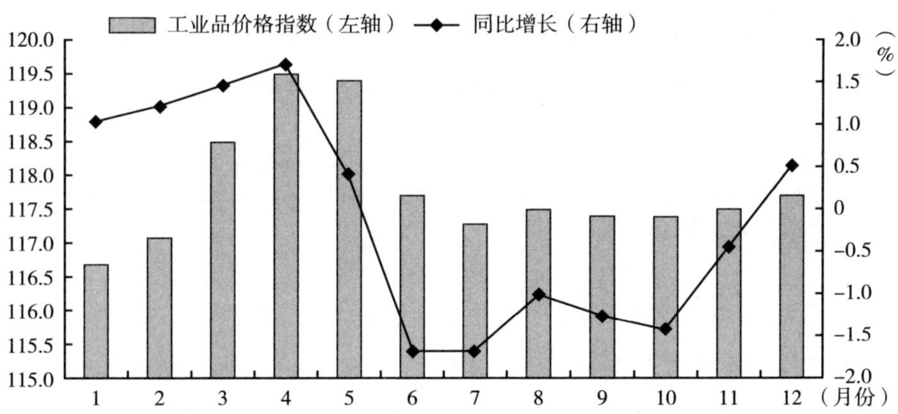

图 19　2019 年 1 ~12 月加拿大工业品价格指数和同比变动状况

注：工业品价格指数（IPPI）的实时（2020 年 4 月 27 日）发布，按每月主要产品组合计。

数据来源：根据 Statistics Canada 数据计算制图，Historical（Real – time）Releases of the Industrial Product Price Index，by Major Product Group，Monthly，Table：18 –10 –0248 –01，April 27，2020，https：//www150. statcan. gc. ca/t1/tbl1/en/tv. action？ pid =1810024801。

6. 总负债增额超过总资产增额，且负债规模扩大

2019 年加拿大对外直接投资 250. 8 亿加元，投资组合 662. 4 亿加元，其他投资 191. 2 亿加元，官方国际储备减少 72. 7 亿加元，资产总额增加 1031. 7 亿加元。同期，加拿大境内外商直接投资 585. 5 亿加元，外国组合投资 345. 9 亿加元，其他外国投资 1270. 5 亿加元，负债总额新增 2201. 9 亿加元。该年新增的总资产减去新增的总负债，净国际投资头寸 -1170. 2 亿加元。2016 ~2018 年净国际投资头寸负值不断收窄的状况到 2019 年重新被扩大（见图 20）。

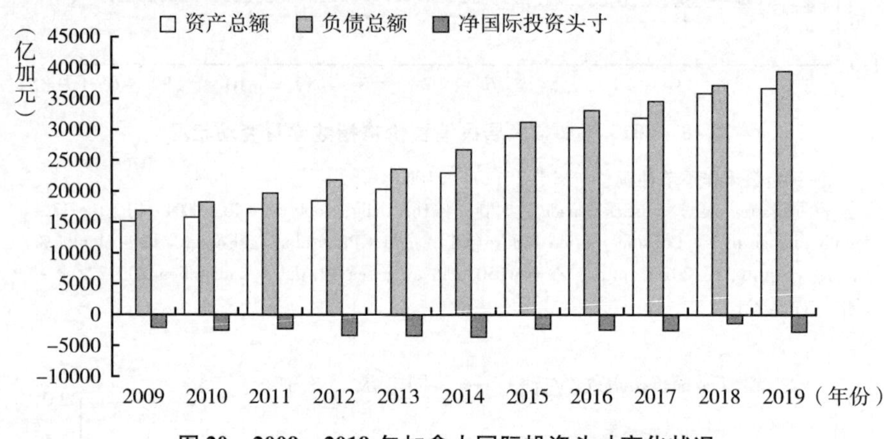

图 20　2009 ~2019 年加拿大国际投资头寸变化状况

注：账面价值。

数据来源：根据 Statistics Canada 数据制图，International Investment Position，Book Value，Annual，Table：36 -10 -0474 -01，May 15，2020，https：//www150. statcan. gc. ca/t1/tbl1/en/tv. action？pid =3610047401。

7. 商品生产和服务行业就业增加，且全国平均失业率下降

2019 年加拿大就业率比 2016 ~2018 年略有提高，失业率进一步下降，全国平均失业率从 2019 年 1 月份的 5. 8% 下降到 12 月份的 5. 6%（见图 21）。

2019 年全年，加拿大的就业人数无论是在商品生产行业还是服务行业，均比 2018 年全年有显著增加。不过，2019 年下半年商品生产行业就业人数相比上半年出现下降（见图 22）。

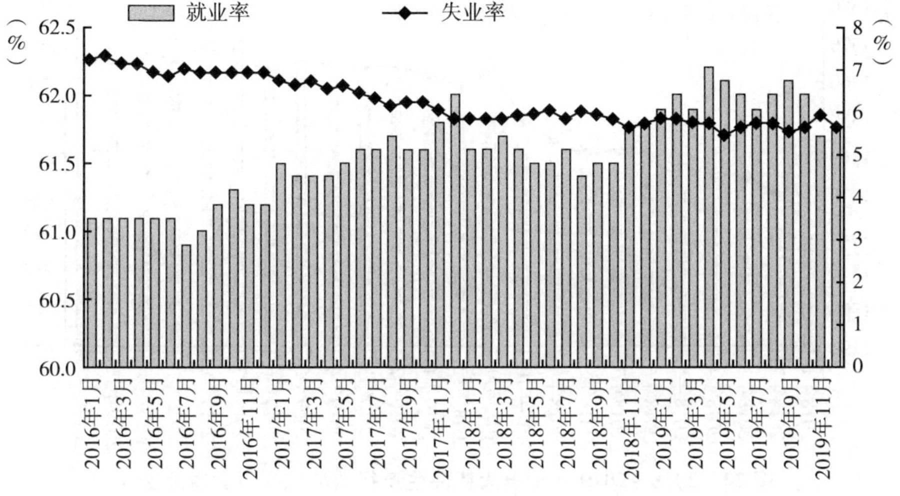

图 21　2016～2019 年加拿大就业率与失业率变化状况

注：(1)“就业率”是就业人数占 15 岁及以上人口的百分比；(2)“失业率”是失业人数（四周内没找到工作者）占劳动力总数的百分比；(3) 数据作季节性调整；(4) 左轴为柱形（就业率）刻度，右轴为曲线（失业率）刻度。

数据来源：根据 Statistics Canada 数据制图，Labour Force Characteristics, Monthly, Seasonally Adjusted and Trend－Cycle, Last 5 Months, Table：14－10－0287－01, May 15, 2020, https：//www150. statcan. gc. ca/t1/tbl1/en/tv. action? pid＝1410028701。

（二）影响经济增长的因素

1. 国内因素

(1) 工资和某些原材料价格的上涨，使得企业成本上升，利润下降

企业生产成本主要来自人工成本和原材料成本。从人工成本看，2019 年加拿大全国每小时工资总额提高，单位人工成本增加。从图 23 可见，2017～2019 年每小时工资总额上升，2019 年各季度单位人工成本（即单位劳动力成本）指数上升的幅度超过前一年。

当然各职业的工资上升情况有所不同。在加拿大各职业中，管理行业、自然科学和应用科学及其相关行业、教育和法律与社会社区和政府服务业等行业的员工工资水平大大高于全国员工平均工资水平。从图 24 可见，2019 年 12 月大部分行业的员工平均周工资都比前一年同期有所增长，其中工资

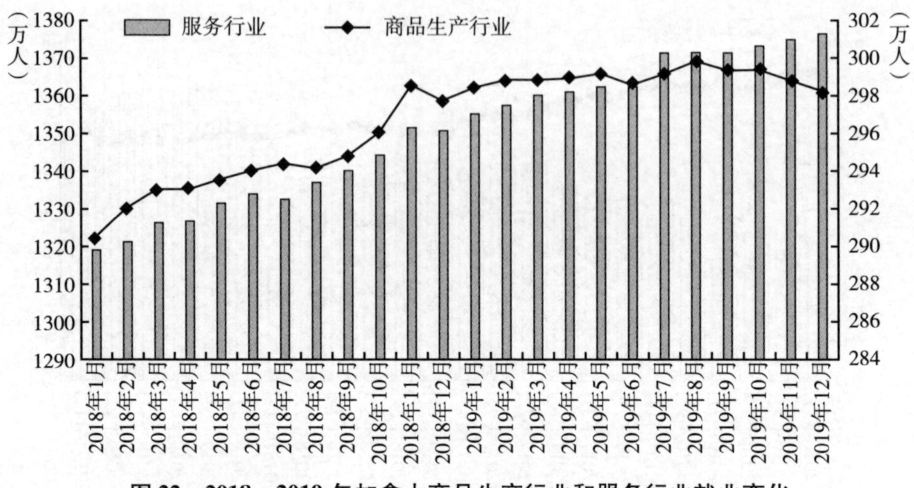

图22　2018～2019年加拿大商品生产行业和服务行业就业变化

注：(1) 左轴为柱形（服务行业）刻度，右轴为曲线（商品生产行业）刻度。(2) 按北美工业分类系统（NAICS），商品生产行业（11－33N）包括以下分行业：林业、伐木和支持［11N］；采矿、采石和油气开采［21］；公用事业［22］；建筑［23］；制造业［31－33］。(3) 数据经季节性调整。

数据来源：根据 Statistics Canada 数据制图，Historical（Real－time）Releases of Employment and Average Weekly Earnings（Including Overtime）for All Employees by Industry，Monthly，Seasonally Adjusted，Table：14－10－0331－01（formerly CANSIM 281－8047），April 30，2020，https：//www150. statcan. gc. ca/t1/tbl1/en/tv. action？pid＝1410033101#tables。

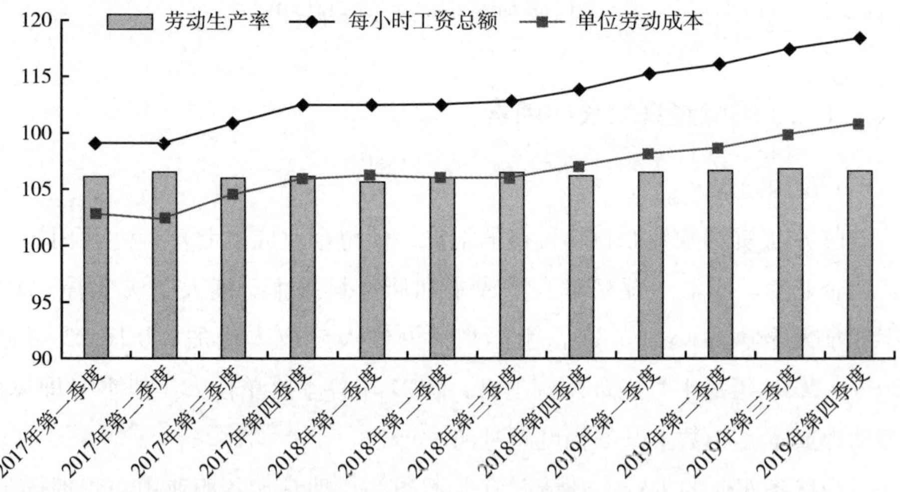

图23　2017～2019年加拿大企业劳动生产率、单位劳动成本等指标季度指数变化状况

注：2012年指数＝100；指标经季节性调整。

数据来源：根据 Statistics Canada 数据制图，Indexes of Business Sector Labour Productivity，Unit Labour Cost and Related Measures，Seasonally Adjusted，Table：36－10－0206－01，May 11，2020，https：//www150. statcan. gc. ca/t1/tbl1/en/tv. action？pid＝3610020601#tables。

水平低于全国水平的艺术、文化、娱乐和体育行业的工资增幅最高，2019年12月这些行业员工周工资比前一年同期增长10.1%，每小时工资同比增长5.5%；唯有自然资源、农业及相关生产行业的员工工资出现下降，平均周工资同比下降1.4%、平均每小时工资同比下降2.2%。但这并未改变全国员工平均工资上升状况，从图25可见，2019年全国员工平均周工资同比增长3.7%，平均每小时工资同比增长3.6%。

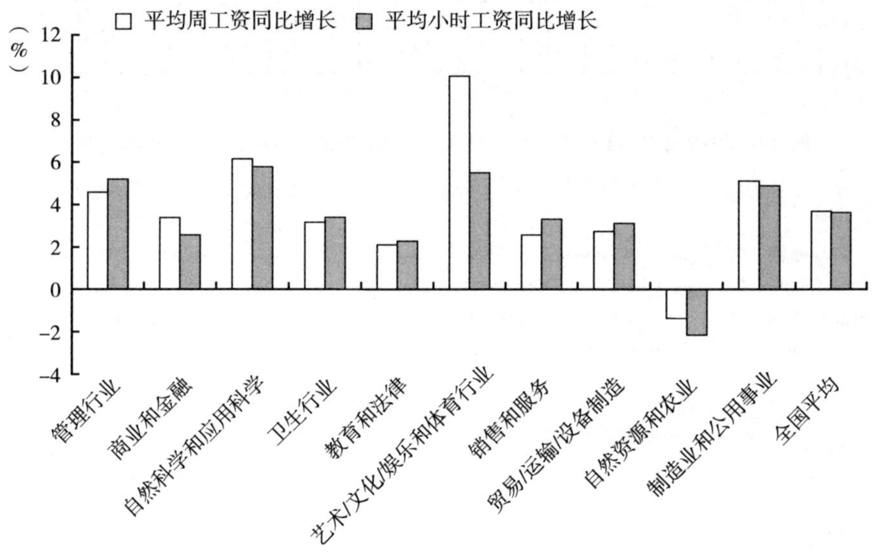

图24　2019年12月加拿大各行业平均工资同比增长状况

数据来源：根据Statistics Canada数据制图，Average Usual Hours and Wages by Selected Characteristics，Monthly，Unadjusted for Seasonality，Table：14 - 10 - 0320 - 02，May 16，2020，https：//www150. statcan. gc. ca/t1/tbl1/en/tv. action？ pid = 1410032002。

从原材料成本看，2016～2018年制造业生产中材料和供应品成本出现持续上升。这一时期制造业总费用的增加主要来自材料和供应品成本的增加（见图26）。

原材料成本增加的原因来自价格的上涨。不过，2019年大部分月份原材料合计的价格指数要低于2018年同期，如果去掉原油能源产品价格指数，这一情景就更加明显。2019年原油能源产品价格指数除11月和12月同比增长幅度较大、4月同比增长也为正值外，其他9个月与前一年同期相比增

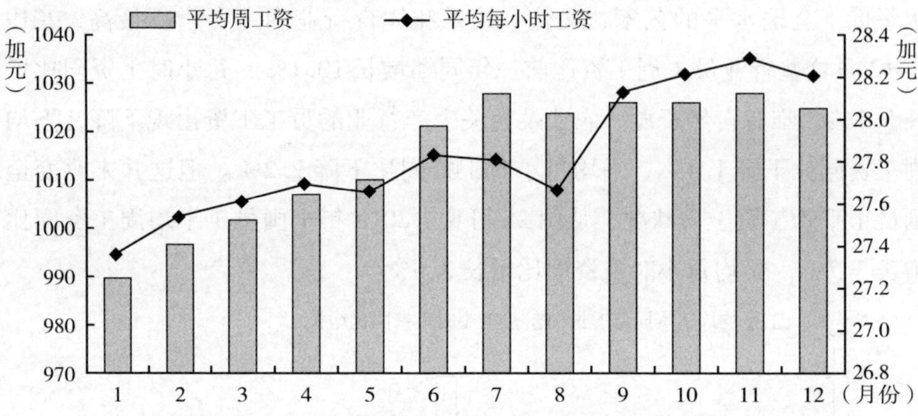

图 25　2019 年 1～12 月加拿大员工平均周工资和每小时工资变化状况

注：左轴为柱形（平均周工资）刻度，右轴为曲线（平均每小时工资）刻度；数据未经季节性调整。

数据来源：根据 Statistics Canada 数据制图，Historical（Real－time）Releases of Employment and Average Weekly Earnings（Including Overtime）for All Employees by Industry，Monthly，Seasonally Adjusted，Table：14－10－0331－01（formerly CANSIM 281－8047），April 30，2020，https：//www150. statcan. gc. ca/t1/tbl1/en/tv. action？pid＝1410033101#tables。

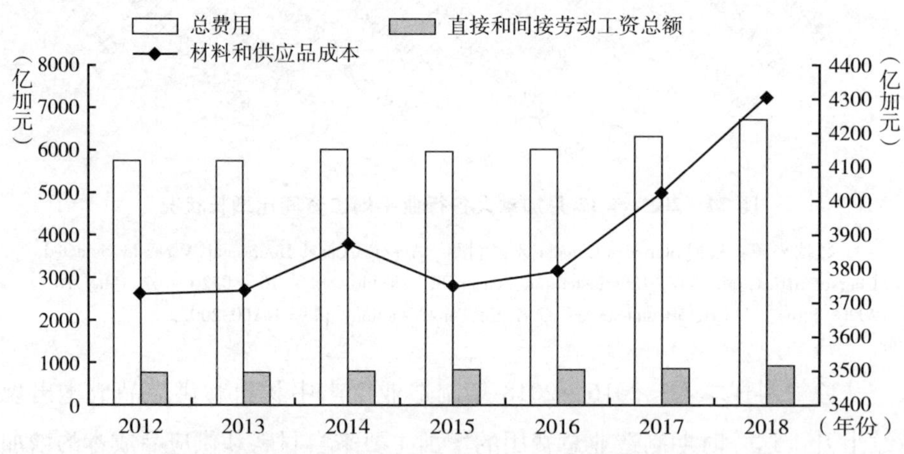

图 26　2012～2018 年加拿大制造业总费用状况

注：（1）按北美工业分类系统（NAICS）划分的制造业的总费用构成；（2）左轴为柱形（总费用、直接和间接劳动工资总额）刻度，右轴为曲线（材料和供应品成本）刻度。

数据来源：根据 Statistics Canada 数据制图，Principal Statistics for Manufacturing Industries，by North American Industry Classification System（NAICS），Table：16－10－0117－01，May 11，2020，https：//www150. statcan. gc. ca/t1/tbl1/en/cv. action？pid＝1610011701#timeframe。

长均为负值即下降。2019 年原油能源产品价格指数同比变动幅度大大低于前一年（见图 27、图 28）。

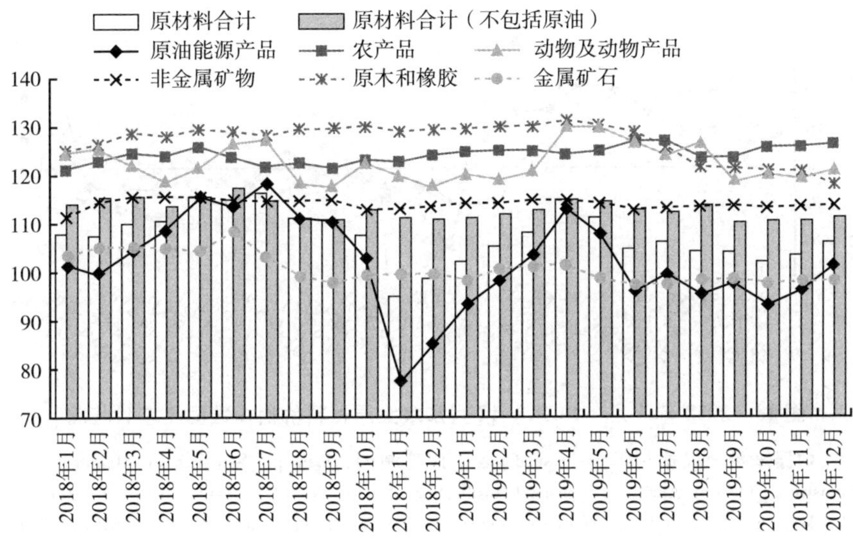

图 27　2018 年 1 月～2019 年 12 月加拿大原材料价格指数变化

注：（1）指数 2010 = 100。（2）按北美产品分类系统（NAPCS）分类，纳入加拿大原材料价格指数（RMPI）统计的部门及编号有：M51 - 原油能源产品；M11 - 农产品；M21 - 动物及动物产品；M31 - 非金属矿物；M41 - 原木和橡胶；M61 - 金属矿石。

数据来源：根据 Statistics Canada 数据制图 - Raw Materials Price Index，Monthly，Table：18 - 10 - 0034 - 01，May 17，2020，https：//www150. statcan. gc. ca/t1/tbl1/en/tv. action?pid = 1810003401。

从其他原材料产品的价格指数看，2019 年金属矿石价格指数除了 9 月份外，其他月份与前一年同期相比（即同比）均为下降；非金属矿物价格指数有 8 个月同比呈负增长；原木和橡胶（即原木、纸浆木、天然橡胶和其他林业产品）价格指数有 7 个月出现负增长；动物及动物产品价格指数有 6 个月出现负增长；农产品价格指数 5 月份出现同比负增长，其他大部分月份增幅在 0. 08% ～4. 19%。由此，2019 年 1 ～12 月去掉原油能源产品后的其他原材料产品合计计算的价格指数同比变动有 7 个月为负值（见图 29）。

从企业所需要的机械设备和零部件看价格指数，一些机械设备和零部件国内和进口价格在上涨。图 30 显示的是部分国内和进口的机械设备和零部

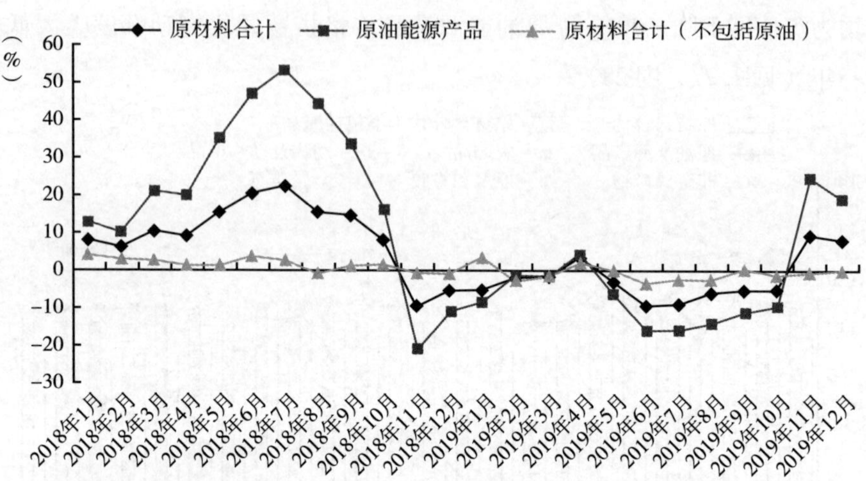

图 28　2018 年 1 月 ~ 2019 年 12 月加拿大原材料价格指数同比增长状况

数据来源：根据 Statistics Canada 数据计算制图，Principal Statistics for Manufacturing Industries, by North American Industry Classification System (NAICS), Table: 16 - 10 - 0117 - 01, May 11, 2020, https://www150.statcan.gc.ca/t1/tbl1/en/cv.action?pid=1610011701#timeframe。

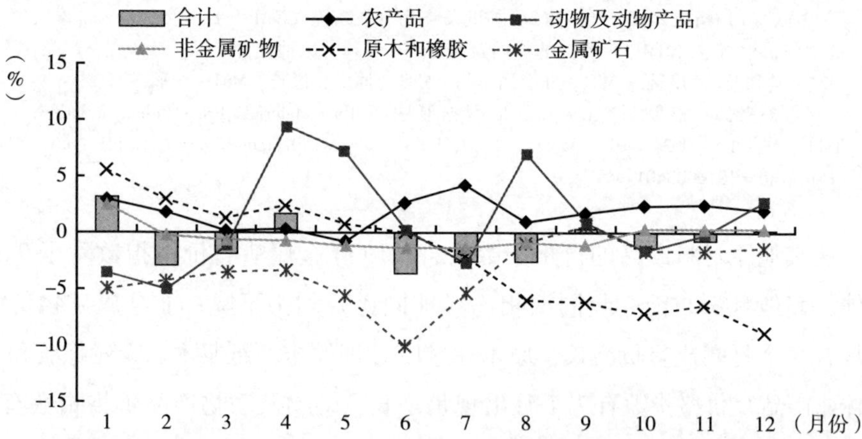

图 29　2019 年 1 ~ 12 月加拿大原材料产品（除原油能源产品外）价格指数同比增长状况

数据来源：根据 Statistics Canada 数据计算制图，Historical (Real - time) Releases of Employment and Average Weekly Earnings (Including Overtime) for All Employees by Industry, Monthly, Seasonally Adjusted, Table: 14 - 10 - 0331 - 01 (formerly CANSIM 281 - 8047), April 30, 2020, https://www150.statcan.gc.ca/t1/tbl1/en/tv.action?pid=1410033101#tables。

件价格指数，从中可见2019年尤其是其第四季度价格指数出现上涨，这使得那些依靠这些机械设备或零部件生产的企业成本上升。

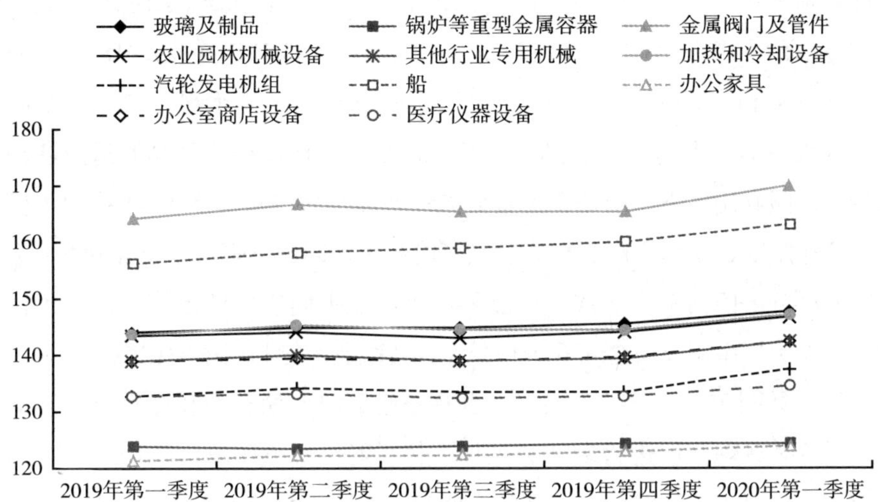

图30　2019～2020年加拿大第一季度国内和进口的部分机械设备和零部件价格指数

注：（1）2010年指数=100；（2）按商品分列的机械设备价格指数（按季度）。

数据来源：根据Statistics Canada数据制图，Machinery and Equipment Price Index，by Commodity，Quarterly，Table：18－10－0057－01，May 16，2020，https：//www150. statcan. gc. ca/t1/tbl1/en/tv. action？pid=1810005701。

显然，2019年企业成本增加主要来自工资的增加，此外第四季度农产品价格上升、原油能源价格提高（11月和12月）以及部分进口机械设备和零部件价格的提高也对企业成本的上升产生了不同程度的影响。企业成本增加，影响到企业利润，导致2019年第三、第四季度非金融公司利润环比增长为负值（见图15）。

（2）一些工业部门因产品市场价格下降，导致产能利用率持续降低

2019年加拿大林业和伐木业因世界市场较低的价格，以及国内东部地区的工厂关闭和不列颠哥伦比亚省的工作中断，产能利用率从第一季度的80.5%下降到第四季度的66.1%，即2009年第三季度以来最低水平。采矿业和采石业继续衰退，产能利用率从2018年第四季度的75%下降到2019年

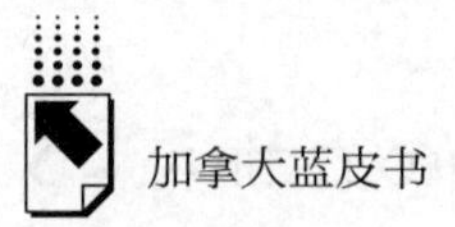

第四季度的68.2%。

从制造业看，2019年制造业中不少行业产能利用率下降，尤其是第四季度制造业中21个主要制造业中有13个产能利用率下降，约占制造业国内生产总值的60%，由此导致该季度整个制造业产能利用率从2018年同期的79.1%下降到77.7%，为2010年第四季度以来的最低水平。其中化工制造业因为大多数工业部门，特别是农药、化肥和其他农用化学品制造业活动的减少，产能利用率下降了7.9个百分点；初级金属制造业2019年第四季度因铁路运输中断，销售下降，该季度其产能利用率同比下降4.7个百分点；大多数行业因分部门活动的放缓，产能利用率出现不同程度的下降，比如机械制造业产能利用率同比下降4.6个百分点，造纸业产能利用率同比减少2.6个百分点等（见图31、图32）。当然，也有一些部门比如石油和煤炭产品制造部门，尽管某些炼油厂进行翻新和维护工作，但对产量的影响较小，在第四季度能源价格上涨的刺激下，该部门产能利用率同比上升8.4个百分点。①

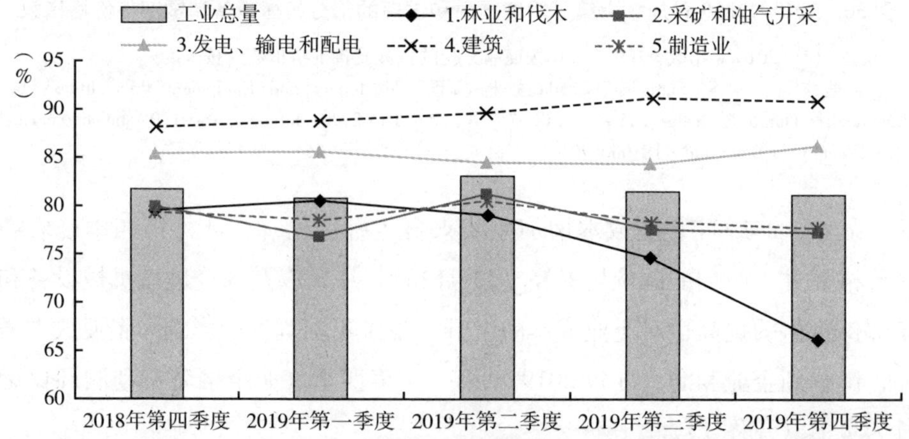

图31　2018年第四季度至2019年第四季度加拿大各行业工业产能利用率变化状况

注：文中所述的“采矿业和采石业”为图内“采矿和油气开采”中的一个部门。

数据来源：根据Statistics Canada数据制图，Industrial Capacity Utilization Rates，by Industry，Table：16－10－0109－01，May 18，2020，https：//www150.statcan.gc.ca/t1/tbl1/en/tv.action?pid=1610010901。

① Industrial Capacity Utilization Rates，Fourth Quarter 2019，Statistics Canada，https：//www150.statcan.gc.ca/n1/daily－quotidien/200311/dq200311a－eng.htm，检索日期：2020年3月11日。

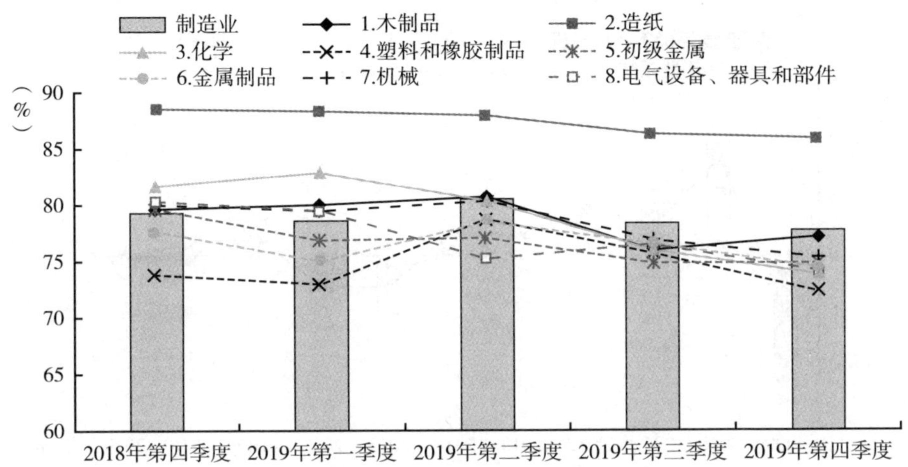

图 32　2018 年第四季度至 2019 年第四季度加拿大部分行业工业产能利用率状况

数据来源：根据 Statistics Canada 数据制图，Historical (Real - time) Releases of Employment and Average Weekly Earnings (Including Overtime) for All Employees by Industry, Monthly, Seasonally Adjusted, Table: 14 - 10 - 0331 - 01 (formerly CANSIM 281 - 8047), April 30, 2020, https://www150.statcan.gc.ca/t1/tbl1/en/tv.action?pid=1410033101#tables。

不管怎么说，企业产能利用率的下降，影响到固定资本形成总额的增长，拉低了 GDP 的增长。图 33 显示的是 2009～2019 年加拿大固定资本形成总额变化状况，从中可见 2019 年为负增长。

图 34 展示了 2019 年加拿大实际固定资本形成总额变化率及各因素贡献点情况，从中可见，除了非住宅投资和武器系统贡献点为正值外，其他均为负值。表 2 进一步对企业、政府和非营业机构固定资本形成额各部门情况进行了分析，可以看到，2019 年实际固定资本形成总额下降，变化率为 -0.679 个百分点，其中企业固定资本形成额贡献了 -0.677 个百分点，政府固定资本形成额贡献了 -0.723个百分点，非营利机构固定资本形成额贡献了 0.729 个百分点。光看企业和政府固定资本形成额内各部门状况，可以发现工业机械设备、其他机械设备、家具等，以及非住宅建筑及机械设备等部门固定资本形成额的贡献点都是负值。毫无疑问，2019 年这些部门工业产能利用率下降，使得固定资本形成额也随之下降。

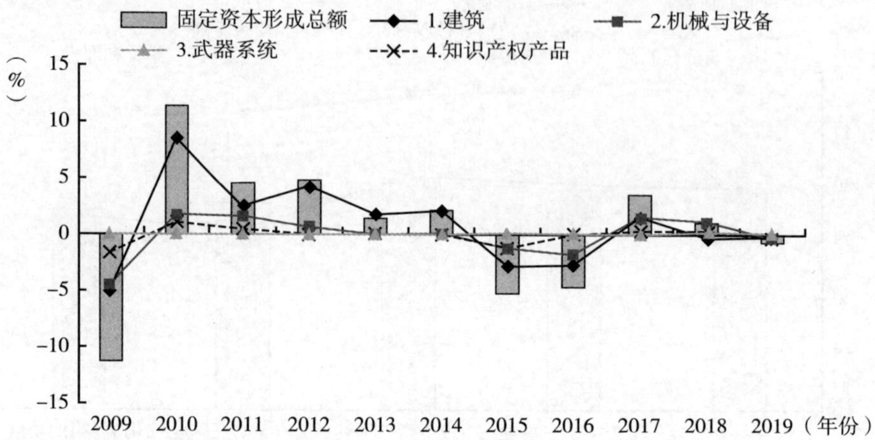

图 33　2009～2019 年加拿大固定资本形成总额变化状况

数据来源：根据 Statistics Canada 数据制图，Contributions to Annual Percent Change in Real Gross Fixed Capital Formation，Canada，Annual，Table：36 - 10 - 0132 - 01，May 18，2020，https：//www150. statcan. gc. ca/t1/tbl1/en/tv. action? pid = 3610013201。

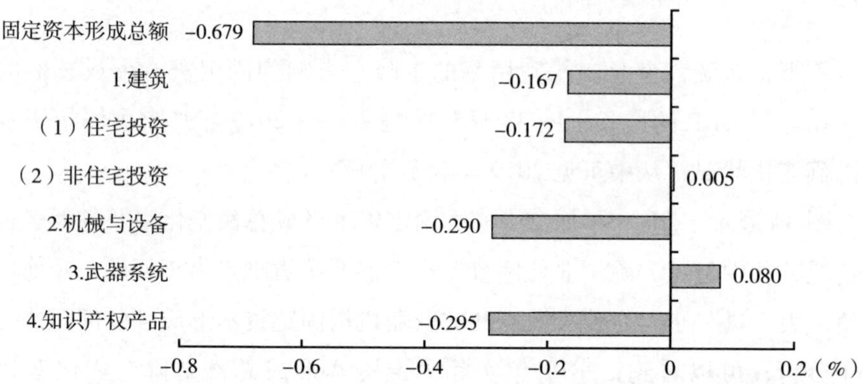

图 34　2019 年加拿大实际固定资本形成总额变化率及各因素贡献点

注：固定资本形成总额数值为百分比，其他数值为百分点。

数据来源：根据 Statistics Canada 数据制图，Industrial Capacity Utilization Rates，by Industry，Table：16 - 10 - 0109 - 01，May 18，2020，https：//www150. statcan. gc. ca/t1/tbl1/en/tv. action? pid = 1610010901。

表 2　2019 年加拿大实际固定资本形成总额变化中各因素贡献点

单位：个百分点

实际固定资本形成总额年度变化率：-0.679%							
1. 企业	-0.677	(h)卡车、公共汽车和其他机动车辆	-0.121	(a)工业机械设备	-0.136	(4)知识产权产品	0.382
(1)建筑	0.056	(i)飞机和其他运输设备	0.118	(b)计算机和计算机外围设备	0.25	(a)研发	0.391
(2)机械与设备	-0.287	(3)知识产权产品	-0.446	(c)通信和视听设备	0.009	(b)软件	-0.009
(a)工业机械设备	-0.362	(a)矿产勘查与评价	-0.393	(d)其他机电机械设备	0.029	(5)非住宅建筑及机械设备	-1.575
(b)计算机和计算机外围设备	0.102	(b)研发	0.028	(e)其他机械设备	0.000	3. 非营利机构	0.729
(c)通信和视听设备	0.052	(c)软件	-0.081	(f)家具、固定装置和预制结构	-0.187	(1)建筑	0.28
(d)其他机电机械设备	-0.022	(4)非住宅建筑及机械设备	-0.008	(g)客车	0.023	(2)机械与设备	0.148
(e)其他机械设备	-0.026	2. 政府	-0.723	(h)卡车、公共汽车和其他机动车辆	0.017	(3)知识产权产品	0.296
(f)家具、固定装置和预制结构	-0.019	(1)建筑	-1.198	(i)飞机和其他运输设备	-0.364	(4)非住宅建筑和机械设备	-1.212
(g)客车	-0.009	(2)机械与设备	-0.359	(3)武器系统	0.452		

数据来源：根据 Statistics Canada 数据制表，Industrial Capacity Utilization Rates，by Industry，Table：16 -10 -0109 -01，May 18，2020，https：//www150. statcan. gc. ca/t1/tbl1/en/tv. action? pid = 1610010901。

（3）部分省份制造业不景气，阻碍商品生产行业就业岗位的增加

2019 年加拿大无论是商品生产行业还是服务行业，就业率均显著提高，全国平均失业率比之前一年有所下降。不过，各省情况有所不同。一方面，魁北克、萨斯喀彻温、马尼托巴、安大略、大不列颠哥伦比亚等省各月份或大部分月份失业率处于全国平均水平以下，其中大不列颠哥伦比亚省的失业率最低，除两个月失业率为5%外，其余 10 个月失业率都在 4.4% ~4.8%，大大低于全国平均水平。另一方面，一些省份失业率依然较高，纽芬兰 - 拉布拉多省失业率达到 11% ~13%，爱德华王子岛省 7.9% ~10%，新不伦瑞克省 7.4% ~8.5%，新斯科舍省 6.2% ~8.1%，艾伯塔省 6.7% ~7.2%，均高于全国失业率平均水平（见图 35）。

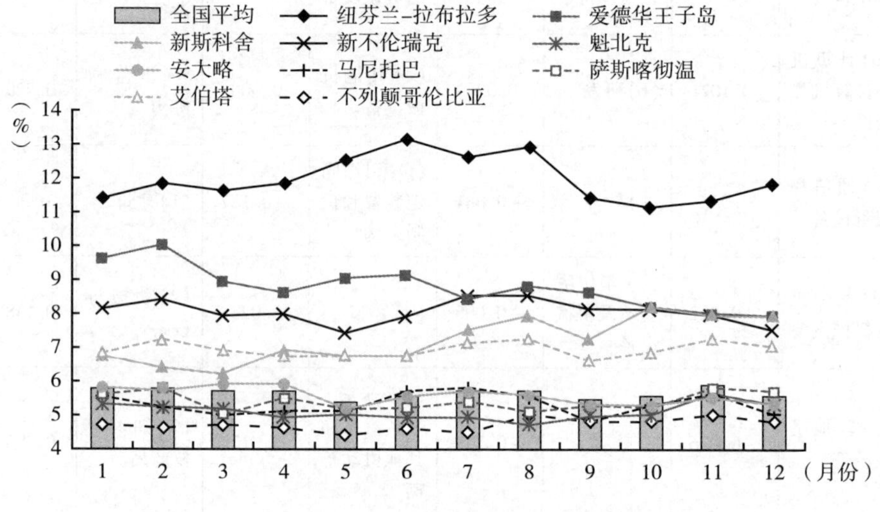

图 35　2019 年 1 ~12 月加拿大各省失业率变化状况

注：按 15 岁及以上人口计算。

数据来源：根据 Statistics Canada 数据制图，Labour Force Characteristics，Monthly，Seasonally Adjusted and Trend - cycle，Last 5 Months，Table：14 - 10 - 0287 - 01，May 15，2020，https：//www150. statcan. gc. ca/t1/tbl1/en/tv. action？pid = 1410028701。

观察那些失业率较高的省份各行业就业状况，可以发现商品生产行业尤其是其中的制造业就业岗位在减少。比如，艾伯塔省 2018 年 1 月至 2019 年

12 月商品生产行业就业人数减少了 2 万多人，其中 2019 年 12 月比上年同期减少近 1 万人（见图 36）。

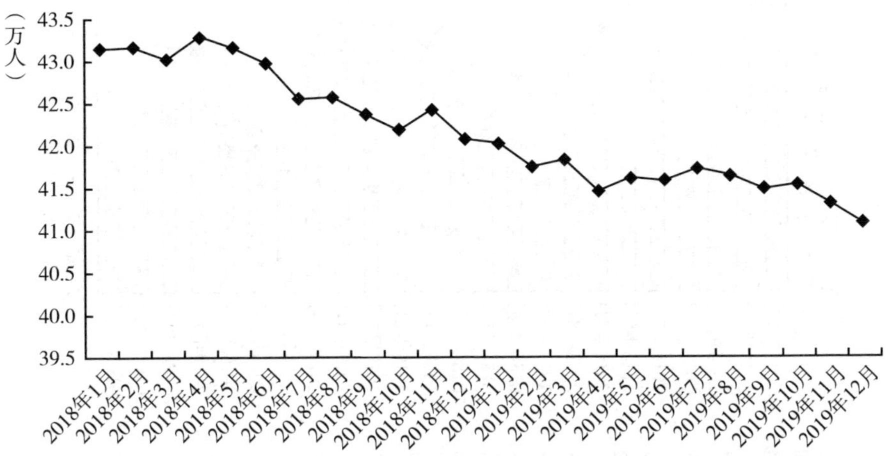

图 36　2018 年 1 月 ~ 2019 年 12 月艾伯塔省商品生产行业就业人数变化

注：（1））按北美工业分类系统（NAICS），商品生产行业（11 – 33N）包括以下分行业：林业、伐木和支持［11N］；采矿、采石和油气开采［21］；公用事业［22］；建筑［23］和制造业［31 – 33］。（2）数据经季节性调整。

数据来源：根据 Statistics Canada 数据制图，Historical（real – time）Releases of Employment and Average Weekly Earnings（Including Overtime）for All Employees by Industry，Monthly，Seasonally Adjusted，Table：14 – 10 – 0331 – 01，April 30，2020，https：//www150. statcan. gc. ca/t1/tbl1/en/tv. action？pid = 1410033101#tables。

2019 年各省中失业率最高的是纽芬兰 – 拉布拉多省，商品生产行业中的制造业就业人数在商品生产就业人数中的比重趋于下降，2019 年 12 月就业岗位比同期减少 990 个，制造业就业人数在商品生产行业就业人数中的比重从 28. 82% 降低到 26. 69%，减少 2. 13 个百分点（见图 37）。

从那些失业率较低的省份看，就业岗位的增加主要表现为制造业就业人数的增多。安大略、魁北克、不列颠哥伦比亚等省都是制造业就业人数超过 15 万人的省份，也是失业率低于全国平均水平的省份，2019 年制造业就业人数较之 2018 年显著增加。但同时也可看到这些省份在第四季度均出现制造业就业人数略有下降的情况，因此很大程度上影响到全国制造业就业曲线的变动走向和比重。全国制造业就业人数在全部商品生产行业

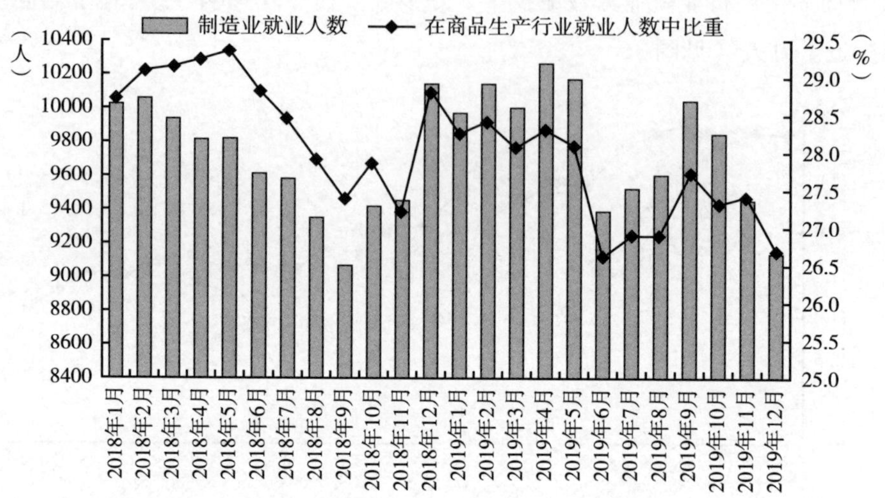

图 37　2018 年 1 月 ~2019 年 12 月年纽芬兰 – 拉布拉多省各月制造业就业人数及在商品生产行业就业人数中比重

注：（1）数据经季节性调整。（2）左轴为柱形（就业人数）数据刻度；右轴为曲线（比重）数据刻度。

数据来源：根据 Statistics Canada 数据计算制图，Industrial Capacity Utilization Rates，by Industry，Table：16 – 10 – 0109 – 01，May 18，2020，https：//www150. statcan. gc. ca/t1/tbl1/en/tv. action？pid = 1610010901。

中的就业比重从 2018 年 12 月的 52. 92% 下降到 2019 年 12 月的 52. 65%（见图 38、图 39）。

总之，无论是失业率较高还是较低的省份，2019 年 9 ~ 12 月制造业就业人数均减少，这也就不同程度地影响到全国商品生产行业就业状况，使得 2019 年在服务业就业岗位增加相对较快的情况下，商品生产行业就业人数在全部就业人数中的比重进一步下降，12 月从前一年同期的 17. 75% 下降到 17. 47%（见图 40）。

2. 国外因素

（1）下半年美国对加拿大的货物贸易量下降

2019 年加拿大全年对外贸易进口额和出口额均比前一年有所增加，但从各月份进出口额状况来看，该年下半年尤其是 9 月份后出现起伏下

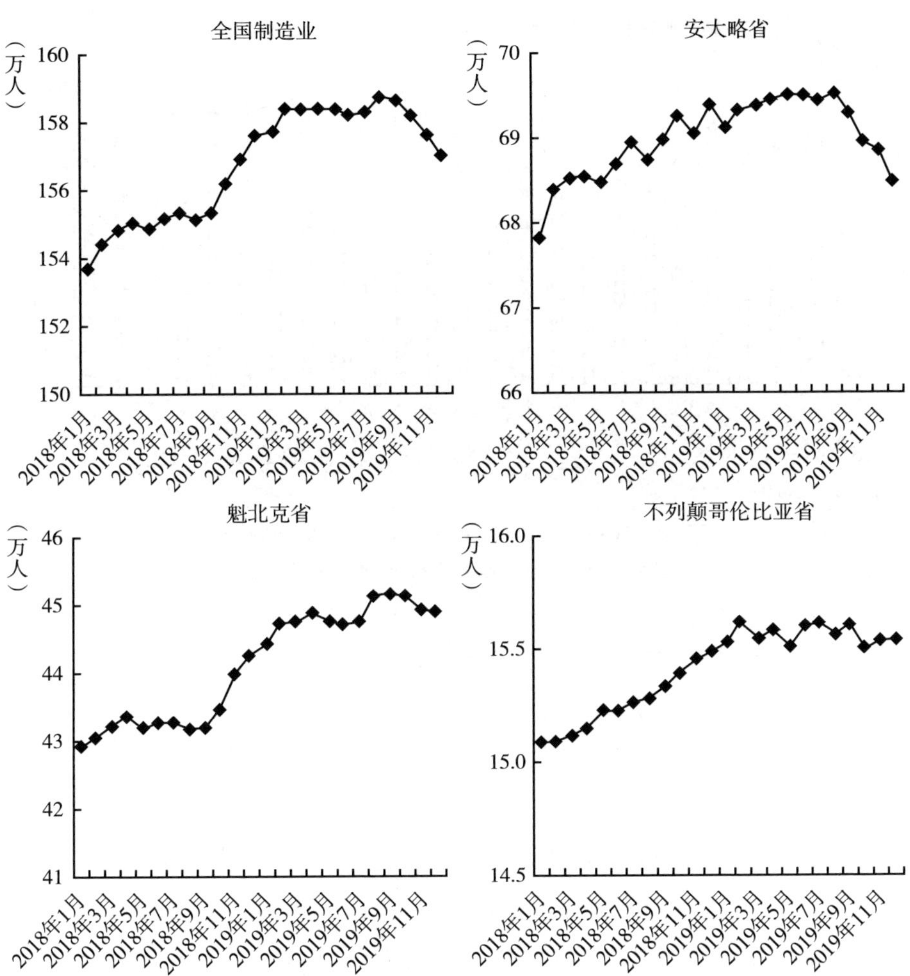

图 38　2018～2019 年加拿大制造业就业人数及制造业大省就业状况

注：数据经季节性调整。

数据来源：根据 Statistics Canada 数据制图，Industrial Capacity Utilization Rates，by Industry，Table：16－10－0109－01，May 18，2020，https：//www150. statcan. gc. ca/t1/tbl1/en/tv. action? pid＝1610010901。

降势头，如果将其与 2020 年前三个月联系在一起，这一趋势更为明显（见图 41）。而这一下降主要是受到这一时期美国对加拿大出口量和进口量减少的影响（见图 42）。

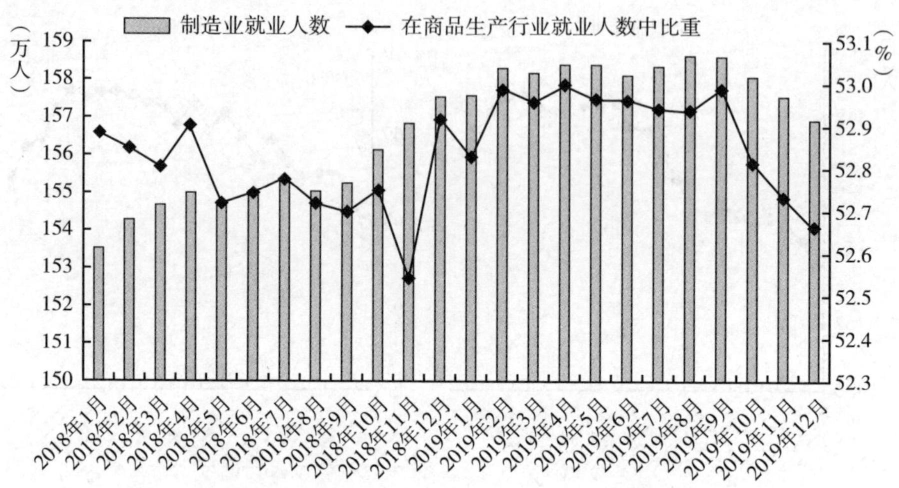

图 39　2018 年 1 月 ~2019 年 12 月加拿大制造业就业人数及在商品生产行业就业人数中比重变化

注：（1）数据按季节性调整；（2）北美工业分类系统（NAICS），制造业［31 －33］；（3）“比重”指制造业就业人数在商品生产行业就业人数中的比重；（4）左轴为柱形（制造业就业人数）数据刻度，右轴为曲线（比重）数据刻度。

数据来源：根据 Statistics Canada 数据计算制图，Industrial Capacity Utilization Rates，by Industry，Table：16 －10 －0109 －01，May 18，2020，https：//www150. statcan. gc. ca/t1/tbl1/en/tv. action? pid =1610010901。

加拿大第一大贸易伙伴为美国，据美国经济分析局数据，2019 年美国货物出口额为 1. 65 万亿美元，进口额约为 2. 52 万亿美元，分别比前一年降低 1. 29% 和 1. 66%。其中美国对加拿大货物出口 2933 亿美元，比前一年下降 2. 38%；从加拿大进口约 3258 亿美元，增长 0. 23%。由于美国对加拿大出口减少，进口增加，美国对加拿大的贸易逆差约达 324. 6 亿美元，比前一年扩大 32. 17%，美对加逆差在美全部逆差中占比 3. 75%，比前一年增加约一个百分点（见图 42）。

由此，2019 年加拿大在美国全部出口额和全部进口额中的比重分别达到 17. 75% 和 12. 93%，比前一年分别下降 0. 19 个百分点和增加 0. 24 个百分点（见图 43）。

从各季度情况看，2019 年美国四个季度的进口额在不断下降，出口额

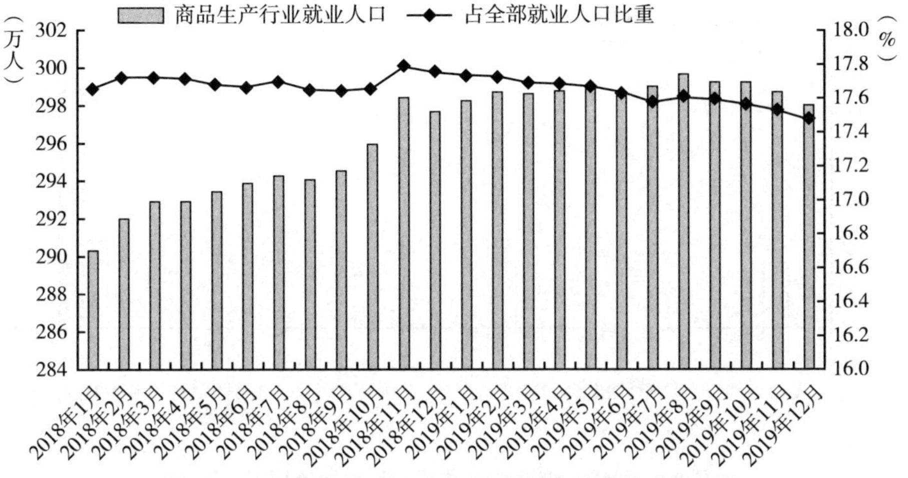

图 40　2018 年 1 月～2019 年 12 月加拿大商品生产行业就业人口及其在全部就业人口中的比重

注：（1）数据经季节性调整；（2）"比重"指商品生产行业就业人口在全部工业就业人口中的比重。

数据来源：根据 Statistics Canada 数据计算制图，Industrial Capacity Utilization Rates, by Industry, Table: 16 - 10 - 0109 - 01, May 18, 2020, https: //www150. statcan. gc. ca/t1/tbl1/en/tv. action? pid = 1610010901。

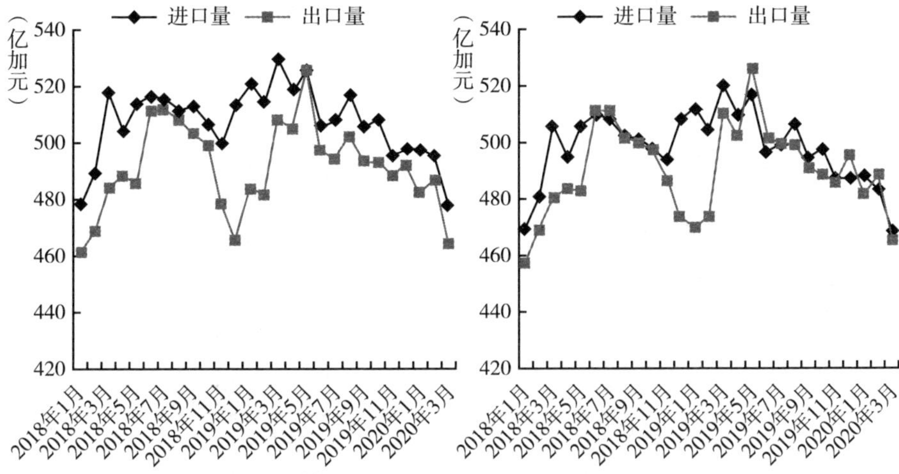

图 41　2018 年 1 月～2020 年 3 月加拿大商品进口与出口量

注：左图按国际收支计算的商品进口值与出口值，右图按海关统计计算的商品进口值与出口值。

数据来源：根据 Statistics Canada 数据制图，International Merchandise Trade by Commodity, Monthly, Table: 12 - 10 - 0121 - 01, May 21, 2020, https: //www150. statcan. gc. ca/t1/tbl1/en/tv. action? pid = 1210012101。

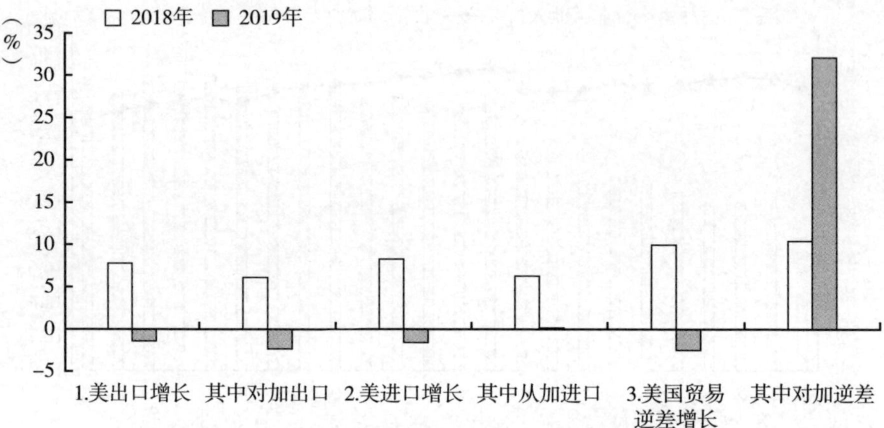

图 42　2018～2019 年美国货物出口和进口增长率以及对加出口、进口、逆差比重

注：按美方统计；数据经季节性调整。其中计算 2018 年增长数据所使用到的 2017 年数据来自 International Trade & Investment，December 19，2018。

数据来源：根据 U. S. Bureau of Economic Analysis 数据计算制图，International Trade & Investment，International Transactions，Table 1. U. S. International Transactions，& Exhibit 20a. U. S. Trade in Goods by Selected Countries and Areas – BOP Basis，May 21，2020，https：//www. bea. gov/data/intl – trade – investment。

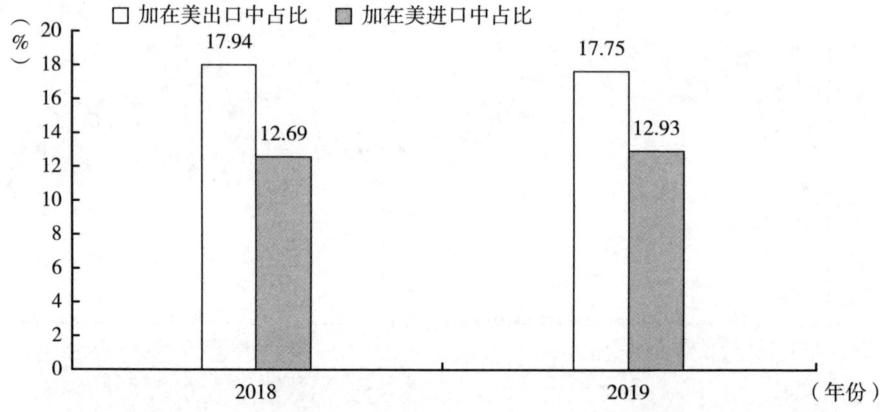

图 43　2018～2019 年加拿大在美国出口和进口中的比重变化

注：按美方统计；数据经季节性调整。

数据来源：根据 U. S. Bureau of Economic Analysis 数据计算制图，Industrial Capacity Utilization Rates，by Industry，Table：16 – 10 – 0109 – 01，May 18，2020，https：//www150. statcan. gc. ca/t1/tbl1/en/tv. action？pid = 1610010901。

也趋于下降。其中2019年从加拿大的进口额第二季度最高，达到832亿美元，第三季度和第四季度都未达到该水平；美对加出口也是趋向下降，从第一季度的748亿美元下降到第四季度的716亿美元（见图44）。显然，2019年下半年尤其是第四季度美国对外贸易规模缩小，对加贸易量无论是出口还是进口均减少，影响到加拿大对外贸易状况，下半年其进出口贸易量出现下滑（见图41）。

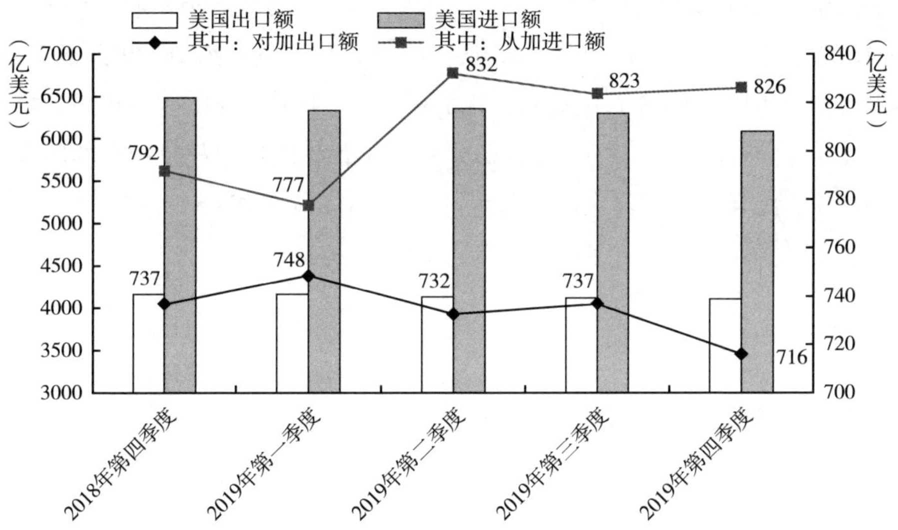

图44　2018年第四季度至2019年第四季度美国出口和进口额以及对加出口和进口额变化

注：（1）按美方统计；（2）数据经季节性调整；（3）左轴为柱形（进、出口额）数据刻度；右轴为曲线（对加）数据刻度。

数据来源：根据 U. S. Bureau of Economic Analysis 数据制图，International Trade & Investment，International Transactions，March 2020，Exhibit 20a. U. S. Trade in Goods by Selected Countries and Areas - BOP Basis，May 21，2020，https：//www. bea. gov/data/intl - trade - investment。

（2）世界经济增长减速

2019年世界经济增长减速，全球制造业活动疲弱，投资风险增加，主要贸易伙伴进口量下降。该年美国和中国的贸易摩擦，不仅影响到中国对外贸易的规模和国内经济增长的幅度，也影响到世界制造业价值链上与中国制造业生产相关的其他国家的产业发展和对外贸易规模。根据2019年9

月联合国贸发会议发布报告估计，2019 年全球经济增长率将低于前一年，从 3% 降至 2.3%，而全球贸易增长可能将降低至 2%。[①]

从加拿大主要贸易伙伴 2019 年的经济增长率看，根据 2020 年 4 月国际货币基金组织《世界经济展望》（*World Economic Outlook*）报告，2019 年世界产出增长 2.9%，其中发达国家经济增长率为 1.7%，新兴市场和发展中经济体 3.7%。在发达国家中，美国经济增长率算是最高的，增长 2.3%，但低于前一年的 2.9%；英国 1.4%；德国 0.6%，为其六年来最低水平；法国 1.3%；意大利 0.3%；欧盟 28 国 GDP 合计估计只有约 18.29 万亿美元，大大低于美国的 21.43 万亿美元；日本 0.7%。中国尽管比前一年增长幅度降低，但仍为各国增长之最，达 6.1%；近年曾一度增幅超过中国的印度仅为 4.2%；北美自由贸易区内的墨西哥为 -0.1%（见图 45）。

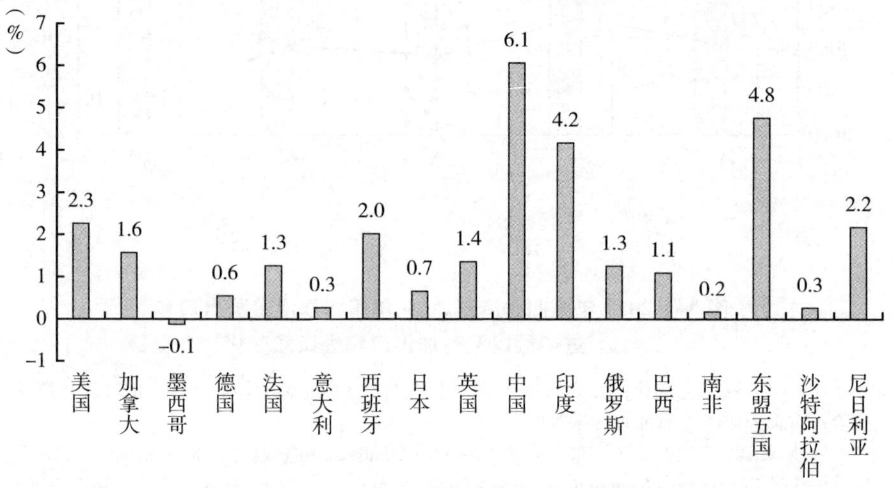

图 45　2019 年世界部分国家经济增长率状况

数据来源：根据 IMF 数据制图，IMF，World Economic Ooutlook Reports，April 2020，https：//www.imf.org/en/Publications/WEO/Issues/2020/04/14/weo－april－2020。

---

① 《21 世纪经济报道》：《联合国贸发报告：2019 年全球经济增长率将从 3% 降至 2.3%》，腾讯财经，https：//finance.qq.com/a/20190926/004198.htm，检索日期：2019 年 10 月 28 日。

主要贸易伙伴经济疲软影响到对加拿大商品需求的规模。根据联合国贸易数据库加方统计，2019 年加拿大来自六大贸易伙伴的进口额比前一年均有所下降，加拿大对最大的四个贸易伙伴（美国、中国、墨西哥、日本）的出口及进出口总额也比前一年有所下降，其中对中国和墨西哥的出口额下降幅度达到两位数，分别为 -17.96% 和 -13.03%。虽然加拿大对英国和德国的出口额增加达到两位数，但由于前四大贸易伙伴贸易额合计在加拿大全部进出口额中占比约达 82%（其中进口额占比超过 72%、出口额占比约 83%），因此 2019 年加拿大货物进口额比前一年下降 1.46%，出口额下降 0.92%，进出口总额下降 1.19%（见图 46）。

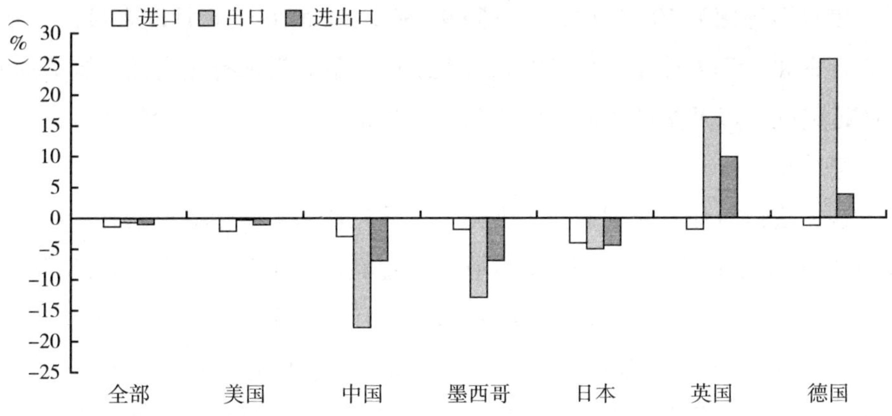

图 46　2019 年加拿大与六大贸易伙伴的货物进出口额增长状况

注：(1)“进口”指加拿大来自该国的进口额的增长率；“出口”指加拿大对该国出口额的增长率；“进出口”指加拿大与该国的进出口额增长率；“全部”指加拿大 2019 年对外货物贸易总额与前一年相比的增长率。(2) 按 HS 分类提取的数据计算。

数据来源：根据 UN Comtrade 数据库数据计算制图，May 29，2020，https：//comtrade.un.org/data/。

三　2020年加拿大经济发展趋势

（一）新冠疫情的影响

2020 年伊始，新冠疫情蔓延全球，给人类生存带来威胁。为了减少居民患病、死亡，各国除了抢治救助外，纷纷采取停工停产、封城、封路等措施，以控制疫情在本国蔓延。由于各国纷纷采取停航停工措施，国际价值链上的许多企业遭受重创，各国国内失业人口剧增，经济出现停摆。受疫情影响，2020 年第一季度全球经济出现急剧收缩，第二季度形势依然不容乐观。

根据美国约翰斯·霍普金斯大学发布的实时统计数据显示，截至 2020 年 5 月 31 日加拿大新冠肺炎确诊病例 90190 例，死亡 7073 例。疫情肆虐不仅给人民生命安全带来威胁，也给企业的生产和销售带来巨大冲击。根据加拿大统计局制造业月度调查，受新冠肺炎疫情影响，2020 年 2 月份最后两周许多工厂被关闭，居民消费需求大幅下降，3 月份制造业销售额显著下降，该月销售额为 508 亿加元，下降 9. 2%，为 2016 年 6 月以来最低水平，也为自 2008 年 12 月经济衰退以来最大跌幅。鉴于需求持续走低，持续的实物疏远措施，以及全球供应链的受阻，这种销售下滑状态持续到 4 月，甚至整个第二季度。

这场疫情对加拿大制造业打击最大。首先从制造业销售情况看，在加拿大制造业 21 个行业中，有 17 个行业的销售额出现下降，其中所有的运输设备行业的销售额都在下降，达到 -26. 5%。跌幅最大的是机动车产业（-33. 8%）和机动车零件产业（-31. 6%）。为了应对全球需求下降或满足实际要求，一些企业不得不关闭数家工厂。由于 3 月份最后两周工厂关闭或减产，以及需求的下降，加拿大所有汽车装配厂和北美的几家汽车零部件供应商都降低了产量。此外，塑料和橡胶产品销售量下降 10. 9%，初级金属下降 7. 4%，金属制品下降 4. 9%，家具及相关产品下降 16. 6%，非金属矿产品下降 11. 7%，机器下降 3. 9%。由于餐馆、学校和体育赛事的关闭和暂停，印刷和相关支持活动的行业公司失去客户，其经营受到影响，下降 16. 2%。

当然，疫情也给一些行业的销售带来增长。比如，因居民对肉类、乳制品、啤酒、葡萄酒和软饮料需求的上升，食品、造纸以及饮料和烟草行业销售额有所增加。其中食品增长 8. 2%，造纸业增长 8. 4%，饮料和烟草增长 6. 7%。不过造纸业增长很大程度上来自居民对中国卫生纸和卫生产品进口可能减少而产生的恐慌。另外，软性食品包装、垃圾袋和塑料容器等基本产品的塑料包装销量也出现上升。

不过出现销售增长的毕竟是少数行业，总体上2020年第一季度制造业销售额下降3.9%，为连续第三个季度下滑，其中运输设备销售量下降15.7%、石油和煤炭产品销售量下降9.5%。

从制造业生产看，产能利用率显著下降。由于3月底停产两周，汽车组装厂和汽车零部件厂产量下降导致产能利用率下降。该月整个制造业产能利用率为72.8%，环比下降3.6个百分点，同比下降8.8个百分点；运输设备行业产能利用率为65.1%，环比下降17.7个百分点；石油和煤炭产业由于需求下降和一些炼油厂的停产，全国产量下降，产能利用率为65.1%，连续三个月下降11.8个百分点。

从各省的情况看，大多数省份的情况不容乐观，其中安大略省和魁北克省领跌。3月份安大略省制造业销售额下降14.3%，为2014年1月以来最低水平；在21个行业中，有15个行业的销售额下降，其中以汽车行业居首（-35.8%），机动车零部件（-32.7%）、石油和煤炭产品（-30.6%）紧随其后。魁北克省销售额连续两个月下降，3月份下降了4.1%；21个行业中有17个行业的销售额下降，石油和煤炭产品、金属制品、运输设备、家具及相关产品行业领跌。马尼托巴省由于非耐用品特别是食品的销售额较高，出现8.2%的增长。新斯科舍省因运输设备和造纸业销售较好，销售额上升2.9%。①

不管怎么说，从全国来看，由于消费不足、投资不足，以及贸易不足使得GDP下降和失业率增加。根据加拿大统计局数据，2020年第一季度实际GDP下降2.1%，4月份失业率已猛增到13.0%。本报告截稿之时，疫情还在继续，预计疫情对生产的冲击将持续到第二季度。这样受上半年经济下跌影响，加拿大2020年全年经济比前一年下降将超过6%（据IMF估计）。

① Monthly Survey of Manufacturing, March 2020, Statistics Canada, https://www150.statcan.gc.ca/n1/daily-quotidien/200514/dq200514a-eng.htm，检索日期：2020年5月14日。

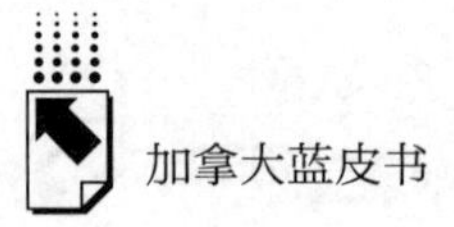

（二）世界经济增长形势及主要贸易伙伴尤其是美国经济增长状况

从全球经济看，新冠疫情已经蔓延到215个国家和地区。根据美国约翰斯·霍普金斯大学发布的实时统计数据显示，截至2020年5月31日，全球新冠肺炎累计确诊病例604万多例，累计死亡36.9万多例，其中美国为确诊和死亡病例各国之最，累计确诊177万多例，死亡10.3万多例。鉴于全球疫情的严峻性，世界银行和国际货币基金组织纷纷调低2020年各国经济增长预测。

根据2020年4月国际货币基金组织（IMF）发布的《世界经济展望》报告预测，2020年全球经济将比2008年金融危机还要糟糕，2020年全球经济增长率预测为-3%。图47显示的是IMF的预测，2020年除了中国、印度还有少许增长外，其他无论是发达国家，还是发展中国家，经济都将出现不同程度的负增长。其中加拿大最大的几个贸易伙伴的经济增长率预测分别为：美国-5.9%、中国1.2%、墨西哥-6.6%、日本-5.2%、英国-6.5%、德国-7.0%。整个发达经济体-6.1%，新兴市场和发展中经济体-1.0%。预期2021年各国经济才会恢复增长。

全球经济衰退，尤其是主要贸易伙伴经济低迷，将对加拿大经济带来很大影响。比如，疫情中由于各国经济停摆，开工不足，对于能源需求急剧下降，各国炼油厂纷纷削减产量。为了应对世界石油供应过剩，加拿大炼油厂也不得不减产，石油和煤炭产品行业销售额已经连续三个月出现下降(-32.2%)。加拿大许多炼油厂在媒体上宣布，由于新冠疫情，它们将推迟春季检修工作，以避免增加工人和承包商开支。①

2020年加拿大经济发展趋势主要取决于本国疫情的控制状况和全球经济恢复状况。根据IMF预测，2020年加拿大经济增长率为-6.2%，2021年才会出现好转，经济增长率可达到4.2%。

---

① Monthly Survey of Manufacturing, March 2020, Statistics Canada, https://www150.statcan.gc.ca/n1/daily-quotidien/200514/dq200514a-eng.htm，检索日期：2020年5月14日。

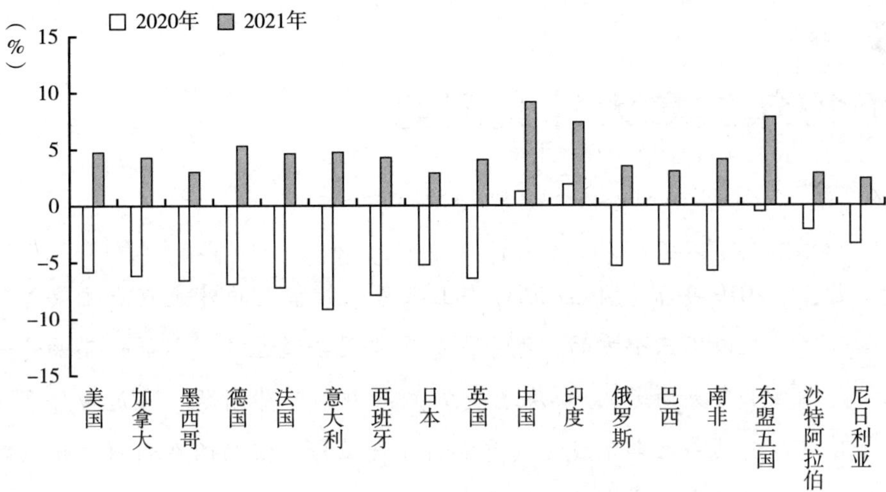

图 47　2020 年和 2021 年世界部分国家经济增长率预测

数据来源：根据 IMF 数据制图，IMF，World Economic Outlook Reports，April 2020，May 25，2020，https：//www. imf. org/en/Publications/WEO/Issues/2020/04/14/weo－april－2020。

B.4
2019年加拿大外交局势

刘　丹*

摘　要： 2019年下半年至2020年上半年，加拿大的外交重点主要体现在以下三个方面。第一，加拿大国会通过了《美国—墨西哥—加拿大协定》，解决了美加关系中的贸易问题。这是特鲁多政府第一任期完成的最重要的外交工作。但两国在新冠疫情应对当中依然产生了一些矛盾和分歧。第二，中加关系再次面临危机。一年来特鲁多为缓和中加关系做了一些人事上的安排，也在疫情中与中国建立了不错的合作关系，但随着孟晚舟被判罪名成立，中加关系进一步恶化。第三，多边外交是特鲁多政府一贯坚持的方针，尤其是在争取联合国安理会非常任理事国席位和新冠疫情的背景下，特鲁多政府外交更加注重在多边合作的环境中为自身拉票和共同应对全球治理难题。

关键词： 美加关系　中加关系　新冠疫情

一年来，加拿大的外交内容不算丰富，但有诸多对加拿大影响颇深的重大外交事件发生。其中，对美外交算是让特鲁多政府赢得了选民的认可，《美国—墨西哥—加拿大协定》（United States - Mexico - Canada Agreement, USMCA）的通过，解决了新北美自贸协定的问题，也缓解了加美两国在贸

* 刘丹，博士，广东外语外贸大学加拿大研究中心讲师。研究方向：加拿大政治与外交、中加关系。

易上的争端，给加拿大的贸易发展吃了一颗定心丸。但是，对华关系再一次受到冲击又给加拿大的大国外交蒙上了一层阴影。持续了一年多的孟晚舟案被判罪名成立，意味着接下来中加关系将在旷日持久的引渡博弈中面临更多困难。而且加拿大有更加靠拢美国以及“五眼联盟”之势，这也给未来中加关系带来了更多的不确定性。在大国关系有起有落的情况下，特鲁多政府很在乎的还有联合国安理会非常任理事国的席位，即便是在抗疫期间，也同样致力于给加拿大拉票。

一　加美关系

1.《美国—墨西哥—加拿大协议》尘埃落定

作为加拿大第一大贸易伙伴，每年加拿大对美出口额占其总出口额的75%以上[①]，因此加美贸易问题一直都是加拿大对美外交中的重点，自从特朗普要求重谈北美自由贸易协定开始，与美国达成新的贸易协定便成了特鲁多政府最优先考虑的工作。经过 13 个月的谈判，2018 年 9 月 30 日，美国、墨西哥、加拿大三国终于达成了新版的北美自由贸易协定，即《美国—墨西哥—加拿大协定》。2019 年 12 月 11 日，墨西哥总统洛佩斯（Andres Manuel Lopez Obrador）、加拿大外交部前部长、现任副总理弗里兰（Chrystia Freeland）、美国贸易代表罗伯特·莱特希泽（Robert Emmet Lighthizer）和白宫顾问贾里德·库什纳（Jared Corey Kushner）在墨西哥城举行签字仪式，正式签署了该协定，取代了 1994 年达成的《北美自由贸易协定》（NAFTA）。[②]

对于加拿大而言，美国的出口市场和原有的 NAFTA 至关重要，加拿大

① Daniel Workman, “Canada's Top 10 Exports”, World's Top Exports, May 10, 2020, http://www.worldstopexports.com/canadas-top-exports/，检索日期：2020 年 5 月 12 日。

②《美墨加正式签署新贸易协定》，德国之声，https://www.dw.com/zh/%E7%BE%8E%E5%A2%A8%E5%8A%A0%E6%AD%A3%E5%BC%8F%E7%AD%BE%E7%BD%B2%E6%96%B0%E8%B4%B8%E6%98%93%E5%8D%8F%E5%AE%9A/a-51616294，检索日期：2019 年 11 月 12 日。

经济得以每年实现2.5%的增长。[①] 即便是三国之中最弱的墨西哥，与加拿大的贸易和投资在NAFTA的框架下也有着强劲的增长。NAFTA为加拿大提供了经济、贸易、投资、就业等多方面的保障，在其国内也得到了超过70%的支持率。[②] 所以在北美自由贸易协定的重新谈判过程中，加拿大十分谨慎。美国和墨西哥的谈判过程相对较快，而加拿大则即便是在美国对加拿大钢铁和铝征收关税的情况下，依然对一些原则性问题坚持不让步，甚至威胁退出谈判。最终，加拿大在保留NAFTA第19章的争端解决机制、延长"日落条款"、豁免汽车关税等重要前提下与美国达成了USMCA。尤其是保留争端解决机制和延长"日落条款"，使得加拿大未来与美国在贸易问题的交往上得以保留制衡美国的工具，也使得协定的稳定性得到相对保障。[③]

毫无疑问，特朗普政府和美国是USMCA最大的赢家。美国国内共和党、民主党以及商会、工会等纷纷对这一新的北美自由贸易协定表示赞赏。[④] 一方面，该协定兑现了特朗普参加大选时的承诺，即推翻他认为不公平的NAFTA，重新达成符合美国利益的新北美自由贸易协定；另一方面，该协定让加拿大开放了奶制品和酒类市场，有利于特朗普在2020年总统竞选中争取到更多农场主的支持。相应地，加拿大在开放奶制品市场上的妥协也在其国内引发了一定的反对。加拿大奶农们认为总理并没有最终坚持维护他们的利益，新协定将给加拿大奶业带来毁灭性的打击，奶农在新协定中成

① Global Affairs Canada, "Address by Foreign Affairs Minister on the Modernization of the North American Free Trade Agreement (NAFTA)", August 14, 2017, https://www.canada.ca/en/global-affairs/news/2017/08/address_by_foreignaffairsministeronthemodernizationofthenorthame.html, 检索日期：2019年11月25日。

② Bruce Stokes, "Views of NAFTA Less Positive - and More Partisan - in U.S. than in Canada and Mexico", Pew Research Center, May 9, 2017, https://www.pewresearch.org/fact-tank/2017/05/09/views-of-nafta-less-positive-and-more-partisan-in-u-s-than-in-canada-and-mexico/, 检索日期：2019年11月30日。

③ 吕晓莉：《〈美墨加协定〉框架下的加拿大：妥协中的坚守》，《拉丁美洲研究》2019年第1期。

④ Heather Long, "Winners and Losers in the Final USMCA Deal", The Washington Post, December 11, 2019, https://www.washingtonpost.com/business/2019/12/10/winners-losers-final-usmca-deal/, 检索日期：2020年1月5日。

为牺牲品。代表全国 12000 家奶制品生产商的加拿大奶农协会（Dairy Farmers of Canada）副总裁大卫·维恩斯（David Wiens）表示，奶农们对新协定非常失望。[①] 对此，特鲁多承诺将会向奶农提供补偿，以缓和新协定对这一行业的冲击。[②]

墨西哥于 2019 年 6 月 19 日率先通过了 USMCA，随后美国国会众议院和参议院也分别于 2019 年 12 月 19 日和 2020 年 1 月 16 日批准了新贸易协定。[③] 加拿大依然是三国中动作最慢的。2019 年 5 月特朗普政府取消美国对加拿大钢铝出口产品关税后，特鲁多政府才开始推动议会通过 USMCA 的工作。[④] 但之后该协定在加拿大国内一直遭到保守党和魁北克人党两个主要在野党的反对和指责，作为少数派政府，特鲁多领导的联邦自由党政府在推动协定批准的过程中受到掣肘。一直到 2020 年 3 月北美新冠疫情开始扩散之后，加拿大联邦议会为避免因新冠疫情协定延后生效，加快辩论程序，参议院和众议院都将 USMCA 迅速付诸投票表决，并且获得一致通过，随后经过加拿大总督朱莉·帕耶特（Julie Payette）的批准，新版北美自由贸易协定正式在北美三国生效。

---

① "New USMCA Trade Deal 'Devastating' to Canada's Dairy Industry, Farmer Says", CBC News, Oct. 1, 2018, https://www.cbc.ca/news/canada/manitoba/usmca-trade-deal-dairy-farmer-1.4845229, 检索日期：2019 年 11 月 25 日。

② Sidhartha Banerjee, "Prime Minister Pledges Compensation for Dairy Farmers Hit by USMCA Deal", CBC News, October 5, 2018, https://www.cbc.ca/news/politics/trudeau-dairy-farmer-pledge-1.4850974, 检索日期：2019 年 12 月 3 日。

③ 《墨西哥率先批准美墨加协定 特朗普要求美国国会跟进》，路透社，2019 年 6 月 20 日，https://www.reuters.com/article/usmca-mexico-parliament-trump-0620-idCNKCS1TL078；《美众议院批准〈美墨加协定〉》，美国之音，2019 年 12 月 19 日，https://www.voachinese.com/a/us-mexico-canada-trade-house-of-representatives-20191219/5213377.html，检索日期：2019 年 12 月 20 日；《焦点：美参议院通过美墨加协定 仍待加拿大批准》，路透社，https://www.reuters.com/article/us-senate-usmca-trade-deal-0116-idCNKBS1ZF2ZS，检索日期：2020 年 1 月 17 日。

④ Paul Viera，《加拿大提出批准〈美墨加协定〉的法案》，《华尔街日报》2019 年 5 月 31 日，https://cn.wsj.com/articles/%E5%8A%A0%E6%8B%BF%E5%A4%A7%E6%8F%90%E5%87%BA%E6%89%B9%E5%87%86%E3%80%8A%E7%BE%8E%E5%A2%A8%E5%8A%A0%E5%8D%8F%E5%AE%9A%E3%80%8B%E7%9A%84%E6%B3%95%E6%A1%88-11559197512，检索日期：2020 年 1 月 20 日。

2. 新冠疫情下的加美关系

2020 年初暴发的新冠疫情是对加美两国治理和关系的考验。最初，两国政府都公开表示疫情不会很严重，并且主张民众无须配戴口罩，仅需要通过洗手来预防。同时，两国在初期也都没有实施相应的社交管制措施，结果疫情从 3 月份开始蔓延，此后保持社交距离、关闭社交场所等各种措施才相应跟上。经过一段时间的抗疫，加美两国呈现出完全不同的状态（见表 1）。很明显，两国最初对疫情的不重视，以及医疗物资战略储备不足，是疫情在北美两个大国中急速蔓延的主要原因。不过，在开始意识到疫情严重之后，两国各自处理的方式开始产生差异，这是两国疫情后续发展不同的主要原因。众所周知，特朗普的傲慢，以及对疫情治理的胡乱干预、联邦与地方政府的各种不协调以及对国际合作的排斥，是美国疫情失控的关键原因。而加拿大特鲁多政府在这些方面表现得明显理智和高效。联邦政府负责推出针对不同受灾领域和人群的财政援助措施，得到了民众的认可。而松散的联邦制也给予了各省和地区政府极大的权力来根据当地的情况采取措施以控制疫情。同时，加拿大坚持与欧盟、中国、世界卫生组织等国家以及国际组织开展合作抗疫。因此，相对于美国而言，加拿大整体抗疫情况更加有条不紊，也更加有效果。

表 1　美加新冠肺炎病例统计对比（截至当地时间 2020 年 4 月 16 日）*

国家	感染病例	死亡病例	感染数占比(约)	死亡数占比(约)
加拿大	30105	1195	0.8‰	0.3‱
美国	658263	32186	2‰	1‱

数据来源：约翰斯·霍普金斯大学。

转引自：《加拿大抗疫之路与美国大不同》，中国新闻网，2020 年 4 月 19 日，https://m.chinanews.com/wap/detail/zw/gj/2020/04-19/9161190.shtml，检索日期：2020 年 5 月 18 日。

美加两国在疫情期间关闭了两国边境，这是在历史上绝无仅有的。2020 年 3 月 18 日，特鲁多政府宣布，为控制疫情，加拿大与美国达成协议，暂时关闭两国边境，限制非必要旅行，但保持贸易往来和必要的物流畅通。[①] 关闭一个月之后，美国的疫情依然没有好转，两国协商后，加拿大在4月18日和5月18日分别再次宣布两国边境关闭期限继续延长一个月的时间。[②] 这一决定是完全符合加拿大国民利益的，毕竟两国毗邻，而美国在特朗普政府的混乱管理之下，已经陷入了疫情困境。虽然特朗普一再表示美加边境将是最早开放的，但这并没有得到加拿大政府和民众的允许。连一直以来比较亲美的安大略省省长、保守党人福特都在疫情中公开反对特朗普，他表示“我不希望他们（美国人）来到安大略省”，并且建议特鲁多要立刻拒绝特朗普开放边境的建议。[③]

除了关闭边境，加拿大还在其他一些抗疫问题上与美国产生了分歧甚至矛盾。例如，加拿大十分不满特朗普政府在疫情期间曾试图动用《国防生产法》（Defense Production Act），迫使美国3M公司停止向加拿大和拉美诸国出口N95口罩。[④] 虽然之后3M公司与特朗普政府达成协议，于2020年4月6日宣布，已经获准在疫情期间继续向加拿大和拉丁美洲各国出口N95口罩[⑤]，但是特朗普的行为已经招致加拿大官方的批评，不少省份的地方官员都主张加拿大联邦政府对美国进行报复。加拿大疫情最严重的安大略省省长福特对此反应最大，因为安大略省正好向3M公司订购了500万个口罩。福特

---

① Katie Simpson，David Cochrane，“Canada，U. S. Working on Mutual Deal to Restrict Non – essential Travel”，CBC News，Mar. 17，2020.

② David Lao，“Canada – U. S. Land Border Closure Extended by 30 Days，Trudeau Says”，Global News，April 18，2020，https：//globalnews. ca/news/6836829/coronavirus – trudeau – april – 18/；Paula Newton，“ US – Canada Border Will Remain Closed to Nonessential Travel for at Least Another Month”，CNN，May 20，2020，https：//edition. cnn. com/travel/article/us – canada – border – coronavirus/index. html，检索日期：2020年6月1日。

③ Sean Davidson，“‘I don’t Want Them in Ontario’：Premier Ford Fires Back after Trump Suggests Loosening Border”，CTV News，April 17，2020，https：//toronto. ctvnews. ca/i – don – t – want – them – in – ontario – premier – ford – fires – back – after – trump – suggests – loosening – border – 1. 4899199，检索日期：2020年5月16日。

④ “Coronavirus：US ‘Wants 3M to End Mask Exports to Canada and Latin America’”，BBC，April 3，2020，https：//www. bbc. com/news/world – us – canada –52161032，检索日期：2020年5月19日。

⑤ Leyland Cecco，Julian Borger，“Trump and 3M Reach Deal to Allow N95 Face Masks to Be Exported to Canada”，The Guardian，April 7，2020，https：//www. theguardian. com/world/2020/apr/06/us – blocks – face – masks – canada – n95 – protection – equipment，检索日期：2020年5月12日。

强烈反对特朗普政府禁止3M公司向加拿大出口N95口罩的行为，认为这可能造成加拿大医生和护士的口罩危机。[①] 对此，特鲁多也警告特朗普政府试图阻止医疗物资出口加拿大是“一个错误”，毕竟“每天都有几千名加拿大护士过境到美国底特律工作，这对美国来说也是非常重要的”。[②] 不过之后特鲁多表示美加两国协同合作才能保护两国人民，而加拿大不会因为口罩一事报复美国。[③]

此外，美加两国在对待病毒的态度上也存在分歧。特朗普政府一味地将病毒扩散的责任推卸给中国和世卫组织，试图掩盖其混乱无效的抗疫措施，并一直在没有事实依据的前提下不断抨击中国和世卫组织。从威胁对世卫组织断供到最后退出世卫组织，特朗普完全置全球卫生治理多边合作的重要性于不顾。但加拿大作为一个坚持国际主义和多边主义的中等强国，在疫情期间还是更加重视以科学的态度来对待病毒。在特朗普一再污蔑中国制造了病毒，挑起对华裔、亚裔的种族歧视的情况下，加拿大首席卫生官谭咏诗博士（Dr. Theresa Tam）公开呼吁加拿大社会不要因新冠疫情而仇视亚裔和华裔，并且表示加拿大没有任何证据显示病毒来自中国武汉病毒实验室。[④] 加拿大《环球邮报》还通过援引安大略省、魁北克省、不列颠哥伦比亚省以及艾伯

---

① “Coronavirus Outbreak：Ford Calls It ‘Unacceptable’ for Trump to Order 3M to Stop Exporting N95 Masks to Canada”, Global News, April 4, 2020, https://globalnews.ca/video/6779483/coronavirus-outbreak-ford-calls-it-unacceptable-for-trump-to-order-3m-to-stop-exporting-n95-masks-to-canada，检索日期：2020年5月19日。

② “‘Mistake’ to Block US Medical Exports to Canada”, BBC, April 3, 2020, https://www.bbc.com/news/av/world-us-canada-52161402/trudeau-mistake-to-block-us-medical-exports-to-canada，检索日期：2020年4月18日。

③ Rod Nikel, “Canada PM Says Will not Retaliate against U.S. over Block of Mask Exports”, Reuters, April 5, 2020, https://www.reuters.com/article/us-health-coronavirus-canada/canada-pm-says-will-not-retaliate-against-u-s-over-block-of-mask-exports-idUSKBN21M0MX，检索日期：2020年4月20日。

④ Ryan Flanagan, “Canada's Top Doctor Calls out ‘Racism and Stigmatizing Comments’ over Coronavirus”, CTV News, January 30, 2020, https://www.ctvnews.ca/canada/canada-s-top-doctor-calls-out-racism-and-stigmatizing-comments-over-coronavirus-1.4790762，检索日期：2020年3月28日；“Dr. Tam Says Canada hasn't Seen Evidence Coronavirus Originated in Wuhan Lab”, The Globe and Mail, May 5, 2020, https://www.theglobeandmail.com/canada/video-dr-tam-says-canada-hasnt-seen-evidence-coronavirus-originated-in/，检索日期：2020年5月20日。

塔省的疫情数据指出，根据数据以及加拿大的边境关闭时间先后顺序显示，将病毒传入加拿大的其实是来自美国的旅行者。[①]

二 中加关系

自 2018 年 12 月孟晚舟事件之后，中加关系迅速恶化，随着加拿大通过包含“毒丸条款”的《美国—墨西哥—加拿大协定》、几名加拿大人因犯罪在中国被捕以及中加贸易出现一系列问题，中加关系几乎跌至冰点，2019 年上半年也基本处于停滞状态。在接下来的一年里，加拿大政府表现出一定的善意，两国也开始了一些积极的接触，但随着孟晚舟案件的宣判，中加关系再一次受到冲击。

1. 加拿大通过“毒丸条款”

如前所述，2019 年底，美加墨三国正式签署了《美国—墨西哥—加拿大协定》，加拿大议会也于2020 年3 月通过了这一协定，这意味着加拿大最终全部接受了《美国—墨西哥—加拿大协定》，也预示着未来中加在自由贸易方面必然会受到更多的掣肘。因为，虽然这一协定是取代原有的《北美自由贸易协定》，成为新的北美自由贸易规则，但实际上该协定中被美国插入了一个针对中国的楔子，即所谓的“毒丸条款”（《美国—墨西哥—加拿大协定》第32 章第10 条）。这一条款的核心内容是：“协定中的任何一个成员国与‘非市场经济国家’签订自由贸易协定时，应该允许其他成员国在六个月后退出并建立其自己的双边贸易协定。”[②]

这一条款具有明显的排他性，旨在限制墨西哥和加拿大与其他国家签订

---

① Ryan Tumilty, “Canada’s Early COVID – 19 Cases Came from the U. S. not China, Provincial Data Shows”, The National Post, April 30, 2020, https: //nationalpost. com/news/politics/canadas – early – covid – 19 – cases – came – from – the – u – s – not – china – provincial – data – shows，检索日期：2020 年 4 月 15 日。

② Agreement between the United States of America, the United Mexican States, and Canada, 32 – 11, https: //ustr. gov/sites/default/files/files/agreements/FTA/USMCA/Text/32_ Exceptions_ and_ General_ Provisions. pdf，检索日期：2020 年 4 月 18 日。

自由贸易协定的权利。而且中国一直也没有得到过美国所谓的“市场经济国家”的地位，这就意味着美国可以 USMCA 破裂为要挟，迫使墨西哥和加拿大断了与中国达成自贸协定的念想，由此在贸易上孤立中国。实际上，在特鲁多第一任期中，中加自贸协定就已经提上了日程，两国从 2016 年开始就在进行相关的磋商，并且很快完成了可行性研究。但随着特朗普推翻了原有的《北美自由贸易协定》，要求重新谈判，中加自贸协定也开始陷入停滞。如今，为了进入美国市场，确保稳定的加美贸易关系，加拿大接受了这一“毒丸条款”。虽然特鲁多本人强调“这一新条款不能阻止加拿大与中国商讨制订贸易协定”①，但从之后的中加自贸协定磋商的停滞以及特鲁多政府的对华政策和态度来看，加拿大基本上是暂时放弃了与中国推进自由贸易协定的机会。

2. 中加关系的积极信号

在一年多的停滞中，中加关系仍然存在一些缓和的机会，加拿大也不断释放出善意，中国也给予了一定的回应。其中特鲁多在驻华大使和外交部部长的人事安排上就体现出对华关系的重视，之后两国在疫情期间也开展了有益的援助与合作，这些都是两国关系积极的信号。

在前任驻华大使因为评价孟晚舟案件被迫离职之后，加拿大驻华大使的职位一直空缺。虽然加国内的反对党频频催促特鲁多政府尽快填补这一空缺，但特鲁多一直坚持到 2019 年 9 才任命中国事务专家鲍达民（Dominic Barton）为加拿大新任驻华大使。作为著名的国际经济事务专家，鲍达民曾担任特鲁多政府经济增长咨询委员会主席，与总理特鲁多和外长弗里兰都有着密切的关系。更重要的是，这位新大使与中国的渊源极其深厚，他曾担任麦肯锡咨询公司（McKinsey&Co.）亚洲区总裁，曾在上海工作，有着丰富处理对华商务、政府公共关系的经验，还曾经担任清华大学的兼职教授。加拿大外交部部长弗里兰表示，鲍达民是中国事务专家，非常适合在这个关键

① 《加总理特鲁多：美墨加协定‘毒丸条款’无碍中加自由贸易谈判》，中华人民共和国中央人民政府网站，检索日期：2018 年 11 月 17 日。

时刻代表加拿大，而且选择鲍达民作为新任驻华大使是她与中国国务委员兼外交部部长王毅在曼谷东盟峰会时举行会谈后的结果。[①] 鲍达民也在其就职声明中表示，中加关系十分重要，他将致力于代表加拿大解决目前双边关系面临的挑战。[②] 除了鲍达民，特鲁多在赢得连任后安排的新任外交部部长也同样传达了一个信号，即“中国对加拿大的重要性”。新任自由党联邦政府外交部部长商鹏飞（François - Philippe Champagne）曾是一名国际贸易律师，也在特鲁多第一任期出任过联邦国际贸易部部长，有着丰富的国际贸易经验。商鹏飞与中国曾经多次打交道。2017 年 4 月，他与时任加拿大财政部部长莫诺在北京和中国国务院副总理汪洋共同出席“中加经济财金战略对话”启动仪式。[③] 2017 年 12 月，他还陪同特鲁多第二次访华。特鲁多政府安排这样两位有着丰富对华经验的外交官，对于缓和中加关系而言，是一个利好的消息。

新冠疫情对世界各国的公共卫生以及经济来说都是一个灾难性的打击，同时也凸显了在疫情之中不同国家对于全球治理和多边合作的不同态度。而在中加关系层面，这次疫情可谓给两个同样重视人道主义援助以及合作抗疫的国家提供了一个合作的机会。在中国新冠疫情暴发之初，美国连同其他一些国家第一时间对中国关闭边境，加拿大不但没有加入美国的队伍，反而对中国施以援手。2020 年 2 月，加拿大向中国提供了 16 吨紧急援助物资，包括防护服、防护面具、口罩、护目镜和手套等，之后又通过世界卫生组织再向中国提供了 200 万加元的援助。同时，总理特鲁多、外交部部长商鹏飞和

---

① Katie Simpson, Kathleen Harris, “Dominic Barton Named Canada’s next Ambassador to China”, CBC News, September 4, 2019, https://www.cbc.ca/news/politics/china - ambassador - dominic - barton - 1.5269770，检索日期：2019 年 11 月 5 日。

② Prime Minister of Canada, “Prime Minister Announces Appointment of Dominic Barton as Ambassador to China”, September 4, 2019, https://pm.gc.ca/en/news/news - releases/2019/09/04/prime - minister - announces - appointment - dominic - barton - ambassador - china，检索日期：2019 年 11 月 8 日。

③《中国同加拿大的关系》，中华人民共和国外交部网站，https://www.fmprc.gov.cn/web/gjhdq_676201/gj_676203/bmz_679954/1206_680426/sbgx_680430/，检索日期：2019 年 12 月 8 日。

驻华大使鲍达民都纷纷公开表达了对中国的支持。[①] 在慕尼黑与中国国务委员兼外长王毅会面时，商鹏飞表示，加方对习近平主席和中国政府在此次抗击疫情中表现出的杰出领导力感到钦佩，中方为防止疫情扩散做出了重要贡献，得到各方普遍赞赏。和其他一些国家不同，加方始终没有停止同中方的正常往来，也反对任何歧视性的做法，并且将继续这么做。总之，加拿大政府和人民将在这场战斗中同中国人民坚定站在一起，继续向中方提供一切必要援助。[②] 中国政府对于加拿大为中国抗击疫情提供的声援与帮助表示感谢。外交部发言人耿爽在记者会上表示，"中方对加拿大为中国抗击疫情提供的声援与帮助表示感谢。我们赞赏加拿大卫生部部长的有关表态，这体现了加方的科学、理性态度"。[③]

随着中国的疫情逐渐平稳，北美和欧洲地区却成为新的暴发点，尤其是美国在混乱的管理之下，疫情迅速扩散。如前所述，身为邻国的加拿大也备受连累，安大略、魁北克等几个大省的疫情都呈扩散之势，医用资源告急。对此，中国也同样毫不迟疑地提供了援助，从民间到政府各个层面都向加拿大伸出了援手。2020 年 3 月 22 日，华为公司捐赠了超过 100 万个口罩、3 万个护目镜和 5 万副手套给加拿大，并计划继续捐赠总共 600 万个口罩，而加拿大媒体一直到 4 月份才得知这一信息并公之于众。[④] 2020 年 3 月 27 日，中国银行捐赠给多伦多的多家新冠肺炎诊治指定医院 500 多箱、重约 7.5 吨

---

① 《加拿大再向中国提供200 万加元援助此前已提供约 16 吨防护设备》，凤凰网，2020 年 2 月 12 日，https://news.ifeng.com/c/7tznKupxpUX，检索日期：2020 年 3 月 12 日。

② 《加拿大外长表示：加方将坚定同中国人民站在一起》，中华人民共和国驻加拿大大使馆网站，2020 年 2 月 15 日，http://ca.china-embassy.org/chn/zjwl/t1745201.htm，检索日期：2020 年 3 月 19 日。

③ 《外交部：对加拿大为中国抗击疫情提供的声援与帮助表示感谢》，中华人民共和国中央人民政府网站，2020 年 2 月 12 日，http://www.gov.cn/xinwen/2020-02/12/content_5477846.htm，检索日期：2020 年 3 月 25 日。

④ Nathan Vanderklippe, "Huawei Sending Millions of Masks to Canada as Supplies Grow Short", The Globe and Mail, April 6, 2020, https://www.theglobeandmail.com/world/article-huawei-sending-millions-of-masks-to-canada-as-supplies-grow-short/，检索日期：2020 年 5 月 8 日。

的抗疫医疗物资，其中包括医用口罩、防护服、护目镜和手套等。[①] 2020 年 5 月 11 日，中国政府将捐赠的 32 吨医疗物资运抵加拿大，包括医用防护服、护目镜、口罩和隔离衣等。[②] 除了捐赠物资，中方还一直与加拿大各个抗疫部门加强联系和沟通，保持信息互通，开展交流合作。自 2020 年 1 月以来，中国驻加拿大大使丛培武多次与加拿大卫生部、公共卫生署、国家研究理事会、国立卫生研究院、加拿大红十字会等机构负责人会见或通话。中加两国卫生部门和科研机构均表示愿保持信息互通，加强在抗病毒药物、疫苗研发、快速检测技术、预测模型及疫情应对等方面的交流合作。[③] 2020 年 5 月 12 日，加拿大国家研究委员会（The National Research Council of Canada）宣布与中国的康希诺生物股份公司（CanSino Biologics Inc.）进行合作，在加拿大推进新冠病毒候选疫苗的生物制程和临床开发。这是当时世界上为数不多的新冠病毒候选疫苗之一，也是首个开始进行第二阶段人体临床试验的候选疫苗。[④] 由此可见，疫情之下，中加两国政府是秉承着人道主义和国际主义精神在积极开展对话与合作，这本身对于缓和两国关系应该是有着正面的推动作用的。

3. 中加关系前景堪忧

虽然有了特鲁多政府深谙对华关系的人事安排，也有了疫情之下两国的通力合作，但是中加关系依然是前路坎坷，荆棘丛生。从加拿大国内情况来

① 《全球战疫：加拿大资深医学专家：没有国际合作，病毒就会占上风》，中国新闻网，2020 年 3 月 28 日，http://www.chinanews.com/gj/2020/03-28/9140437.shtml，检索日期：2020 年 4 月 25 日。

② 《中国政府捐赠的医疗物资运抵加拿大》，新华网，2020 年 5 月 13 日，http://www.xinhuanet.com/world/2020-05/13/c_1125976588.htm，检索日期：2020 年 6 月 2 日。

③ 《专访中国驻加拿大大使丛培武：中方愿与加方同心协力共渡难关》，中华人民共和国驻加拿大大使馆，2020 年 4 月 3 日，http://ca.china-embassy.org/chn/zjwl/t1765859.htm，检索日期：2020 年 5 月 20 日。

④ National Research Council of Canada, "One of only a Handful of Vaccine Candidates Currently in Human Clinical Trials in the World to Begin Initial Evaluation in Canada", May 12, 2020, https://www.canada.ca/en/national-research-council/news/2020/05/the-national-research-council-of-canada-and-cansino-biologics-inc-announce-collaboration-to-advance-vaccine-against-covid-19.html，检索日期：2020 年 5 月 22 日。

看，特鲁多领导的自由党政府是少数派政府，虽然他安排了得力助手进入内阁，但依然会在施政方面受到反对党的掣肘。保守党作为最大的反对党，对华态度向来比较负面和强硬，在特鲁多任期内一直都指责其对华政策太过软弱。在特鲁多赢得连任后，保守党很快就向国会提议成立一个专门审查中加关系的委员会，以全面审查所有涉及中国的领事、经济、法律、安全和外交等问题。2019 年 12 月 10 日，联邦国会通过了这一议案，加中关系特别委员会（Special Committee on Canada – China Relations，CACN）正式成立。之后从 2020 年 1 月份开始，该委员会频繁召集会议，并多次要求总理特鲁多、外交部部长商鹏飞、驻华大使鲍达民等人出席听证会，针对中加关系、特鲁多政府对华政策等接受委员会的质询。① 这个委员会的出现，是特鲁多少数派政府在国会遭遇的第一次失败，其本质是保守党试图以中加关系近年来的困境作为抓手，一方面在加拿大国内释放更多有关中国的负面信息，尤其是在目前加拿大民众对华好感度下跌到历史低点的背景下（见图 1），强化特鲁多政府对华软弱的形象，激发加国选民对联邦政府的不满；另一方面在国际上靠拢美国以及“五眼联盟”对华强硬的趋势，保守党力促实现干涉中国内政的“国际联盟”。②

困扰中加关系一年多的孟晚舟引渡案于 2020 年 5 月 27 日在温哥华不列颠哥伦比亚省最高法院再次开庭。大法官霍姆斯（Heather Holmes）判决该案符合“双重犯罪”的引渡标准，关于孟晚舟的引渡听证将继续进行。④这

① Jolson Lim, “New House Committee on Canada – China Relations Ask Envoy Barton to Testigy”, Ipolitics, January 20, 2020, https://ipolitics.ca/2020/01/20/new – house – committee – on – canada – china – relations – summons – envoy – barton – to – appear/，检索日期：2020 年 2 月 25 日。

② Steven Chase, “Conservatives Call on Canada to Organize International Coalition to Protect Hong Kong”, May 25, 2020, https://www.theglobeandmail.com/politics/article – conservatives – call – on – canada – to – organize – international – coalition – to/，检索日期：2020 年 5 月 31 日。

③ Angus Reid Institute, “Canadian Opinions of China Reach New Low”, http://angusreid.org/covid19 – china/，检索日期：2020 年 6 月 3 日。

④ Amy Smart, “Meng Wanzhou Extradition Hearings Could Extend into 2021”, CBC News, 3 June, 2020, https://www.cbc.ca/news/canada/british – columbia/meng – schedule – referee – 1.5597721，检索日期：2020 年 6 月 10 日。

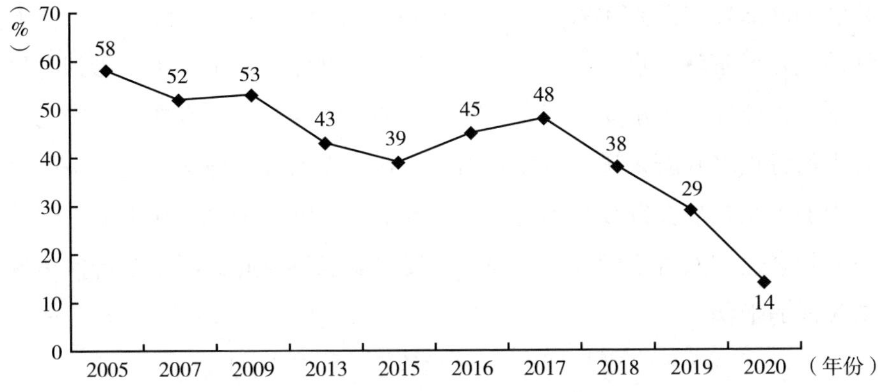

图1　2005～2020年加拿大人对中国的好感度[②]

数据来源：Angus Reid Institute。

个结果一出来，刚刚有所回温的中加关系瞬间又跌至冰点。特鲁多总理态度强硬，表示任何结果都无须向任何一方进行解释或者道歉。[①] 中国外交部也态度鲜明地回应了该判决，指责“美国和加拿大滥用双边引渡条约，对中国公民任意采取强制措施，严重侵犯了中国公民的合法权益”，并指出“美方的目的是为了打压中国高科技企业和华为，加拿大扮演了美方帮凶的角色，这是一起严重的政治事件”。[②] 这一结果暂时没有什么回旋的余地，孟晚舟案还将面临旷日持久的引渡听证，这也就意味着中加关系也将面临旷日持久的僵持。关于孟晚舟案的性质，本就不是加拿大政府一味强调的独立的司法案件，其政治意味举世皆知。无论是美国总统特朗普的公开表态，还是加拿大前总理和不少精英的意见，都明确指出这是一起加拿大维护美国霸权利益的政治事件。而且加拿大所谓的“司法独立”是否真的如特鲁多本人

① Rachel Gilmore, “ ‘We don't Need to Apologize’ for Justice System Decisions, Says PM on Eve of Key Huawei Decision”, CTV News, May 26, 2020, https://www.ctvnews.ca/politics/we-don-t-need-to-apologize-for-justice-system-decisions-says-pm-on-eve-of-key-huawei-decision-1.4955405，检索日期：2020年5月31日。

② 《2020年5月29日外交部发言人赵立坚主持例行记者会》，中华人民共和国外交部网站，2020年5月29日，https://www.fmprc.gov.cn/web/fyrbt_673021/jzhsl_673025/t1784058.shtml，检索日期：2020年6月5日。

一直强调的那样“坚定不移”，其实从其第一任期内轰动全国、引发自由党内讧的兰万灵案就可窥一二。一年多来这一事件已经让中加关系受到了很大的冲击，也让加拿大承受了很大的压力。如今孟晚舟被判有罪，对于无法果决行事的特鲁多政府来说，意味着加拿大在独立的大国外交上的一次巨大失败。中加关系未来会继续受到这一事件的负面影响，加拿大在中美之间进退维谷的状态也依然得不到改变。同时，反对党也将由此抓到更多特鲁多政府外交失误的把柄。

三　多边外交

多边外交是加拿大作为中等国家在国际社会发挥影响力和争取话语权的重要方式，因为多边外交既能体现中等国家对于国际事务的参与积极性，又能在平衡大国实力的环境中让中等国家有更大的发挥作用的空间。一年来，加拿大对于多边外交的投入主要体现在两个方面。一方面，在抗击新冠疫情的过程中，以开放的态度通过国际多边合作来共享信息、提供与获得帮助以及研发疫苗，确保抗疫的效率和效果；另一方面，即便是在疫情期间，也在为2021年联合国安理会非常任理事国选举而努力，争取各国的支持，为将来在多边外交场合获得更强大的话语权铺路。

1. 多边抗疫合作

如前所述，在新冠疫情在北美地区暴发的情况下，美国和加拿大作为邻国，疫情却呈现出完全不同的状态。除了政府在抗疫指挥以及具体措施上的差异，加拿大和美国在国际多边抗疫合作方面的表现也是完全不同。美国作为大国，尤其是特朗普领导的一个一切以自身优先，视国际多边合作机制如无物的霸道大国，在抗击疫情的过程中基本上否定了多边合作的作用。特朗普一再指责世界卫生组织，从威胁对世卫组织断供到直接宣布美国退出世卫组织，基本上延续了其上台以来不断否定并退出国际多边机制的作风。但加拿大作为中等国家，一直都非常重视通过多边合作来使自身能力“最大化”，尤其是在面临全球肆虐的新冠疫情时，加拿大也深谙多边合作在降低抗疫成本方面的作用。

G20 作为全球治理领域最为重要的国际多边机制之一，在新冠疫情肆虐之下，召开网络峰会，为应对疫情提供多边解决办法。加拿大一直都是 G20 的重要成员，也积极拥护 G20 在全球治理中的领导地位。特鲁多认为新冠疫情是一场全球危机，需要全球共同应对。加拿大副总理及内阁疫情应对委员会主席弗里兰也表示，从这次疫情中人们学到的一课就是国际合作的重要性。[①] 2020 年 2 月 13 日，加拿大驻华大使馆官方微博公布，加拿大向世界卫生组织捐款 200 万加元，以帮助脆弱国家为新冠疫情的预防和应对做准备。[②] 2020 年 3 月 26 日，特鲁多参加了 G20 网络峰会，他表示“G20 成员将竭尽所能来战胜新冠疫情”。[③] G20 峰会领导人声明强调国际多边合作在抗击疫情、维护世界经济、解决国际贸易争端等领域的重要性，并承诺 G20 将与世界卫生组织（WHO）、国际货币基金组织（IMF）、世界银行集团（WBG）、联合国（UN）及其他国际组织一道，为克服新冠疫情做出一切努力，帮助所有有需要的国家，尤其是一些脆弱国家。[④] 除了 G20，加拿大作为 G7 的成员国，也不遗余力地推动全球最发达的经济体共同合作抗疫。特鲁多在 4 月 16 日 G7 特别视频峰会上提出，G7 领导人需要继续共同努力，采取协调一致的国际合作来应对新冠疫情大流行对健康和经济的影响。他强调国际机制在共享科学研究、制定检测规程以及将基本医疗用品提供给需要它的所有人，尤其是没有先进医疗体系的脆弱国家中的重要作用，所以有必要通过诸如流行病预防创新联盟（the Coalition for Epidemic Preparedness Innovations）、全球疫苗与免疫联盟（GAVI）之类的机制进行合作，以研制

① 《加拿大总理特鲁多：新冠疫情是全球危机需全球应对》，中国新闻网，2020 年 3 月 27 日，http：//www. chinanews. com/gj/2020/03 －27/9139042. shtml，检索日期：2020 年 4 月 8 日。

② 参见加拿大大使馆官方微博，检索日期：2020 年 2 月 13 日。

③ Levon Sevunts，“G20 to Do ‘Whatever it Takes’ to Combat Coronavirus，Says Trudeau”，Radio Canada International，March 26，2020.

④ “G20 Leaders’ Statement：Extraordinary G20 Leaders’ Summit Statement on COVID － 19”，https：//g20. org/en/media/Documents/G20_ Extraordinary% 20G20% 20Leaders% E2% 80% 99%20Summit_ Statement_ EN%20（3）. pdf，检索日期：2020 年 6 月 10 日。

有效的新冠肺炎治疗方法和疫苗。[1]

2. 联合国安理会非常任理事国选举

为了最大化地发挥加拿大在国际社会的影响力以及争取更多的多边合作话语权，特鲁多政府从第一任期开始就致力于一项重要的使命，即在2021年赢得联合国安理会非常任理事国的席位。在第一任期中，特鲁多政府就非常注重缓和加拿大与联合国的关系，通过参与全球气候治理、反省加拿大的原住民历史与政策等方式改善加拿大的国际形象，为加拿大参加联合国安理会非常任理事国选举拉票。同时，加拿大联邦政府设立了专门的经费用以角逐联合国安理会非常任理事国的席位，其中包括专门为了这一目标而工作的13位联邦政府全职雇员的工资和福利开支[2]，投入非常大。2019年9月30日，加拿大常驻联合国代表布兰查德（Marc－André Blanchard）在联合国大会第74届会议一般性辩论发言中再一次为加拿大争取在2021年至2022年获得安理会非常任理事国席位“拉票”，并提出了当选后的五大优先领域，即共同确保可持续和平、共同解决气候变化、共同推动经济安全、共同推进性别平等、加强多边主义。[3] 很明显，加拿大致力于打造一个积极支持多边主义和全球治理的国际形象，以期在2021年的选举中赢得非常任理事国的席位，这样可以反过来更多地支持加拿大在多边外交与全球治理中成为领导者。

新冠疫情暴发后，加拿大对于多边抗疫合作的推动也为其加分不少。除了以上提到的通过G20、G7等多边机制推动国际合作抗疫之外，加拿大还

---

① “Prime Minister Justin Trudeau Participates in Productive G7 Leaders’ Meeting on COVID－19”, April 16, 2020, https://pm.gc.ca/en/news/readouts/2020/04/16/prime－minister－justin－trudeau－participates－productive－g7－leaders－meeting，检索日期：2020年5月18日。

② 方华：《加拿大UN安理会席位投票前景渺茫》，加拿大国际广播，2019年11月4日，https://www.rcinet.ca/zh/2019/11/04/%E5%8A%A0%E6%8B%BF%E5%A4%A7un%E5%AE%89E7%90%86%E4%BC%9A%E5%B8%AD%E4%BD%8D%E6%8A%95%E7%A5%A8%E5%89%8D%E6%99%AF%E6%B8%BA%E8%8C%AB/，检索日期：2020年1月28日。

③ 《【联大一般性辩论】加拿大寻求获得安理会2021～2022年非常任理事国席位》，联合国，2019年9月30日，https://news.un.org/zh/story/2019/09/1042692，检索日期：2019年12月14日。

主持和参与了其他的一系列筹款和致力于后疫情时代经济和社会复苏的多边外交活动。例如，2020 年 5 月 28 日，特鲁多与来自全球的 50 多名国家元首和政府首脑一同在线参与了“为新冠肺炎疫情及后续发展筹资”的高级别会议，此次会议由特鲁多与联合国秘书长安东尼奥·古特雷斯（UN Secretary-General Antonio Guterres）以及牙买加总理安德鲁·霍尔尼斯（Jamaican Prime Minister Andrew Holness）共同主持，讨论关于疫情过后经济社会的复苏以及筹资等问题。[①] 除此之外，加拿大在与各国、各地区组织交流疫情信息以及合作抗疫的过程中，也不忘商议关于加拿大参加 2021 年联合国安理会非常任理事国选举的问题，并且强调加拿大在诸如气候治理等问题上所做出的贡献，积极为自己拉票，其中包括英国、印度、澳大利亚、欧盟、北约、联合国东欧国家集团、亚太集团、拉丁美洲和加勒比集团等。[②] 不过，这一切努力最终仍是白费，加拿大在 2020 年 6 月的联合国安理会非常任理事国竞选中还是未能如愿当选。

四　结语

一年来，美国、中国和联合国是加拿大最主要的外交对象，完成《美国—墨西哥—加拿大协定》、缓和中加关系以及为联合国安理会非常任理事国竞选拉票是其最重要的外交任务。其中，《美国—墨西哥—加拿大协定》的问题在新冠疫情暴发的紧迫环境下得到迅速解决。这对于享有世界上规模最大的经贸关系的加拿大和美国来说是非常重要的一个成就，也是加拿大作为与美国在政治、经济、军事等各方面关系都非常紧密的邻国和盟国来说，必然要完成的一个使命。

---

① “Prime Minister to join UN Secretary General and the Prime Minister of Jamaica to Convene High - level Meeting to Address Economic Devastation Caused by COVID - 19”, May 26, 2020, https://pm.gc.ca/en/news/news - releases/2020/05/26/prime - minister - join - secretary - general - and - prime - minister - jamaica，检索日期：2020 年 6 月 12 日。

② 参见加拿大总理官网：https://pm.gc.ca/en，检索日期：2020 年 5 月 12 日。

自从孟晚舟被捕后，中加关系成为困扰加拿大的外交难题。孟晚舟案件的宣判，使中加关系面临更大的困境，这也是加拿大在中美之间选边站之后无法逃避的现实。接下来，加拿大还将面临如何处理华为5G的问题，这也是会对中加关系带来更为深远影响的选择。如今，在美国举全国之力打压华为的背景下，加拿大是否会做出明智的决定还不可知，但就其国内形势来看，各大电信运营商纷纷开始担心政府的决定，同时也担心一直拖延下去要耗费的时间和机会成本，特鲁多政府需要尽快做出抉择。

此次新冠疫情之中，加拿大选择多边抗疫的路径既是加拿大一直以来所坚持的多边外交的延伸，也是提升抗疫效率的最佳路径。① 原本对于多边主义和全球治理的支持，必然会对其角逐联合国安理会非常任理事国有所助益。不过，因为2020年加拿大面临的竞争对手中有挪威和爱尔兰两个重要的欧盟国家，同时特鲁多政府此前的外交行为也与诸如印度、俄罗斯、沙特以及其他一些阿拉伯国家产生龃龉，加拿大无法在选举前赢得足够多的支持，最终以失败告终也并不意外。

① 钱皓：《同为联邦制国家，加拿大疫情为何比美国轻得多》，澎湃新闻，2020年4月27日，https：//www. thepaper. cn/newsDetail_ forward_ 7149775_ 1，检索日期：2020年5月5日。

B.5
2019年加拿大社会形势

于茗卉*

摘　要： 在 2019 年 10 月加拿大新的联邦大选中，社会福利成为选民密切关注的重要议题。无论是自由党聚焦于中等阶层的竞选纲领，还是保守党承诺的诸多减税措施，都指向加拿大波动的就业市场、持续低迷的出生率、日益严峻的老龄化危机等诸多社会经济问题。2020 年暴发的新冠疫情则更进一步暴露和激发了诸多潜藏的社会问题，例如偏远地区、原住民社区的公共医疗供给问题等，甚至引发了小范围的暴力抗议事件。加拿大联邦政府试图通过一系列针对特殊群体的紧急救助计划，稳固加拿大社会发展的基石。然而，尚不明朗的经济形势和日趋紧张的财政预算都紧紧捆绑着加拿大联邦政府的手脚，也使诸多社会政策的实际效果打上了一个大大的问号。2020 年加拿大是否能够维持一个较为稳定的局面，这在极大程度上取决于其经济复苏的能力，也取决于特鲁多政府针对不同群体是否能够采取更为行之有效的措施。

关键词： 加拿大　社会形势　中产阶层　新冠疫情

在 2019 年 10 月加拿大新的联邦大选中，社会福利成为选民密切关注的

* 于茗卉，澳门大学社会科学院政府与公共行政系博士在读，研究方向：国家治理、基层社会发展。

重要议题。无论是自由党聚焦于中等阶层的竞选纲领，还是保守党承诺的诸多减税措施，都指向加拿大波动的就业市场、持续低迷的出生率、日益严峻的老龄化危机等诸多社会经济问题。

一　加拿大社会发展现状

1. 波动的就业市场

长期以来，加拿大凭借着其健全的社会保障体制，高度发达的经济水平，一直都维持着基本稳定的就业形势。然而，由于2020年初新冠疫情暴发，2019～2020年加拿大的就业市场被切分为日益好转的2019年下半年与急转直下的2020年上半年两阶段，呈现阶段性的波动。

总体来说，2019年加拿大的就业形势整体较为稳定，略微波动。加拿大统计部门数据显示，截至2019年12月，加拿大总就业人数达到1915万人，同比增长2%，就业率持续稳定在62.5%左右（见图1）。[①] 但值得注意的是，总就业人数在第四季度开始出现略微下滑的趋势，这表明加拿大的就业增长速度开始显著放缓，并出现略微饱和的情况。有趣的是，2019年加拿大兼职就业人员的人数总体呈现先下降后上升的V字形结构，这也与下半年经济形势转好及加拿大联邦政府推出的一系列就业技能培训计划密切相关，激发了闲置的劳动力产能，也鼓励了多样化的就业市场。而就省份来看，安大略省主要得益于移民提名计划（Ontario Immigrant Nominee Program，OINP）[②]，外来劳工的引入造成该省就业人数的显著增长和就业率的持续上涨，而艾伯塔省与马尼托巴省则就业率下滑较为明显。

然而，受新冠疫情的严重影响，2020年上半年加拿大的就业形势不容乐观，

---

① Labour Market Indicators，by Province，Territory and Economic Region，Unadjusted for Seasonality，Statistics Canada，https：//www150.statcan.gc.ca/n1/pub/71－607－x/71－607－x2017002－eng.htm，检索日期：2020年4月27日。

② 该计划主要目的是帮助具备合格工作经验的海外员工成功获得安大略省永久全职工作以及移民机会，属于加拿大省级移民提名计划（Provincial Nominee Program，PNP）。

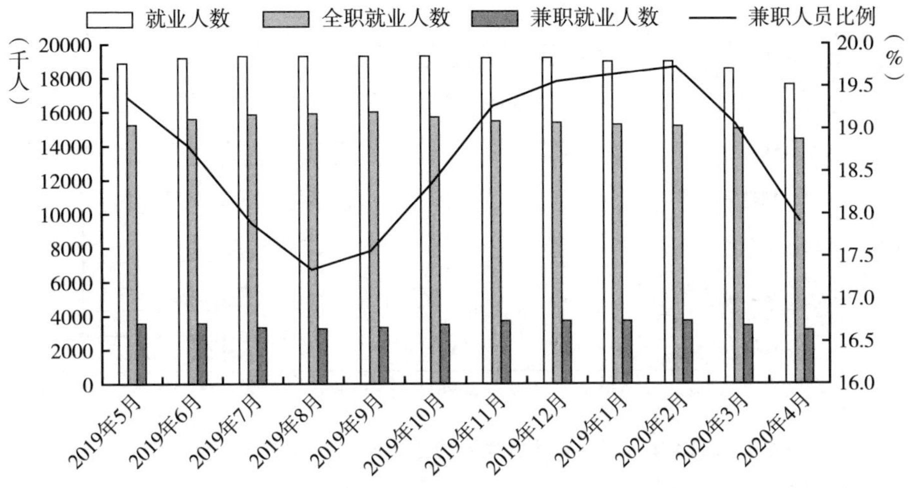

图1　2019 年 5 月 ~2020 年 4 月加拿大就业形势

数据来源：劳动力调查（Labour Force Survey，LFS）和就业与薪酬调查（Job Vacancy and Wage Survey，JVWS），加拿大统计局，2020。

进入 2 月以来，就业市场持续恶化的趋势更是远远超过了预期。仅仅在 2 月 ~4 月短短 3 个月内，就业总人数就减少了 300 万，其中全职就业人数累计下降 12.5%，兼职就业人数累计下降 29.6%。该阶段，失业率大涨了 5.2 个百分点（未经季节性调整数据），这也是自 1976 年以来历史第二高的失业率。① 所有省份都毫无例外地受到了严重冲击，魁北克省仅在 4 月失业人数达 36.7 万人，失业率骤增至 17%，失业人数以超越其他所有省份的速度飙升（101.1%）。② 就行业而言，这种大面积恶化的失业局面也迅速从单个行业开始向多行业扩散（见图 2）。起初，新冠疫情控制措施主要是在人流管控上，这就致使失业集中凸显在服务行业，而进入 4 月，以建筑业和制造业为引领的制造业的失业率（15.8%）开始超越服务业（9.6%）。可以预见的是，未来短期内由新冠疫情管控所导致的失业浪潮将会全面波及金融、保险、房地产等诸多领域。

① 根据加拿大官方数据，如果将那些受新冠疫情影响而未积极寻找工作的人硬核纳入失业群体中，那么 2020 年 4 月加拿大的失业率是 17.8%。

② Labour Force Survey，April 2020，Statistics Canada，https：//www150.statcan.gc.ca/n1/en/daily-quotidien/200508/dq200508a-eng.pdf? st=ZA2HBT41，检索日期：2020 年 4 月 27 日。

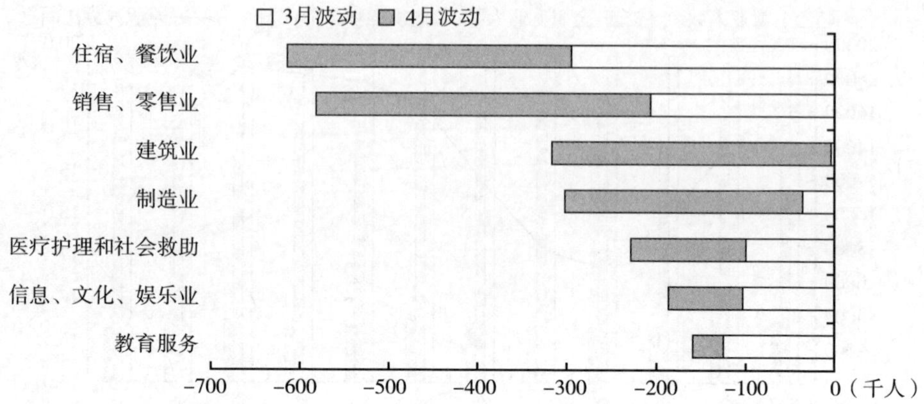

图2 2020年2月～4月加拿大就业市场波动（节选部分行业）

数据来源：劳动力调查（Labour Force Survey，LFS），加拿大统计局，2020。

2. 持续低迷的出生率

自2008年以来加拿大的出生率呈现阶梯式下滑趋势（见图3），从11.139‰下降到2019年的10.376‰，进而维持在一个较低的水平。2014～2018年出生率的年增长率维持在每年-0.9%的数值，这意味着在未来相当长一段时间内这种持续低迷的出生率将较难逆转。

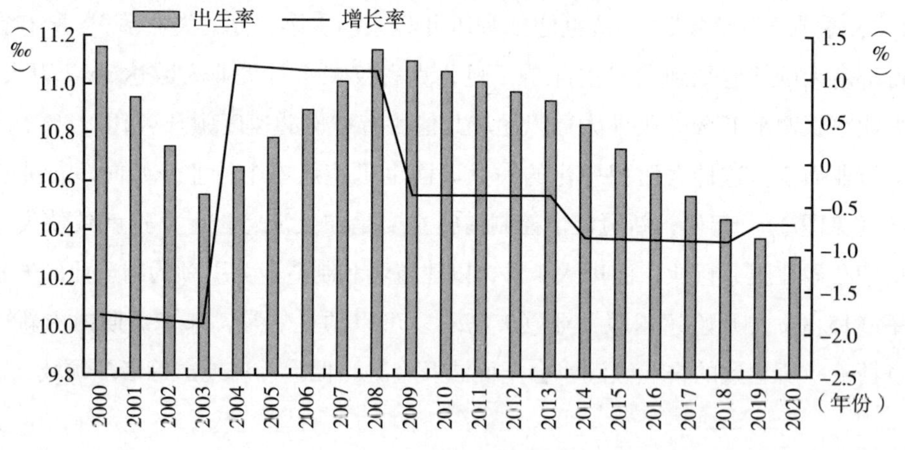

图3 2000～2020年加拿大出生率和增长率

数据来源：Canada Birth Rate 1950 - 2020，https：//www. macrotrends. net/countries/CAN/canada/birth - rate。

早已在2016年，加拿大老龄群体（65岁及以上）人口占比（16.4%）超过了14岁及以下少年儿童占比（16.24%）。这意味着加拿大的人口结构出现严重的上宽下窄的倒金字塔形，社会发展的人力资源问题、抚养比问题等都为社会稳定增加不确定因素。与此同时，出生率的持续低迷意味着加拿大劳动力资源将严重不足以及现有劳动力群体社会责任将加大，这都将进一步侵蚀加拿大的税基，继而引发老年人供养人力不足、财政供给较难持续及经济波动等诸多问题。而据加拿大统计局于2019年9月发布最新人口预测报告，2068年加拿大的人口数量将会达到5500万，15岁至64岁工作年龄人口的比例（其中大部分为劳动力人口）将从2018年的66.7%降至2068年的57.9%~61.4%。[①]

3. 日益严峻的老龄化危机

毋庸置疑，人口老龄化是加拿大目前面临的重要社会问题之一，这也是与出生率低迷所密切相关的。根据加拿大统计局数据，1982年加拿大的中位数年龄是30岁，到2019年已迅速攀升到40.8岁。其中，纽芬兰-拉布拉多、新不伦瑞克、新斯科舍三个省的中位数年龄已经分别高达47.1岁、46岁和44.9岁。加拿大统计局于2019年9月发布最新人口预测报告，到2068年加拿大的人口数量将会达到5500万人，其中65岁及以上的群体比例将快速增长，到2068年，加拿大65岁及以上的人口比例将达到21.4%~29.5%[②]，更为严峻的是，报告同时显示，80岁及以上的老年群体数量将从2018年的160万上升到2068年的550万。[③]

年长者群体规模的不断扩大无疑将带来包括医疗健康服务类型、医疗成

① Population Projections：Canada，Provinces and Territories，2018 to 2068，Statistics Canada，https：//www150. statcan. gc. ca/n1/daily - quotidien/190917/dq190917b - eng. htm，检索日期：2020年4月27日。

② 特别是在接下来的20年里，婴儿潮一代（1946年至1965年间出生的人群）将陆续达到65岁，这也是老年群体迅速增长的重要原因。

③ Population Projections：Canada，Provinces and Territories，2018 to 2068，Statistics Canada，https：//www150. statcan. gc. ca/n1/daily - quotidien/190917/dq190917b - eng. htm，检索日期：2020年4月27日。

本、老年人福利在内的一系列问题，这都给政府未来的政策调整带来重要挑战。加拿大皇家银行（RBC）经济学家的报告预测，由于年轻供养者不足以及养老模式的改变，到2030年加拿大将有65万人会居住在老年公寓或养老院，这远远高于现在的20万人，预估政府需花费额外1400亿加元用于相关建设。而到2050年，需要医院以外长期护理的年长者将是现在的两倍以上，各级政府支出亦将会增加两倍以上，从220亿加元增至710亿加元。从估算数据来看，老年人护理支出占省、地区公共健康支出预算比例将从目前的45%增长为2030年的55%，这将产生明显的挤出效应，部分财政薄弱的省、地区不得不开始缩减类似教育、技能发展类支出。①

二　社会发展政策最新调整及影响

由于联邦政府大选，2019年下半年加拿大政府基本延续2018~2019年既定的诸多福利政策和预算方案，包括为提高生育率而不断完善的育儿福利，为巩固就业而逐步增加的就业辅助计划等。2019~2020年社会政策大都围绕着新冠疫情开展，大部分是以稳就业、保民生为根本考量而进行的紧急救助方案，但其政策对象选择、施政目标设定等也无疑体现出加拿大目前社会发展的重点。

1. 加强以稳定就业为目标的社会福利

保持就业稳定和经济平稳发展一直以来是加拿大社会发展的基础，而新冠疫情无疑正在动摇加拿大的社会基础。受到新冠疫情的严重影响，加拿大的失业率持续攀升，大部分加拿大上班族都对未来感到不确定。对此，加拿大政府针对个人和企业实施了一系列旨在稳就业、保民生的福利政策。主要包括：就业保险、加拿大紧急救助金、加拿大紧急薪资补贴、加拿大紧急商业租金援助、大型雇主紧急融资机制等（见图4）。

① 《加拿大皇家银行预测，气候变化、人口老龄化是影响未来十年加经济的主要因素》，中华人民共和国商务部网站，2020年2月13日，http://www.mofcom.gov.cn/article/i/jyjl/l/202002/20200202935601.shtml，检索日期：2020年4月27日。

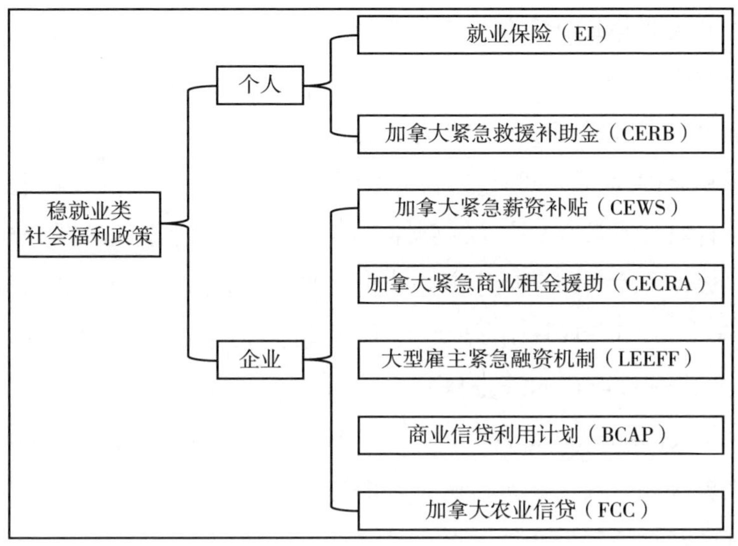

图 4　2020 年加拿大稳就业类社会福利政策

在个人稳就业紧急救助层面，一方面，加拿大进一步扩大了其就业保险（Employment Insurance，EI）的覆盖范围，确保在 2020 年 3 月 15 日前可以保障因疫情原因而无法继续工作或工资收入严重降低的员工；另一方面，加拿大联邦政府于 4 月 5 日宣布推出加拿大紧急救援补助金（Canada Emergency Response Benefit，CERB），旨在补充就业保险，以支持受疫情期间经济下滑影响而需要紧急财政支持的员工。劳动力调查数据显示，自 3 月 15 日起，处于 25 ~ 54 岁年龄段的主力工作人群中，59.6% 的人已经申请了这两项救助金（二者只可选其一），约有 670 万名加拿大人。

在企业稳就业紧急救助层面，加拿大政府的措施主要从保障企业工资发放、保障中小企业资金运转等几个方面入手，2020 年陆续宣布了一系列保障举措。①加拿大联邦政府于 4 月 27 日宣布，开放加拿大紧急薪资补贴（Canada Emergency Wage Subsidy，CEWS），给受新冠疫情影响的加拿大雇主（除某些公有部门实体之外的各类经济规模的雇主均有资格）提供长达 12

周的员工工资 75% 的补贴,[①] 即按每名雇员每周最多可获得 847 加元的补贴。②加拿大联邦政府宣布于 5 月 25 日起开启针对小型企业的加拿大紧急商业租金援助（Canada Emergency Commercial Rent Assistance, CECRA）。该计划是通过加拿大联邦政府与各省和地区合作，联邦政府援助小型企业租户所需支付租金的 50%，同时参与补助计划的业主减免所需支付租金的 25%。该计划预计将在 4 月、5 月（追溯性）和 6 月为小型企业租户减少至少 75% 的租金，以便业主可以帮助小型企业租户渡过难关并且重新振兴。③加拿大联邦政府于 5 月 21 日开启大型雇主紧急融资机制（Large Employer Emergency Financing Facility，LEEFF），通过加拿大发展投资公司（Canada Development Investment Corporation，CDIV）的下属机构与加拿大创新、科学与经济发展部和财政部等多机构、多部门合作，向加拿大大型雇主提供常规融资以外的额外流动资金援助（过桥融资），以保证其运作，进而帮助保护加拿大的就业。与此同时，此类型的融资计划还包括商业信贷利用计划（Business Credit Availability Program, BCAP）[②] 和加拿大农业信贷（Farm Credit Canada）等，它们均为在新冠疫情中受到严重波及的各类型企业提供额外的资金支持，以保证就业率的稳定。

2. 维护特殊群体的一揽子福利计划

除以稳就业为主要施政目标的社会福利之外，加拿大国会参议院在 2020 年 3 月 25 日通过的总额为 1070 亿加元的一揽子紧急援助法案中，也特别针对儿童、学生、老年人等不同类型群体提供了多种类型的社会救助方案。

针对有抚养儿童压力的家庭，加拿大在 2016 年推出了儿童福利金（Canada Child Benefit, CCB），采用直接支付的方法，保障 90% 符合条件的

① 该项补助计划于 2020 年 5 月 7 日开始发放，补贴时限为 2020 年 3 月 15 日至 2020 年 6 月 6 日。之后财政部部长比尔·莫诺（Bill Morneau）于 5 月 15 日宣布将其有效期延长 12 周，至 2020 年 8 月 29 日。

② 通过 BCAP，加拿大出口发展公司（EDC）和加拿大商业发展银行（BDC）将与私营产业贷方合作，以支持所有产业和地区的加拿大企业获得资本。

加拿大家庭。为了应对近年来不断上涨的生活和抚养子女的资金压力，加拿大联邦政府宣布于2020年7月再次上调该福利金。经过此次调整，每个6岁以下儿童的福利金将调升至每年6765加元，每个6岁以上儿童的福利金将调升至每年5708加元，具体福利数额将体现在每个家庭2020/2021财年账务上。同时，加拿大联邦政府增加约20亿加元预算，于2020年5月向已享受儿童福利金的家庭发放每个儿童300加元的一次性儿童福利金补贴。

学生群体①是此次受新冠疫情影响较大的另一重要群体。加拿大联邦政府启动加拿大紧急学生救助金（Canada Emergency Student Benefit）、加拿大学生服务基金（Canada Student Service Grant）等一系列措施用以帮助他们顺利完成学业并向他们提供后续就业支持，如向符合条件的学生发放连续4个月1250加元/每月的现金补贴（残疾及有需要照顾的学生额外增加500加元/每月）、增加学生奖学金和毕业生资助、加倍发放2020～2021学年学生资助金、延长学生贷款还款期限6个月（无息）等直接补贴方式，以及增加学生暑期工作机会②、提高学生每个月打工时间上限、增加参与学生服务活动的薪酬等间接补助方式。此外，加拿大联邦政府也关注到部分学生可能会面临临时休学、缺少实习时间、错失国际修学机会等诸多问题，而这些问题可能转变成较为长期且隐形的危机。对此，加拿大联邦政府也采取一系列措施，例如鼓励私立部门和机构积极参与开展云工作整合型学习项目（Digital Work－Integrated Learning program），将学习与就业紧密结合在一起，且将已有的项目搬到网络上进行。

针对老年群体，加拿大通过老年保障金（OAS）向该群体提供资金支持。在新冠疫情期间，加拿大联邦政府提供额外的25亿加元财政支持，向有资格享受老年保障金的老年人一次性提供300加元的免税补贴，并向没有资格享受低收入保障补助金（GIS）的老年人提供200加元的额外免税补

① 这个群体包括正在就读的学生、2019年12月后毕业的新毕业生以及2020年9月新入学的学生等。

② 加拿大政府将为提供加拿大暑期工作（Canada Summer Jobs）机会的雇主提供最高100%的补贴，以补贴他们雇用学生的费用。

贴。经预估，这两项福利可帮助约700万名老年人，减轻因新冠疫情而上涨的生活成本。对于还没有获得2019年收入信息评估的老年人，加拿大政府也将临时扩展低收入保障补助金和津贴付款，以确保他们在有需要的时候获得帮助。与此同时，加拿大也日益关注老年人的精神健康问题，并在2020年增加2000万加元的新投资用于新视界老年人计划（New Horizons for Seniors Program），该计划主要目标是通过提供更丰富的社会活动来帮助老年人维持或改善他们的社会支持网络，以应对老年人的孤独状况并提高他们的生活质量。

3. 巩固中等收入阶层

特鲁多执政以来，巩固中等收入阶层一直都是加拿大联邦政府的重要施政目标，而围绕此推进的多项社会福利政策也在近年来日益凸显，包括中等阶层税收减免、加拿大儿童福利、更为慷慨的老年福利和各类型房产优惠等。在2019年下半年的竞选中，特鲁多再一次聚焦中等收入阶层，并以降低贫困率，进一步巩固和捍卫中等收入阶层作为新一届任期的重要施政目标。

在具体社会政策上，加拿大联邦政府提议增加基础个人收入（Basic Personal Amount，BPA），即税前收入。原预计从2020年1月1日起通过4年的时间逐步提高基础个人收入，从2020年的12298加元增长到2023年预估的15000加元。估算来看，该项计划可以覆盖大约2000万名加拿大人，使得个体每年减少约300加元的税收，而家庭每年减少约600加元的税收（见表1）。

表1　加拿大基础个人收入增加预估

单位：加元

年份	当下基础收入	预计基础收入
2020	12298	13229
2021	12554	13808
2022	12783	14398
2023	13038	15000

数据来源：加拿大统计局，2020年。

除了增加基础个人收入以外，加拿大政府也重视中产阶层的住房需求。早在2017年，加拿大联邦政府就宣布了一项国家住房战略计划（National Housing Strategy）。该计划预计于未来10年内投资总计400亿加元，用于建设10万套保障性住房和修缮30万套现有住房等，以实现满足53万户家庭住房需求的战略目标。对此，包括温哥华在内的诸多城市、地区也宣布了对应的住房战略计划，提供多类型的住宅以全力确保居者有其屋。该政策是近年来加拿大出台的重大国家举措之一，但其前景略微堪忧。其一是该政策原定于2021年开始正式实施，而2020年的新冠疫情使得经济形势尚不明朗，虽然政府极力希望通过国家住房战略计划的实施来提供更多工作岗位，以稳定就业和拉动经济，但财政上捉襟见肘的联邦政府和各省级政府似乎已经很难负担起这样庞大的政府项目；其二是该项政策跨度为10年，虽然2019年联邦大选特鲁多依然当选，但是否能够在未来10年内一直维持一个相对稳定的政治和经济局面以确保这样的长期投资计划不成为一纸空文，依然有待观察。

4. 支持原住民和社区

加拿大现有约170万名原住民，多数居住在偏远的郊区以及北部社区，由于该群体发展的特殊性和地理偏远所造成的经济发展障碍，原住民及其社区一直都是加拿大联邦政府特殊关照的群体。新冠疫情的大范围蔓延无疑放大了该群体长期面临的公共产品供给不足等问题，也促使联邦政府格外重视该群体独特的需求和面临的健康、社会和经济等诸多挑战。

加拿大联邦政府通过与第一民族、因纽特人和梅蒂斯人社区合作的方式，向他们提供更为全面和多样化的支持方式。具体包括如下三条措施。①加拿大政府在3月18日宣布拨款3.05亿加元，用于建立新的原住民社区支持基金，以解决原住民社区的迫切需求，并帮助原住民应对新冠疫情。该基金包括1500万加元的专门款项，供向居住在城市中心和保留区以外的原住民提供服务的原住民组织使用。②特鲁多在5月28日宣布拿出2.851亿加元用于支持原住民社区防控新冠疫情。这项投资将资助由社区主导的应对疫情的行动，并有针对性地增加第一民族社区的初级卫生保健资源。其中，向育空地区、西北地区和努纳武特地区政府拨款 7260 万加元，以支持它们抗击新冠疫情。向该地区政府提供 1730 万加元的资金，以支持北部航空公司运送关键公共和医疗物资。还向加拿大北部地区营养局额外增加 250 万加元，为当地家庭增加补贴，使他们能够负担急需的营养食品和个人卫生产品。[①] ③加拿大联邦政府决定增加 2.7 亿加元用于补充“保留区内收入援助计划”，以满足对该计划日益增长的资金需求，这将帮助保留区内个人和家庭支付基本生活开支。它还将提供更多的工作人员，以更好地为第一民族社区提供包括心理健康服务、成瘾咨询服务及帮助家庭找到并申请适当的政府福利等多项服务，以确保个人了解和明确政府计划，能够寻求到合适的社会支援。

三 社会发展政策未来关注点

目前来看，2019 ~2020 年加拿大的社会政策依然基于其长期以来的保护弱势群体、保障有需要的人群，以及平衡不同性别、不同阶层、不同种族之间关系的重要原则，旨在巩固中等收入阶层，捍卫中等收入阶层价值观，同时兼顾儿童、老年人、原住民等特殊群体的发展需要。然而，2019 ~2020年度联邦政府选举和新冠疫情两个重大事件，无疑给加拿大诸多社会政策的制定和实施带来了一定的挑战。尤其是疫情期间所暴露出来的一系列经济社会问题促使政府在民生服务上更加有所作为，然而经济严重受创、财政负担过重限制了政府的手脚，使其政策实施效果大打折扣。

第一，尚不明朗的中等收入阶层。2019 年联邦大选中，有一个颇为争议的话题就是加拿大的中等收入阶层究竟是谁。根据加拿大的数据，中等收入阶层基本指年收入在 4.5 万 ~12 万加元的群体，但这个收入区间跨度过大，而政府各个时期的政策对象选择是略有不同的。特鲁多政府的实施日标

① 加拿大北部营养计划是加拿大政府的一项补贴计划，旨在让有资格参加该计划的偏远社区更易于负担、更容易获得安全和有营养的食品。这一计划将补贴获得注册的零售商、供应商和食品加工商出售的清单上的食品以及清洁和个人卫生产品等基本物品。

明显偏向的是中等偏上收入者。经济学教授预测，目前所实施的方案会使家庭年收入在 10 万 ~20 万加元的中上收入家庭获益最大，而中等或中下收入家庭则获益较小。从收入分层来看，到 2023 年所有个体平均受益额度为 191 加元，其中经济收入最低的 30% 的个体基本不受益或受益较小（小于 100 加元），而到 2023 年所有家庭平均受益额度为 325 加元，受益额度随着家庭收入的增加而增加（收入最高的 10% 人群除外），其中年收入在 14.3 万 ~19.5 万加元的家庭受益最多，为 572 加元（占比 28%），大约有 1/4 的家庭基本不受益。[①] 而这一政策对象与之前加拿大发布的纳税人收入分布并不一致。早在 2017 年的官方数据显示，加拿大中等收入家庭收入区间为 7.7 万 ~10.8 万加元，而该收入群体中 81% 的家庭都承担了较高的税收（平均为 840 加元），而中等偏上收入家庭则仅有 67% 的家庭承担了高税收（见图 5）。[②] 关于该项政策的整体效用也存在较大争议，有经济学家测算该项政策仅能减少 0.1% 的贫困率。但政府却为此付出了 60 亿加元的代价，似乎有点得不偿失。但无论是哪个维度的争议，这都表明未来加拿大在提升中等收入阶层的实际待遇方面存在严重的困难。

第二，备受瞩目的针对原住民地区妇女和儿童的暴力事件。制止针对妇女儿童的暴力事件一直以来都是性别平等权利运动中的重要内容，而近年来加拿大北部偏远地区针对该群体的暴力事件较为严重，这不仅仅关系到加拿大引以为傲的性别平等价值观，也与其原住民、偏远地区治理能力密切相关。加拿大联邦政府决定在五年内投资 4480 万加元，用于建立 12 个新的庇护所[③]，

① "Who Wins (and Who Doesn't) from the New Middle Class Tax Cut? Behind the Numbers", http://behindthenumbers.ca/2019/10/31/who-wins-and-who-doesnt-from-the-new-middle-class-tax-cut/，检索日期：2020 年 5 月 22 日。

② "81% of Middle-class Families Pay Higher Income Taxes Due to Trudeau Government Changes", Fraser Institute, https://www.fraserinstitute.org/blogs/81-of-middle-class-families-pay-higher-income-taxes-due-to-trudeau-government-changes，检索日期：2020 年 5 月 22 日。

③ 12 个庇护所包括在第一民族社区建立的 10 个庇护所，以及在保留地内建立的 2 个庇护所。其中第一民族社区中的 10 个新庇护所由加拿大抵押和住房公司的住房改善计划资助，而保留地内的 2 个庇护所由国家住房共同投资基金资助。这两个资助方案均可为建设方提供贷款，最高为建设总成本的 100%。

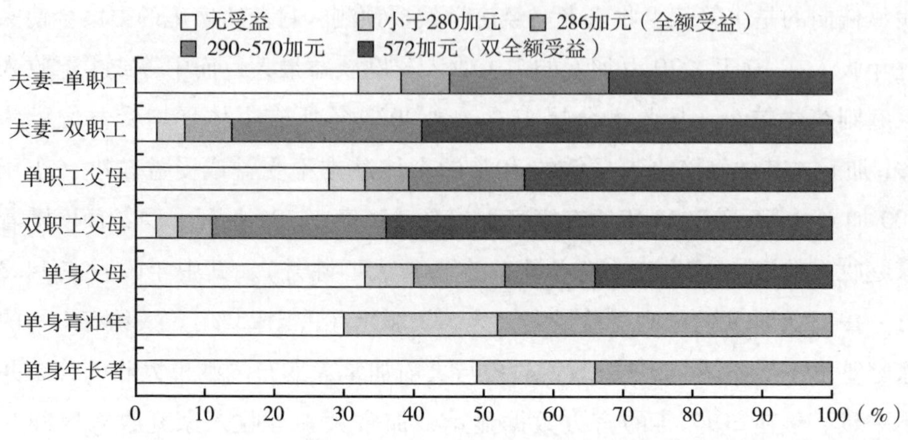

图5　2023年基础收入增加政策受益预估（根据家庭形式）

数据来源：根据加拿大税收模型软件预测（SPSDM27.1）。

这将有助于保护和支持遭受暴力和逃离暴力侵害的原住民妇女和女童，以支持原住民妇女和儿童。政府还将提供4080万加元，以支持这些新庇护所在头五年内的运营成本，此外每年还将提供1020万加元。与此同时，从2020年开始，每年将继续拨款100万加元，以支持由社区领导的包括梅蒂斯妇女、儿童等在内的暴力预防项目。截至2020年3月，《家庭暴力预防方案》为由46个保留地和育空地区妇女和儿童收容所组成的网络提供运营资金，这些收容所为逃离暴力的妇女和儿童提供了庇护所和相关支援服务。额外的投资将使计划资助的庇护所数量达到58个。由此可见，加拿大政府试图通过提供经济援助和庇护所援助的方式来解决特殊群体遭受的暴力问题。

第三，潜在的并在发酵的种族主义问题。在2019年的联邦大选中，有诸多专家提出种族主义可能成为加拿大的社会问题，例如总理特鲁多被曝出涂黑脸的照片。选举期间，民调公司益普索（Ipsos）公布，约47%加拿大受调查者认为种族主义是一个严重的问题。2020年发生的两个突发事件无疑扩大了种族主义危机。一是新冠疫情所引发的针对亚裔的种族歧视，尤其是在疫情开始阶段，加拿大居民认为与亚裔的接触和交往并不安全，甚至将对疫情的恐惧发泄到部分亚裔群体身上；二是2020年5月发生在美国明尼苏达州明尼阿波利斯市美国非裔黑人弗洛伊德（George Floyd）被警察压颈窒息身亡事件引发了美国全国范围内的抗议示威活动，其后5月28日下午加拿大黑人妇女雷吉斯（Regis Korchinski - Paquet）在与警察交涉中因坠落而死亡，这一事件激发了加拿大的反种族主义示威游行活动，5月30日在“不要再夺去另一个黑人生命”（Not another Black Life）组织下，多伦多约有4000人参与游行集会。虽然加拿大一直以来均被认为是多元文化、多种族和谐相处的典范，但这一系列种族事件无疑指向加拿大社会面临的日益严重的种族危机，而这也与近年来加拿大不断加深的贫富分化等深层次经济社会危机紧密相连。

专题报告

Special Reports

B.6
加拿大高等教育与中加高等教育合作

李树英　魏 航*

摘　要： 加拿大高等教育品质排名处于世界前列，吸引多国留学生前往就读。加拿大优质的高等教育与联邦政府对教育的重视程度、各省及地区完善的教育体制、高占比的教育经费投入、注重提高教育国际化水平等因素有关。中加高等教育的多方面合作与加拿大高等教育备受中国留学生青睐，显示出两国教育发展的良好态势。中加两国密切的高等教育合作交流也为中国发展高等教育提供了经验借鉴。突如其来的新冠疫情对高等教育及其国际化的影响，可能推动线上课堂及远程国

* 李树英，博士，澳门城市大学协理副校长，研究方向：高等教育学；魏航，硕士，澳门城市大学全球交流处美加澳项目统筹，研究方向：国际教育。

际交流成为教学的新渠道和手段。

关键词： 加拿大 高等教育 中加合作 新冠疫情 远程交流

加拿大优质的高等教育多年来广受世界关注，吸引了全球各地留学生前往就读，是世界最受欢迎的留学国家之一。① 截至2019年，加拿大25~34岁受过高等教育的人口占比高达63%，比经济合作与发展组织（The Organization for Economic Co－operation and Development，OECD）成员国45%的平均水平高出18个百分点。② 加拿大较高的受高等教育人口比例及不断攀升的留学生人数比例，与其政府对教育的重视程度、各省及地区完善的教育体制、高额的教育经费投入、注重提高教育国际化水平等因素密切相关。

一 加拿大高等教育概况

1. 加拿大教育行政制度及分权管理

由于加拿大地域辽阔，各省及地区之间经济、社会、教育发展水平参差不齐，加拿大联邦政府不设统一管理全国教育事务的教育部门，而由各省及地区的教育部门根据自身发展状况建立相对独立的教育体制，制定并实施相应的教育政策。加拿大共有13个行政区域，其中包括10个省与3个地区。各省及地区负责高等教育的部门如表1所示。

① “Association of Universities and Colleges of Canada”，Studying in Canada，https：//studying－in－canada.org/association－of－universities－and－colleges－of－canada/，检索日期：2020年4月20日。

② OECD Education GPS，“Canada Overview of the Education System”，The Organization of Economic Co－operation and Development，2019，https：//gpseducation.oecd.org/CountryProfile?plotter=h5&primaryCountry=CAN&treshold=5&topic=EO，检索日期：2019年11月5日。

表 1　加拿大各省及地区高等教育负责部门

加拿大省份及地区	各省及地区高等教育负责部门
艾伯塔省(AB)	Alberta Ministry of Advanced Education
不列颠哥伦比亚省(BC)	British Columbia Ministry of Advanced Education, Skills & Training
马尼托巴省(MB)	Manitoba Department of Education and Training
新不伦瑞克省(NB)	New Brunswick Department of Post – Secondary Education, Training and Labour
纽芬兰 – 拉布拉多省(NL)	Newfoundland & Labrador Department of Advanced Education, Skills and Labour
西北地区(NT)	Northwest Territories Department of Education, Culture and Employment
新斯科舍省(NS)	Nova Scotia Department of Labour and Advanced Education
努纳武特地区(NU)	Nunavut Department of Education
安大略省(ON)	Ontario Ministry of Colleges and Universities
爱德华王子岛省(PE)	Prince Edward Island Department of Education and Lifelong Learning
魁北克省(QC)	Ministry of Education and Higher Education / Ministère de l'Éducation, de l'Enseignement supérieur
萨斯喀彻温省(SK)	Saskatchewan Ministry of Advanced Education
育空地区(YK)	Yukon Department of Education

资料来源：Government of Canada, https://www.canada.ca/en/immigration – refugees – citizenship/services/new – immigrants/new – life – canada/enrol – school/post – secondary.html。

加拿大各省及地区虽有相对独立的教育行政制度，独立制定并实施教育政策，但加拿大教育部长理事会（Council of Ministers of Education Canada, CMEC）出台的教育政策也对各省及地区教育产生一定的影响。加拿大教育部长理事会属于政府间机构，由各省及地区教育部门于 1967 年共同成立，主要职责包括但不限于：第一，提供教育政策讨论平台；第二，提供基于共同利益之上的开展项目及活动与提出倡议的机制，协调各省及地区之间的教育交流与合作事务；第三，作为与国家教育组织及联邦政府协商及合作的渠道；第四，代表各省及地区的国际教育利益；第五，支持教育相关数据的研究工作，为各省及地区提供与教育相关的研究数据和教育咨询服务。①

① "What is CMEC?" and "What Does CMEC Do?", Council of Ministers of Education, Canada, https://www.cmec.ca/11/About_ Us.html，检索日期：2019 年 11 月 12 日。

加拿大联邦与各省及地区教育行政不存在隶属关系，而是具有分权管理的特点。第一，各省及地区教育部门分管教育事务，包括各自的教育财政、教育政策、教育措施、教育素质保障等管理工作。第二，各省及地区立法机关具有制定地方教育法律的权力，包括制定学校行政人员的选举法规、办学及教学标准等。第三，各省及地区教育部门有职责制订教育工作计划，开展教育监督、评估和研究活动等。①

加拿大各省及地区相对独立的教育行政制度及分权管理的特点，赋予了各省及地区教育的高度自治权。各省及地区高等教育部门因地制宜，根据地方财政政策、经济需求、教育发展程度等，灵活分配各自的教育资源及经费，同时配合联邦政府及教育部长理事会的建议指导，设计符合当地经济社会发展重点的学科建设、教学内容、学科应用等，最大限度地优化教育资源配置。

2. 加拿大教育体制

联邦与各省及地区在教育行政上相对独立的关系，赋予各省及地区较大的教育自治权，各省及地区的学制也各有特色。加拿大各省或地区总体上遵循中小学 12 年学制，但不同省份及地区的中小学学制有稍微的区别，与初等教育系统相互关联的职业教育系统、成人教育系统、高等教育系统也有各自的特色。其中，艾伯塔省、不列颠哥伦比亚省、马尼托巴省、新不伦瑞克省（法语）、新斯科舍省、纽芬兰－拉布拉多省、西北地区、努纳武特地区、安大略省、育空地区实行相同的基础普通学制，分为初等教育与中等教育；新不伦瑞克省（英语）、爱德华王子岛省、萨斯喀彻温省三省则分为小学、初中、高中三个等级；魁北克省分为初等教育与中等教育，但中等教育采用五年制。

加拿大中等教育后的学制基本包括 1～4 年职业技术课程、大学预备课程、3～4 年大学学士学位及大专院校学位课程、1～3 年硕士学位课程及 3 年或以上的博士学位课程。加拿大各省及地区学制系统基本结构如图 1 所示。

① 冯增俊、陈时见、项贤明：《当代比较教育学》第十章，人民教育出版社，2015，第 235～236 页。

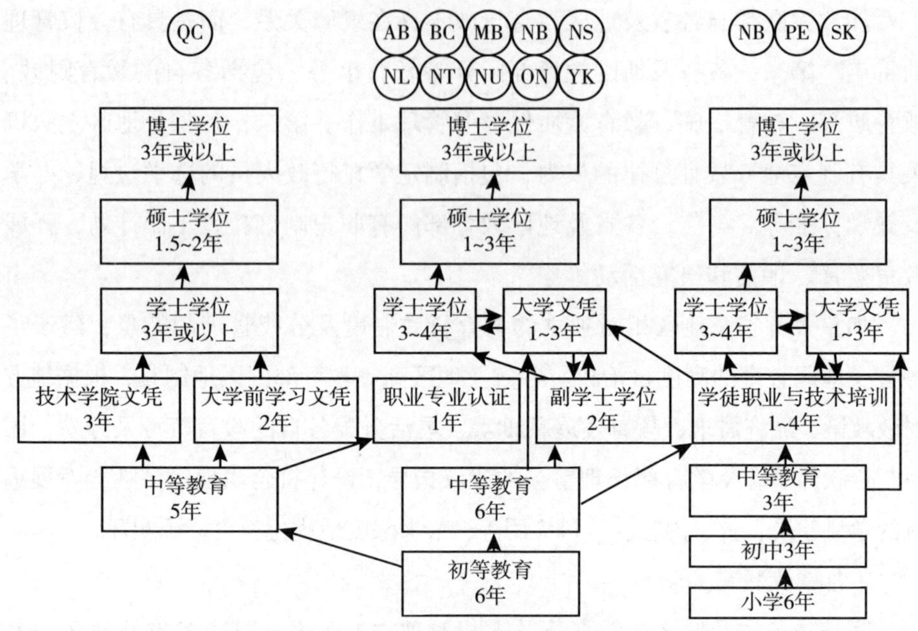

图1　加拿大各省及地区教育体系

资料来源：Canadian Information Centre for International Credential，https：//www. cicic. ca/1129/provinces_ and_ territories_ of_ canada. canada。

加拿大的高等教育机构主要分为两大类：一类是学位授予机构（Degree－Granting Institutions），另一类是非学位授予机构（Non-granting Institutions）。各省及地区的学位授予机构种类也不尽相同，大致包括：大学（Universities）、大学学院（University Colleges）、学院（Colleges）、技术学院（Institutes of Technology）、专业机构（Specialized Institutes）。加拿大学位授予的高等教育机构着重教学与研究，大学提供学士、硕士、博士三个连续等级的学位。大学学院则侧重于学士学位课程，少数大学学院提供应用类的硕士学位；部分公立和私立大学或大学学院有宗教教派的附属机构，提供神学相关课程及学位。非学位授予的高等教育机构主要分为公立学院及经注册拿到许可的私立机构，教学更偏向文凭及证书课程，也可以提供学位或联合文凭及学位课程。取决于所在省或地区的名称规定，公立非学位授予机构被称作学院（Colleges）、地区学院（Regional Colleges）、中心（Centers）、应用文理学院（Colleges of Applied Arts and Technology）、社区学院（Community Colleges）、机构（Institutes）或普通教育和职业教育学院（GEGEPs），私立的非学位授予机构被称为学院（Colleges）、机构（Institutes）、职业培训机构（Career Training Institutes）、职业学校（Vocational Schools）或院校（Academies）。私立的非学位授予机构必须遵循所在省及地区的法定注册或许可程序才可以合法运营。加拿大高等教育机构类别如表 2 所示。

依据加拿大教育政策展望[①]可以看出，加拿大非常重视中等教育后对于学生技能及就业能力的培养，根据不同省份及地区的规定，加拿大学生有义务完成 4 ~6 年的中学后教育（Post-secondary）。职业教育与培训（Vocational Education and Training，VET）主要在公立或私立技术和职业机构或学院开设中学后程度的教育课程，学徒制度也在加拿大中学后教育体系中扮演了重要角色，两者功能互补，为学生提供充足的职业培训。加拿大政府与各省及地区合作推广学徒制度，在 2014 年推出全新的学徒贷款，为学徒提供高达每期技术培训 4000 加元的零利息贷款，旨在帮助学生顺利完成学徒培训，毕业后能够更快掌握工作所需技能，找到合适的工作。

表 2　加拿大高等教育机构类别

机构名称		公立/私立	是否认可	授予资质	政府经费资助
学位授予机构	大学/大学学院/学院/技术学院/专业机构	公立	认可	学位/文凭/证书	是
	大学	私立	认可	学位	部分接受政府经费资助
	大学学院/学院/机构	私立	不认可	文凭/证书	部分接受政府经费资助

① “Education Policy Outlook Canada”, The Organization of Economic Co – operation and Development, January 2015, http://www.oecd.org/education/EDUCATION%20POLICY%20OUTLOOK%20CANADA.pdf，检索日期：2019 年 10 月 23 日。

续表

机构名称		公立/私立	是否认可	授予资质	政府经费资助
非学位授予机构	学院/社区学院/应用文理学院/地区学院/中心/机构/普通和职业教育学院	公立	认可	文凭/证书/证明文件(Attestations)	是
	学院/院校/机构/职业培训机构/职业学校/	私立	认可/未认可的许可/未认可的注册/未许可/未注册	文凭/证书	否

资料来源：https：//www.canadaeducation.info/higher – education/types – of – institutions – in – canada.html。

3. 加拿大高等教育经费

加拿大极为重视对高等教育的投入，包括学生资助、学生贷款、支持办学、提升教学质量等。加拿大大部分省及地区对公立学校及私立学校有提供资金支持，小部分省或地区财政仅为公立学校提供经费资助。① 公立大学（Public Universities）在招生、学位要求、课程设置等方面有较大程度的自治权，而政府也可参与公立学院（Public Colleges）的招生政策制定、课程审批、课程设置等工作。

加拿大非常重视教育，对教育经费的投入非常高，高于经济合作与发展组织成员国的平均水平。2017 年加拿大为每位学生平均支出 14428

① “Education Policy Outlook Canada”, The Organization of Economic Co – operation and Development, January 2015, http：//www.oecd.org/education/EDUCATION%20POLICY%20OUTLOOK%20CANADA.pdf，检索日期：2019 年 12 月 10 日。

加元用于基础至高等教育，比经济合作与发展组织成员国平均 11231 加元的支出水平要高出 3197 加元。在经济合作与发展组织成员国中排名第二。①

各省及地区政府与联邦政府共同为高等教育提供相应的资金支持。联邦政府通过非直接资助、转账至各省及地区的方式进行资助，各省及地区政府可以结合两方面的资金对高等教育发展给予支持。2016～2017 年度，加拿大公共及私人对于教育机构支出占国内生产总值的 6.2%，其中 3.6% 用于初等教育与中等教育，2.6% 用于中学后教育，高于经合组织 4.4% 的平均水平。经合组织、加拿大、加拿大各省及地区公共及私人对于教育机构支出与国内生产总值的比值如表 3 所示。

表 3　2016～2017 年度加拿大公共及私人教育机构支出占国内生产总值比例

单位：%

	初等与中等教育	后中等教育			所有教育等级总占比（包含未普及课程）
		小计	短期高等教育（学院）与中等教育后非高等教育	学士、硕士、博士或同等水平教育	
经济合作与发展组织	3.2	1.2	0.1	1.1	4.4
加拿大	3.6	2.6	0.9	1.7	6.2
纽芬兰－拉布拉多省	3.0	2.5	0.7	1.8	5.5
爱德华王子岛省	3.8	3.4	1.5	1.9	7.2
新斯科舍省	4.0	3.9	0.9	8.0	7.9
新不伦瑞克省	3.9	2.7	0.9	1.8	6.6
魁北克省	3.7	2.6	1.0	1.6	6.3
安大略省	3.7	2.8	1.0	1.8	6.5
马尼托巴省	4.7	2.5	0.8	1.7	7.2
萨斯喀彻温省	4.1	2.4	0.8	1.6	6.5

① "Education Policy Outlook Canada", The Organization of Economic Co－operation and Development, January 2015, http://www.oecd.org/education/EDUCATION%20POLICY%20OUTLOOK%20CANADA.pdf，检索日期：2020 年 4 月 20 日。

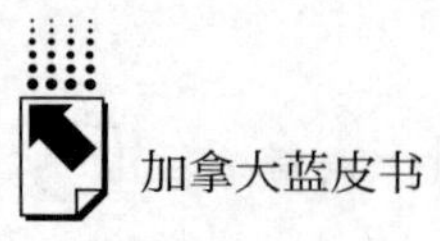

续表

	初等与中等教育	后中等教育			所有教育等级总占比（包含未普及课程）
		小计	短期高等教育（学院）与中等教育后非高等教育	学士、硕士、博士或同等水平教育	
艾伯塔省	3.3	2.2	0.9	1.3	5.5
不列颠哥伦比亚省	2.6	2.7	1.0	1.7	5.3
育空地区	5.8	2.1	2.1	—	7.9
西北地区	4.8	1.4	1.4	—	6.2
努纳武特地区	5.8	2.5	2.5	—	8.3

资料来源：Education Indicators in Canada：An International Perspective 2019，https：//www150.statcan.gc.ca/n1/en/pub/81 - 604 - x/81 - 604 - x2019001 - eng.pdf? st = zV0Q234T。

最近40年加拿大大学收入来源及变化数据显示（见图2），除20世纪90年代及2008～2016年因政府总收入下滑、总开支削减、经济衰退政府经费稍有下滑外，加拿大大学收入来源中的政府经费部分总体呈上升态势，1980～1990年呈现一定幅度的增长，而1998～2009年呈现大幅度增长，2016～2018年呈平缓增长。

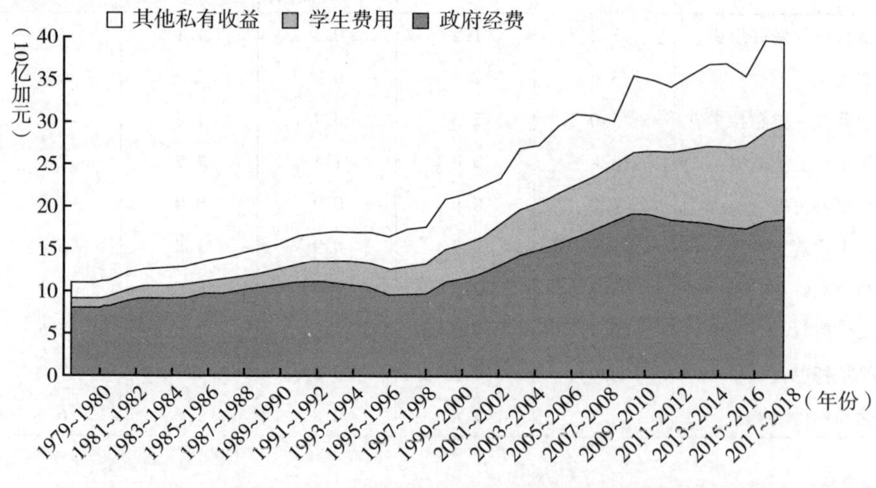

图2　1979～2018年加拿大大学总收入来源

资料来源：The State of Post - Secondary Education in Canada 2019，http：//www.higheredstrategy.com。

再以教育资源最为丰富的省份之一安大略省为例，2016～2017 年度教育经费为 229 亿加元，用于全省学校运作、学生补助、改善教学设备等项目，拨款比 2015～2016 年度增加了近 3 亿加元。[①] 2018 年，安大略省重申教育经费预算为 290 亿加元，2018～2019 年度实际教育支出为 287 亿加元，比 2017～2018 年度实际支出上涨了 14 亿加元。安大略省对于高等教育与培训的实际支出也有所增加，从 2017～2018 年度的 111 亿加元提升至 2018～2019 年度的 119 亿加元。[②] 虽然安大略省教育经费有所上涨，但是有不少新闻报道称教育水平并没有因此提高，部分学校或项目经费不升反降，并由此导致教师名额与课程数量的减少[③]，这可能与通货膨胀有关。安大略省 2017～2019年度教育预算与支出如表 4 所示。

表 4　2017～2019 年度加拿大安大略省教育预算和支出

单位：亿加元

支出项目	2018 年预算	2018～2019 年度实际支出	2017～2018 年度实际支出
教育	290	287	273
儿童与社会服务	179	172	164
高等教育与培训	118	119	111

资料来源：http：//www. canadaae. net/zhonghenews/32996. html。

总体来说，加拿大对于教育的经费投入呈现增长态势，而且各方面经费的预算支出与使用报告都非常透明，教育经费的使用基本上满足了社会发展及大多数公民及家庭的需求。

---

① 多伦多资深留学顾问邹庆：《安大略省 2016～2017 年度教育经费 229 亿加元，比上年增加 3 亿加元》，加拿大院校规划申请中心，2016 年 3 月 27 日，http：//www. canadaae. net/zhonghenews/3725. html，检索日期：2019 年 10 月 19 日。

② 多伦多资深留学顾问邹庆：《数据说话：安省教育经费到底是砍了还是增了》，加拿大院校规划申请中心，2019 年 9 月 26 日，http：//www. canadaae. net/zhonghenews/32996. html，检索日期：2020 年 1 月 28 日。

③ 《凉凉！安省削减教育经费后，这些要毕业的高中生都很恐慌》，2019 年 4 月 28 日，加拿大院校规划申请中心，http：//www. canadaae. net/gaozhongnews/29291. html，检索日期：2019 年 8 月 16 日。

二 加拿大高等教育国际化

“教育国际化”与“全球化”密切相关，但与“全球化”概念不同。“全球化”是人类社会发展的现象过程，是不以人的主观意志为转移的事实描述。“教育国际化”是为应对“全球化”趋势而做出的有目的、有计划的政策导向或实践措施①，主要内容包括：第一，教育观念国际化，即从全球的视角看待教育改革与发展的问题；第二，教育目标的国际化，从思想上培养学生全球相互依存的意识，增进对于不同文化的相互理解与包容，从全人类角度出发判断正误，从能力上培养学生在国际社会环境中工作所需的知识与技能，如掌握第二外语、了解世界历史、认知可持续发展观等；第三，课程学科国际化，课程增设提高学生认识、分析、解决国际问题能力的教学内容，如环境污染、人口问题、国际法、国际政治、外语或双语教学等；第四，教育交流国际化，包括教学机构教学人员（教师与学生）、科研人员、管理人员的国际交流与互动合作。②

2016 年，加拿大教育部长理事会第 105 次会议中明确提出了着重培养学生的全球能力素养的六大目标：第一，批判性思维与解决问题的能力；第二，创新能力与企业家精神；第三，培养学生学习的能力，提高自我认知、自我反思、自我导向的能力；第四，提升团队协作的能力；第五，顺应科技发展，善于运用多种媒体方式进行沟通，在不同背景、环境下保持良好的信息接收与输出；第六，培养全球公民意识与提升可持续发展的能力，关注并积极解决危及生存的全球生态、社会、经济等问题。③

---

① 冯增俊、陈时见、项贤明：《当代比较教育学》第十章，人民教育出版社，2015，第 129 页。

② 冯增俊、陈时见、项贤明：《当代比较教育学》第十章，人民教育出版社，2015，第 134 页。

③ “Pan - Canadian Systems - Level Framework on Global Competencies”, Council of Ministers of Education, Canada, January 2020, https://www.cmec.ca/Publications/Lists/Publications/Attachments/403/Pan - Canadian%20Systems - Level%20Framework%20on%20Global%20Competencies_EN.pdf，检索日期：2020 年 2 月 18 日。

加拿大各省及地区为响应教育部长理事会提出的六大全球能力培养目标，相继采取了研究、政策执行、教学课程改革等实施举措。2016年，安大略省发表了一篇讨论文件《定义21世纪的能力》，旨在提供焦点讨论，吸引各政府部门和教育、政策与研究专家们，提供帮助学生发展21世纪所需能力的建议；魁北克省从21世纪初期致力于提升全球能力的教育体系改革，并将改革计划纳入魁北克省教育项目（Quebec Education Program，QEP），同时配套出台全方位的政策支持将全球能力培养融合至各等级教育课程中。纽芬兰-拉布拉多省目前仍处于教育体系转型的初期阶段，2017年7月该省根据总理特别工作组提出的关于提升教育产出的建议，于2018年6月出台了教育行动方案，相关课程改革融入了帮助学生心理、生理健康全面发展的内容，同时加强社会科学学科的教学。①

加拿大官方语言为英语与法语，除魁北克省外其他各省及地区的官方语言以英语为主，但以英语为官方语言的各省及地区也非常注重双语及少数民族的语言教育。自1970年起，联邦政府已为各省及地区提供补充财政支持法语或英语作为第二语言的教育工作。以艾伯塔省为例，加拿大政府总计划预算投入约1400万加元发展艾伯塔省的官方语言社区计划、少数民族语言教育、官方语言提升计划、第二语言学习。② 艾伯塔省教育部门及高等教育部门非常重视对于学生双语能力的培养，从幼儿园到高等教育都持续体现了双语的教学特色。法语教育更是艾伯塔省高等教育中的重要部分，目前法语

① "Pan - Canadian Systems - Level Framework on Global Competencies", Council of Ministers of Education, Canada, January 2020, https://www.cmec.ca/Publications/Lists/Publications/Attachments/403/Pan - Canadian% 20Systems - Level% 20Framework% 20on% 20Global% 20Competencies_ EN.pdf，检索日期：2020年2月18日。

② "Canada - Alberta Agreement on Minority - Language Education and Second - Language Instruction 2019 - 2020", Alberta Open Government Portal 2020, https://open.alberta.ca/dataset/5e5668e0 - 2404 - 4886 - b603 - be3232988e7c/resource/f10a4c78 - b844 - 4657 - 8208 - bbc10d17f6d9/download/edc - ae - agreement - minority - language - second - language - instruction - 2019 - 2020 - amending.pdf，检索日期：2020年3月12日。

课程已在省内6所公立大学、2所私立学院、6所私立大学中展开教学。[①] 2013~2019年，加拿大-艾伯塔官方语言教育协议计划成员艾伯塔大学（University of Alberta）、卡尔加里大学（University of Calgary）、莱斯布里奇大学（University of Lethbridge）、大草原区学院（Grande Prairie Regional College）这4所大学学院，已有接近两万名学生参加了法语对话课程（初级、中级、高级）、法语相关专业（主修或副修）或其他用法语教授的学位学分课程（如历史、经济、哲学）。[②]

加拿大各省及地区也鼓励师生出国留学体验世界不同地区的文化或吸引外国师生来访交流。有机会获取加拿大国际奖学金[③]的项目主要有四大类：学生或博士后研究者外出学习奖学金、教职人员或研究员外出研究奖学金、学术机构邀请学生或者博士后的经费、专业人员研究与职业发展经费。奖学金项目主要包括：加拿大—中国学者交换项目（Canada-China Scholars' Exchange Program）、英联邦奖学金计划—印度（Commonwealth Scholarship Plan-India）、英联邦奖学金计划—新西兰（Commonwealth Scholarship Plan-New Zealand）、教职人员流动项目（Faculty Mobility Program）、外国政府奖学金—韩国（Foreign Government Awards-Korea）等。[④] 再以艾伯塔省为例，

① "Canada – Alberta Agreement on Minority – Language Education and Second – Language Instruction 2019 – 2020", Alberta Open Government Portal 2020, https://open.alberta.ca/dataset/5e5668e0 – 2404 – 4886 – b603 – be3232988e7c/resource/f10a4c78 – b844 – 4657 – 8208 – bbc10d17f6d9/download/edc – ae – agreement – minority – language – second – language – instruction – 2019 – 2020 – amending.pdf，检索日期：2020年3月12日。

② "Canada-Alberta Agreement on Minority-Language Education and Second-Language Instruction 2019 – 2020", Alberta Open Government Portal 2020, https://open.alberta.ca/dataset/5e5668e0 – 2404 – 4886 – b603 – be3232988e7c/resource/f10a4c78 – b844 – 4657 – 8208 – bbc10d17f6d9/download/edc – ae – agreement – minority – language – second – language – instruction – 2019 – 2020 – amending.pdf，检索日期：2020年3月12日。

③ "International Scholarship Opportunities for Canadians", EduCanada, https://www.educanada.ca/scholarships – bourses/can/index.aspx? lang = eng，检索日期：2020年1月29日。

④ "International Scholarship Opportunities for Canadians-Featured Scholarships", EduCanada, https://www.educanada.ca/scholarships – bourses/can/index.aspx? lang = eng，检索日期：2020年2月26日。

艾伯塔省校园国际学习助学金（Campus Alberta Grant for International Learning）每年资助教师及学生出国体验学习，其每年资助部分旅行费用的人数达500名，申请者可以通过各自学校的国际办公室提出申请。[①] 加拿大联邦政府与各省及地区政府对于加拿大高等院校师生外出学习交流及外国师生来访交流提供多种类奖学金支持，体现了其对高等教育国际化以及师生国际流动性的推动及主导。

尽管加拿大各级政府对于师生国际流动交流提供政策及资金支持，但与欧洲的 Erasmus + 国际师生流动资助项目相比则略显范围狭隘，且资助师生来访加拿大交流的奖学金数量及种类较少。欧洲 Erasmus + 国际师生流动资助项目对于每所符合资格的欧洲高等院校奖学金申请审核都有非常规范严格的流程，且欧盟审批也十分注意地区的平衡性。如某校上年成功为某国家或地区的合作院校师生交流项目申请了交流项目奖学金，那么今年该国家或地区合作院校再次获得奖学金资助的概率就相对较低，如此一来就能保持师生交流的国家或地区更加多样，而避免了集中在某几个国家或地区的教育文化交流；再者，Erasmus + 国际师生流动资助项目对于高等院校的教学人员、学生、行政人员均分配资助名额，其他国家或地区到访欧洲交流的名额也非常多，而不仅仅是相对狭隘地限于某一个国家或地区的师生群体。相较欧洲而言，加拿大与美国、澳大利亚同为最受欢迎的移民国家，当地的公民或永久居民的国际化程度本身较高，其高等教育国际化环境有着非常明显的优势；也就是说，在加拿大就读的学生，即使不通过学生国际交流项目也可在当地享有优质的国际化教育资源，包括教师及学生的多元文化背景、复杂的社会组成等。

---

① "International Programs for Post-secondary Educators", Alberta Open Government Portal, https://www.alberta.ca/international - programs - for - post - secondary - educators.aspx，检索日期：2020 年 2 月 13 日。

三　中加高等教育合作交流

1. 加拿大留学生情况

根据加拿大移民时事通讯报道数据，2019 年加拿大的国际学生总人数达 642000 人，国际学生人数排名世界第三，仅次于美国与澳大利亚。①2000～2019 年加拿大学习许可签证持有者人数情况如图 3 所示。

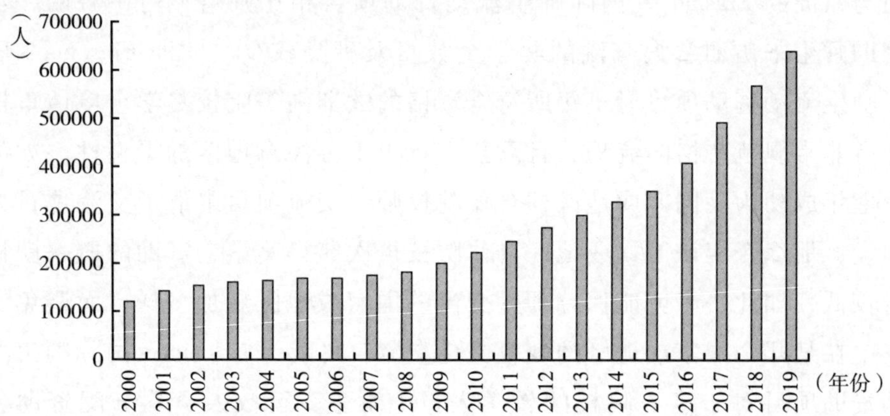

图 3　2000～2019 年加拿大学习许可签证持有者人数

资料来源：https：//www. cicnews. com/2020/02/642000 – international – students – canada – now – ranks – 3rd – globally – in – foreign – student – attraction – 0213763. html#gs. 9h50y6f。

2019 年加拿大国际学生来源排名前五的国家分别为：印度（219855 人）、中国（141400 人）、韩国（24180 人）、法国（24045 人）、越南（21595 人）。但从增长率层面看，2014～2017 年，加拿大国际学生增长率最高的生源国分别为印度（227%）、越南（200%）、菲律宾（120%）、土

① Karecm EI – Assal，“642，000 International Students：Canada Now Ranks 3rd Globally in Foreign Student Attraction”，CIC News – Canada Immigration Newsletter，February 2020，https：//www. cicnews. com/2020/02/642000 – international – students – canada – now – ranks – 3rd – globally – in – foreign – student – attraction – 0213763. html#gs. 9h50y6，检索日期：2020 年 3 月 2 日。

耳其（102%），而加拿大的中国留学生人数增长率仅为32%。2015～2019年加拿大国际学生占比前10的生源国留学生人数情况如表5所示。

表5　2015～2019年加拿大排名前10的生源国的国际学生数量

单位：人

	2015年	2016年	2017年	2018年	2019年
印度	48765	76095	123190	171730	219855
中国	117840	131085	139610	141995	141400
韩国	19790	21205	22940	24070	24180
法国	20205	20705	21845	22540	24045
越南	4850	7435	13905	20185	21595
美国	12130	12695	13745	14440	15015
伊朗	4505	5115	7310	10535	14745
巴西	7450	9315	11795	13770	14560
尼日利亚	9920	10630	10785	11190	11985
墨西哥	5165	5990	6900	7805	8710
总人数	352365	410690	491135	568130	642480

资料来源：https：//www. cicnews. com/2020/02/642000 – international – students – canada – now – ranks – 3rd – globally – in – foreign – student – attraction – 0213763. html#gs. 9h50y6f。

加拿大各省及地区的国际学生人数分布非常不均。2019年，安大略省吸引前来就读的国际学生人数接近307000人，占比约达48%；不列颠哥伦比亚省国际学生人数约145000人，排名第二，占比约23%；魁北克省国际学生人数约87000人，排名第三，占比约14%。[①] 由此可见，加拿大不同省份之间国际学生数量有着较大差距，经济水平发展较高、教育资源较为丰富、名校较多的几大省份，如安大略省、不列颠哥伦比亚省、魁北克省、艾伯塔省的国际学生人数明显多于其他各省及地区。因此，加快发展地方性小区域的教育，

① Kareem EI – Assal，“642，000 International Students：Canada Now Ranks 3rd Globally in Foreign Student Attraction”，CIC News – Canada Immigration Newsletter，February 2020，https：//www. cicnews. com/2020/02/642000 – international – students – canada – now – ranks – 3rd – globally – in – foreign – student – attraction – 0213763. html#gs. 9h50y6，检索日期：2020年3月2日。

缩小教育资源的地区差异，也是加拿大教育国际战略提出的目标建议之一。①2015～2019年，加拿大各省及地区国际学生人数分布如表6所示。

表6 2015～2019年加拿大各省及地区国际学生人数分布

单位：人

	2015年	2016年	2017年	2018年	2019年
纽芬兰－拉布拉多	2675	3215	3665	4090	4690
爱德华王子岛	1440	1965	2475	3215	3815
新斯科舍	10460	11795	13350	16170	18640
新不伦瑞克	4170	4445	4800	5800	6905
魁北克	50040	54735	61325	69965	87280
安大略	152105	186345	236265	275690	306735
马尼托巴	10020	12825	15995	18580	19385
萨斯喀彻温	5855	7035	7950	9430	10840
艾伯塔	19710	23410	26110	29690	32990
不列颠哥伦比亚	95790	104675	118760	133445	144675
西北地区	25	30	30	40	35
育空地区	35	65	220	230	270
未列入省/地区	40	150	195	1780	6200
总计	352365	410690	491140	568125	642460

资料来源：https：//www. cicnews. com/2020/02/642000 － international － students － canada － now － ranks －3rd － globally － in － foreign － student － attraction －0213763. html#gs. 9h50y6f。

加拿大吸引了大量国际学生，除了与加拿大政府对于国际教育的大力推动与宣传有关之外，还与其内部及外部的主客观因素有关。根据2019年QS世界大学排名数据，加拿大著名高等院校的数量优势明显，有3所大学排名世界前100位，18所大学排名世界前500位。② 加拿大旅游业与教育统计中心数据显

① Trade and Corporate Evaluation Division (PRE), "Evaluation of Canada's International Education Strategy", Global Affairs Canada, February 2019, https：//www. international. gc. ca/gac － amc/assets/pdfs/publications/evaluation/2019/2019 － evaluation － education － eng. pdf，检索日期：2020年4月5日。

② "QS World University Rankings 2019", QS Top Universities, https：//www. topuniversities. com/university － rankings/world － university － rankings/2019，检索日期：2020年2月19日。

示，在加拿大接受高等教育的国际学生中，超过50%的国际学生修读学士学位课程或同等级别的课程，加拿大每一个省份及地区修读学士学位的国际学生占比都是最高的。① 在加拿大修读博士或者同等级别课程的国际学生占总博士生人数的34%，高于OECD成员国国际学生占总博士生人数的比例（22%）。②

自2014年1月加拿大发起国际教育战略（International Education Strategy），该实施计划已在2014～2015年度被高效启动，2016年国际学生人数增长率从2015年的7%迅速拉升至17%，2017年国际学生人数增长率比2016年增加了3个百分点，国际学生人数高达491140人。

另外，虽然加拿大对于国际学生收取的课程费用比加拿大公民或永久居民要高出许多，但相较其他以英语作为教学语言的发达国家来说仍算是费用较低的；更有调查结果显示，62%的调查对象表示加拿大的学习费用较低增加了他们对留学加拿大的兴趣；60%的调查对象认为部分以英语作为官方语言的国家经济下滑和社会政治情况不稳定等外部因素也促使他们对加拿大留学产生更大的好感，而2016年美国总统大选与英国全民公投脱欧是影响他们选择留学非英美的其他国家的两则最重要事件。③

加拿大相对宽松的移民政策也是多国学生选择留学加拿大的原因之一。相比澳大利亚不断提升移民门槛以及特朗普上台后美国不友好的移民政策，近年来加拿大每年都增加移民配额，每年计划接收新移民的人数接近加拿大总人口的1%。2018～2021年加拿大移民配额如表7所示。

---

① Tourism and the Centre for Education Statistics, "Education Indicators in Canada: An International Perspectives 2019", Council of Ministers of Education, Canada, December 2019, https://www150.statcan.gc.ca/n1/en/pub/81-604-x/81-604-x2019001-eng.pdf?st=9yOPJP1I，检索日期：2020年3月19日。

② Tourism and the Centre for Education Statistics, "Education Indicators in Canada: An International Perspectives 2019", Council of Ministers of Education, Canada, December 2019, https://www150.statcan.gc.ca/n1/en/pub/81-604-x/81-604-x2019001-eng.pdf?st=9yOPJP1I，检索日期：2020年3月19日。

③ Trade and Corporate Evaluation Division (PRE), "Evaluation of Canada's International Education Strategy", Global Affairs Canada, February 2019, https://www.international.gc.ca/gac-amc/assets/pdfs/publications/evaluation/2019/2019-evaluation-education-eng.pdf，检索日期：2020年4月5日。

表7　2018～2021年加拿大移民配额

单位：万人

年份	2018年	2019年	2020年	2021年
移民配额	31	33	34	35

资料来源：启德教育，https://www.eic.org.cn/special/ca_policy_plan/?account=GD&medium=lx_pc_baidu_cpc&campaign=GD_CA_A&content=GD_CA_%E7%A7%BB%E6%B0%91_%E6%94%BF%E7%AD%96_2019_A&kwd=2019%E5%B9%B4%E5%8A%A0%E6%8B%BF%E5%A4%A7%E7%A7%BB%E6%B0%91%E6%94%BF%E7%AD%96。

虽然加拿大移民政策对于各国留学生选择留学加拿大有一定的吸引力，但对于刚毕业的人来说，要顺利通过加拿大永久居民资格申请仍存在较大挑战。温哥华岛大学一篇研究报告提到了几点有参考价值的因素：第一，学生毕业后情感与经济支持的相对缺乏；第二，工作经验不足，毕业后比较难在当地找到工作；第三，在读时期缺少相应的职业规划指导及培训，导致国际学生很难在毕业后融入当地实现就业；第四，漫长的永久居民资格申请审批过程；第五，选择去留的弹性与留学生心态的调整变化。①

2. 中加高等教育合作

目前，中加在教育领域有中加学者交换项目（Canada-China Scholars' Exchange Program，CCSEP）、加拿大留学中国项目（Canada Learning Initiative in China，CLIC）等多个教育合作项目。早在1973年，中加两国签署了《中加学者交换项目协议》，9名中国学生留学加拿大，20名加拿大学生留学中国，开启了中加学者交流先河。自该项目实施以来，中加已互派1000多名学者从事学术交流研究。

1983年，中加两国政府签署了加拿大对华发展援助计划，其中教育合作项目包括1983～1996年中加管理教育项目（Canada-China Management Education Program 1983－1996）、1988～1995年中加大学合作项目（Canada－

① Selena L. Martin, "What Are the Barriers and Facilitating that Impact International Students' Transition to Permanent Residency in Canada?" (Master's thesis, Vancouver Island University, 2018), pp. 56－68.

China University Linkage Program 1988 – 1995）、1996 ~ 2001 年中加大学合作巩固项目（University Linkage Consolidation Program 1996 – 2001）和 2002 ~ 2007 年加强中国西部地区基础教育能力项目（Strengthening Capacity in Basic Education in Western China 2002 – 2007）等①，这些项目吸引了加拿大一半以上的大学参与和中国高校的合作，大大推进了中加大学校际交流。

2010 ~ 2014 年，中加分别在两国举办了三届中加教育合作高层磋商会议（High – Level Consultation on Education Collaboration between the Provinces and Territories of Canada and the People's Republic of China），双方就教育领域全面合作达成广泛共识，并通过中加省际和大学间开展了丰富多样的教育合作项目。截至 2013 年，中国教育部先后与加拿大 10 个省的教育部门签订了学历学位互认协议，与魁北克省、艾伯塔省、不列颠哥伦比亚省签订了教育合作交流谅解备忘录，令中加两国高等教育合作得以更顺利开展。

为鼓励更多加拿大学生赴华留学，2015 年 8 月，艾伯塔大学提出倡议，由加拿大研究型大学联盟（Group of Canadian Research Universities）与中国教育部、中国高校合作设立加拿大留学中国项目，由加拿大研究型大学选拔优秀学生到中国留学。2017 年底，中国教育部截至与加拿大全球事务部签署《加拿大留学中国项目合作谅解备忘录》。2019 年，加拿大已有 11 所研究型大学积极响应并参与项目实施，共 860 名加拿大学生赴华留学。该项目将逐渐扩大到其他加拿大研究型大学，进一步拓展中加学生交流和学术合作。② 截至 2019 年，中加大学和机构之间签署了 700 多个合作协议，并建有 64 个本科及以上和 119 个专科中外合作办学机构和项目，数量多且学科种类丰富。

孔子学院中外合作办学的推广也备受中国人民与世界各国人民关注。孔

① 《中国和加拿大教育合作交流情况（2019）》，加拿大留学服务网，2019 年 12 月 11 日，http：//canada. lxgz. org. cn/publish/portal55/tab3729/info141592. htm，检索日期：2020 年 3 月 13 日。

② 《中国和加拿大教育合作交流情况（2019）》，加拿大留学服务网，2019 年 12 月 11 日，http：//canada. lxgz. org. cn/publish/portal55/tab3729/info141592. htm，检索日期：2020 年 3 月 13 日。

子学院增进了世界各国人民对中国语言文化的了解，加强了双边文化交流合作。截至2020年5月20日，全球已有162个国家（地区）设立了541所孔子学院和1170个孔子课堂。其中，美洲27国有孔子学院138所，数量仅次于欧洲，其有孔子课堂560个，数量在各洲排名第一位。但是相较于美国孔子学院81所，加拿大的孔子学院只有12所[①]，且在中加合作开办的孔子学院中，加拿大排名靠前的多伦多大学、麦吉尔大学、不列颠哥伦比亚大学、艾伯塔大学均不在合作办学名列中，由此可见孔子学院在加拿大开展汉语教学、中文文化教育等方面的交流与合作仍有较大的发展空间与潜力。

四 中加高等教育国际交流合作的挑战与机遇

加拿大高等教育已经完成了从精英高等教育（适龄青年中接受高等教育者的比例达15%）、大众高等教育（15%～50%）到普及高等教育（50%以上）的发展阶段[②]，这令加拿大的高等教育在注重横向发展的同时，可以更多侧重教育公平、高效、国际化、多层次的发展，更能从培养全球公民的角度出发，让教育更多地关注全球议题，培养能参与国际事务并发扬本国民族文化的国际化人才。

然而，目前加拿大各省及地区经济社会与教育文化仍存在较大差异性，各省及地区教育资源的不平衡现状应得到联邦政府、教育部长理事会、各省及地区教育部门更多的重视，充分发挥联邦政府与教育部长理事会的高效的协调与服务职能，可持续地利用教育行政独立及分权管理的制度优势，因地制宜解决当地教育发展不平衡的问题。

中国高等教育仍处于大众高等教育阶段，需要投放更多精力在高等教育公平性的提高、专业学科的优化设置、学习方式的转变、教师专业发展的改

---

① 孔子学院网，http://www.hanban.org/confuciousinstitutes/node_10961.htm，检索日期：2020年5月20日。

② 冯增俊、陈时见、项贤明：《当代比较教育学》第十章，人民教育出版社，2015，第376页。

革等方面，加上中国目前东西部地区经济、文化、教育发展不平衡的现状仍然严峻，相信中加高等教育的友好合作与互相帮扶，更有助于中国借鉴加拿大高等教育的成功经验，取长补短。

中加密切友好的教育合作往来，对两国高等院校的学术科研、人才培养、能力建设等有积极的推动作用，并且大大推进了中加大学校际交流及国际化进程。但是，英国、美国、加拿大、澳大利亚等国过度的教育市场化发展，以及各高校相对独立的自治权，存在一定的弊端。在国际师生交流与合作项目方面，相比其他欧洲高等院校即使在交换学生数目不平衡的情况下也更愿意免去交换学生的学费，英、美、加、澳的免费交换学生名额十分有限，这也为高校合作项目的进一步推动带来了困难。

从 2019 年开始，国际地缘政治发生了较大的变化，国家保护主义和反全球化的浪潮愈演愈烈，中加两国的国际教育合作充满了更多的不确定性。2020 年初新冠疫情暴发并蔓延全球，这将对高等教育的国际化产生深远的影响。大学被关闭、课程被取消、国际会议和合作项目被取消、申请出国留学的人数锐减等迹象都表明，在短时间内高等教育的流动性将会急剧下降；长远来看，高等教育的国际化将迎来重构。后疫情社会迫使各国的高等教育管理部门必须重新审视所有的现行政策，中加两国亦是如此。

B.7

2019年加拿大联邦大选与华人参政*

丁　果**

摘　要： 2019年加拿大联邦大选，华人在参选者人数和当选者人数上都创了新高，但华人参政仍存在两个重大的缺陷：一是有参政，却鲜有议政；二是有参选人，却没有高投票率，以致无法发挥出华人参政的关键少数的最佳效果。本报告结合作者20年来在所在地参政的实际经验，将华人参政状况与南亚裔参政状况做比较，揭示了华人参政过程中没有被重视和讨论的"盲点"。

关键词： 加拿大　华人参政　大选　投票率

新冠疫情发生之后，美、加两国都出现了排华和排亚裔的浪潮，甚至出现了暴力攻击的案件。这一方面表明北美地区的种族平等情况还有极大的提升空间；另一方面表明，亚裔尤其是华人在加拿大的"政治权利"仍有待提升。华人在北美社会发生动荡的时候（不管是政治经济危机，还是公共卫生危机），常常会成为"替罪羊"，甚至成为种族主义者攻击的对象。① 这种状况的出现，促使我们再度审视加拿大华人参政的境况，因为加拿大华人参政议政的程度，与加拿大华人地位的提升有着密

* 本报告写作过程中，蒙贾葆蘅女士在查找资料和确认资料来源上提供很大帮助，特此致谢。

** 丁果，博士，加拿大评论家和历史学家，上海师范大学客座教授，研究方向：中加关系。

① Sam Cooper, "United Front Groups in Canada Helped Beijing Stockpile Coronavirus Safety Supplies", Global News, April 30, 2020, https://globalnews.ca/author/sam-cooper/，检索日期：2020年5月17日。

切的关系。

本报告以2019年加拿大联邦大选为例，全面观察和分析加拿大华人及华人参政的现状与未来走向。

一　伯纳比南区补选：华人未发挥关键少数的最佳效果

2019年联邦大选与2015年联邦大选相比有一个显著的不同。2015年，当时执政的保守党总理史蒂芬·哈珀（Stephen Harper）在8月2日面见加拿大总督戴维·约翰斯顿（David Johnston），要求解散国会举行大选，并将大选日定在当年10月19日，整个选举期长达11周，创下联邦历史上最长的选举纪录。自由党候选人贾斯廷·皮埃尔·詹姆斯·特鲁多（Justin Pierre James Trudeau）的支持率在最后两周逆势上扬，最后带领自由党赢得多数席位。与之相比，2019年联邦大选的时间则短得多。特鲁多在9月11日面见加拿大总督，要求解散国会，并于10月21日举行大选，时间跨度不到6周。一般而言，华人对大选的政党、政纲、选区候选人的了解速度要比主流社群慢，这里主要有政党参与程度浅、语言能力不够、对加拿大选举机制不了解等诸多原因。因此，选举过程短对华人的整体参与，尤其是对投票的动员相当不利。但是，2019年联邦大选的酝酿期给予了华人选民一个前所未有的展示机会。

2019年2月，不列颠哥伦比亚省大温哥华地区的伯纳比南部选区进行联邦补选，投票日是25日。从这次补选的预先投票来看，投票率不是很高，因此胜败的关键是25号投票日。对伯纳比南部选区来说，从来没有一次联邦大选像这次补选一样，给予选民一个可能彻底改变联邦政治版图的机会。

毋庸置疑，这个历史机遇是新民主党党魁贾格梅特·辛格（Jagmeet Singh）带来的。加拿大的政治版图主要是由东部决定的，但是，当新民主党党魁辛格从东部转向西部竞选联邦席位的时候，伯纳比南区成为全国关注

的政治焦点。这一选区的选情，某种程度上将决定10月联邦大选的走向。

首先，如果辛格被击败，新民主党或许要更换党魁。从全国政治版图来看，辛格当选党魁后，整个新民主党的支持率是下降的。辛格胜选，无助于提升新民主党的支持率，而辛格率领的新民主党在全国选举的主要票仓魁北克的败选，已经是公开的秘密。特鲁多此次联邦大选的最大胜算，是在魁北克和多伦多全面击败新民主党，接收它的议席，以此超越主要对手保守党，维持政府的席位。换句话说，特鲁多的最大目标是“吸收”新民主党支持者的选票，这是特鲁多第一任期的政策方向偏左的主要理由之一。因此，新民主党党魁在大选前换人，这对特鲁多绝对不是好消息，而对新民主党来说，则可以带来扭转选情的契机，使新民主党继续作为可以左右联邦政坛的第三力量。

其次，在伯纳比南区四党争雄（自由党、保守党、新民主党、人民党）的博弈中，代表自由党的华人李灿明肯定会输。特鲁多本来就是要在伯纳比南区“放水”给辛格，让印裔党魁辛格滞留在联邦政治的“边缘之地”不列颠哥伦比亚省、无法统领东部安大略省和魁北克省这两个主要票仓的新民主党竞选，以争取在东部击败新民主党、弥补自由党因为种种丑闻而可能失去的议员席位。因此，他选择由王小宝——一个根本不懂联邦政治的华人参选。谁知，惯于打族裔牌的特鲁多在王小宝犯了一个小错误之后，马上就逼她退选，[①] 接着又违背初选原则，指定前不列颠哥伦比亚省自由党省议员李灿明出战。李灿明已经在省选中败选，并且放弃参与自由党党内初选，其胜选的可能性显然不大。

再次，在伯纳比南区补选中代表新政党人民党出战的劳拉林·泰勒·汤普森（Laura-Lynn Tyler Thompson），虽然在社区及华人选民中颇有知名度，

---

① Amanda Connolly, “Liberal Candidate Karen Wang Steps Aside After Pointing to Jagmeet Singh's ‘Indian Origin’ on WeChat”, *Global News*, January 16, 2019; Laura Kane, “Ex – Liberal Candidate in Burnaby, B. C., Says Volunteer Wrote Controversial Post”, CTV News, January 17, 2019, https: //www. ctvnews. ca/politics/ex – liberal – candidate – in – burnaby – b – c – says – volunteer – wrote – controversial – post – 1. 4257814，检索日期：2020 年 5 月 17 日。

但人民党的低民意支持率使其上位殊不可能，她能做的就是分散在政治光谱上同属保守阵营的保守党候选人的选票。

最后，保守党的韩裔候选人申哲熙（JAY Shin），成为发挥补选政治效应的关键。如果他赢下这场补选，其意义不在于增加了一个任期仅有几个月的国会议员，而在于让新民主党有了换党魁的机会。如果新民主党在未来的联邦大选中强大起来，特鲁多失败的概率就会大幅增加，相反保守党的胜算也就相应增加。由此可见，这次伯纳比南区补选，不单是一个议席之争，而是联邦政党博弈的关键。华人选民在此次补选中起着关键作用，如果华人选民的政治能量能在这次选举中充分发挥出来，并以此改变联邦政局的走向，那么伯纳比的华人选民就能在历史上留下浓墨重彩的一笔。

根据2016年的人口普查，伯纳比南区总人口为111000，其中约有42000名华人、455名旁遮普（Punjab）人。[①] 最终，选举开票结果出炉，辛格如愿以偿进入国会，改变了新民主党党魁不在国会的历史。[②] 遗憾的是，华人李灿明果然没有上位，仅得了五千多票，[③] 华人的投票率也低于社区其他族群的投票率。这让全加拿大再次看到：华人的投票率低，政治能见度也是很低的。

二　华人参选：参选人数增加但投票率仍不高

华人参选主要表现在两个方面：一是华人公民的投票率，二是华人直接

---

① Statistics Canada, "Census Profile, 2016 Census", August 9, 2019, https://www12.statcan.gc.ca/census-recensement/2016/dp-pd/prof/details/page.cfm?Lang=E&Geo1=FED&Code1=59003&Geo2=PR&Code2=59&Data=Count&SearchText=burnaby%20south&SearchType=Begins&SearchPR=01&B1=All&TABID=1，检索日期：2020年5月17日。

② Election Canada, "October 21, 2019 Federal Election Election Results, Burnaby South", October 21, 2019 https://enr.elections.ca/ElectoralDistricts.aspx?ed=1676&lang=e，检索日期：2020年5月17日。

③ Election Canada, "Voter Information Service", https://www.elections.ca/Scripts/vis/PastResults?L=e&ED=59003&EV=99&EV_TYPE=6&PC=&PROV=&PROVID=24&MAPID=&QID=11&PAGEID=28&TPAGEID=&PD=&STAT_CODE_ID=-1，检索日期：2020年5月17日。

参选者的人数和当选者的人数。

从20世纪50年代华人郑天华当选联邦国会议员开始，[①] 华人社区参与联邦大选已经有半个多世纪的历史。华人投票率虽有所增长，但增长速度缓慢，在各族裔中排名靠后，以至于“华人投票人数不多”成为加拿大社会的定论，也间接导致联邦大选的各党很少将华人社区的利益诉求纳入政纲。唯一例外的是，在2006年的联邦大选中，选前执政的自由党坚持对人头税“不道歉、不赔偿”的立场，而保守党和新民主党都持相反立场，以至于“人头税平反”成了当年大选的重要议题。在保守党取代自由党执政半年之后，哈珀政府在国会宣布对人头税问题进行道歉，并对受害者进行了有限度赔偿。[②]

代表各政党的华人参选者人数在经过20世纪50年代到80年代起步阶段的缓慢增长后，从20世纪90年代开始进入了较快速增长的时期。随着参选人数的增加，华人社区的政治能见度有所增长，当选者人数自然也同步增加，并在20世纪90年代首次出现了华人国会议员进入内阁的案例。[③] 必须指出的是，虽然华人国会议员进入了内阁，但在政府决定性的政策的制定过程中，华人议员的影响力仍然十分有限。最具代表性的案例是，在自由党保罗·艾德加·菲利普·马丁（Paul Edgar Philippe Martin）政府中担任

---

① Parliament of Canada, “Douglas Jung, C. M. , C. D. ”, https://lop. parl. ca/sites/ParlInfo/default/en_ CA/People/Profile? personId = 13202，检索日期：2020年5月17日。

② Government of Canada, “Prime Minister Harper Offers Full Apology for the Chinese Head Tax”, June 22, 2006, https://www. canada. ca/en/news/archive/2006/06/prime – minister – harper – offers – full – apology – chinese – head – tax. html，检索日期：2020年5月17日；Campbell Clark, “PM Offers Apology, ‘Symbolic Payments’ for Chinese Head Tax”, The Globe and Mail, June 23, 2006, https://www. theglobeandmail. com/news/national/pm – offers – apology – symbolic – payments – for – chinese – head – tax/article711245/ 检索日期：2020年5月17日；“Ottawa Issues Head Tax Redress Payments to Chinese Canadians”, CBC News , October 20, 2006, https://www. cbc. ca/news/canada/british – columbia/ottawa – issues – head – tax – redress – payments – to – chinese – canadians – 1. 600871，检索日期：2020年5月17日。

③ Liberal Party of Canada, “Raymond Chan”, http://www. collectionscanada. gc. ca/eppp – archive/100/205/300/liberal – ef/05 – 05 – 18/www. liberal. ca/bio_ e. aspx@ &id = 59023，检索日期：2020年5月17日。

多元文化部部长的陈卓愉，在人头税平反问题上非但不是华人社区“要求平反和道歉”这一基本立场的支持者，反而还是内阁“不道歉、不赔偿”立场的执行者，这在华人社区引发轩然大波，并影响到他自己的参政生涯。

在2019年的联邦大选中，上述两个特征仍然或多或少地呈现了出来。在华人投票率方面，虽然华人社区出现了多个推动投票的民众运动、激烈的大选刺激了各个政党在华人社区的催票活动，而且华人社区也逐步参与对各政党及候选人的政治捐款，但是，从大选过后的投票统计来看，华人的投票率仍相对较低，特别是低于同属少数族裔的南亚裔（主要是印裔）、中东裔、菲律宾裔等。①

当然，除了参政意识弱导致投票率低之外，20世纪80年代之后的华人新移民的入籍人数少于其他族裔也是华人选票少的一个原因。但是，2019年大选中出现了华人直接参选者人数“爆棚”的现象，这从另一方面呈现出华人精英的参政意识大为增强的现状。

在2019年联邦大选中，共有41名华人代表各政党参选，其中代表保守党的华人候选人有12名，代表自由党的华人候选人有8名，代表新民主党的华人候选人有7名，代表绿党的华人候选人有2名，以独立候选人身份参选的华人有1名，另外11名华人则代表新成立的人民党参选。② 由此看来，除了个别政党没有华人代表之外，其余联邦政党都有华人候选人。其中，人民党作为新成立的政党，民意支持率相当低，候选人的门槛也不高，所以不

① 《华人投票率低过其他族裔10%普通话华人投票更少》，加拿大都市网，https：//dushi. singtao. ca/toronto/%e6%96%b0%e9%97%bb/%e5%8a%a0%e5%9b%bd%e8%a6%81%e9%97%bb/%e5%8d%8e%e4%ba%ba%e6%8a%95%e7%a5%a8%e7%8e%87%e4%bd%8e%e8%bf%87%e5%85%b6%e4%bb%96%e6%97%8f%e8%a3%9410－%e6%99%ae%e9%80%9a%e8%af%9d%e5%8d%8e%e4%ba%ba%e6%8a%95%e7%a5%a8%e6%9b%b4%e5%b0%91/，检索日期：2020年5月17日；《不争气啊！华人聚居的选区投票率又垫底》，温哥华港湾，2019年10月23日，https：//www. bcbay. com/news/2019/10/23/661876. html，检索日期：2020年5月17日。

② Elections Canada，“Forty－third general election 2019”，https：//www. elections. ca/res/rep/off/ovr2019app/51/table12E. html，检索日期：2020年5月17日。

少在社区没有知名度却有意投身政坛的华人新人纷纷入选，这是华人候选人大幅度增加的主要原因。华人候选人在各党的分布表明，华人已经告别了参政早期大部分选民作为某一政党（主要是自由党）铁票的时代，投票开始向多元化转变。换句话说，华人社区在政党支持层面，已经与社会的主流相吻合。事实上，2019 年 41 位华人候选人的参选已经打破了华人在联邦参政历史上的人数纪录，即使与华人踊跃参加的 2015 年大选比较，也有了大幅增长（参见表 1）。

表 1　2015 年加拿大联邦大选华人参选总人数及代表各政党的人数

政党及独立候选人	华人代表各政党的人数	当选人数
自由党	7	3
保守党	10	2
新民主党	4	1
绿党	5	
加拿大自由意志论者党	1	
马克思列宁主义党	1	
独立候选人	1	
总数	29	6

资料来源：Elections Canada，“Forty – Second General Election 2015”，https：//www. elections. ca/res/rep/off/ovr2015app/41/table12E. html，检索日期：2020 年 5 月 17 日。

当然，从实际的投票结果来看，华人社区的投票取向是相当现实的，集中在两个轮流执政的政党上，即自由党和保守党。在 41 位华人候选人中，有 8 位当选，分别代表加拿大政坛的前三大政党：自由党、保守党和新民主党。人民党在 2019 年联邦大选中全军覆没，代表该党的候选人无一人当选。绿党在 2019 年联邦大选中所获的席次增加了 2 倍，从 1 个席次增加到 3 个席次，但华人候选人无人当选。与 2015 年联邦大选中 6 位华人当选相比，2019 年华人当选人数增加了 2 人，名单如下（参见表 2）。

表 2　2019 年加拿大联邦大选 8 位华人当选者

姓名	政党	选区
关慧贞（Jenny Kwan），当选连任	新民主党	不列颠哥伦比亚省温哥华市东（Vancouver East）选区
赵锦荣（Kenny Chiu），首次当选	保守党	不列颠哥伦比亚省史蒂文斯顿 – 列治文市东（Steveston – Richmond East）选区
黄陈小萍（Alice Wong），当选连任	保守党	不列颠哥伦比亚省列治文市中（Richmond – Center）选区
伍凤仪（Mary Ng），当选连任	自由党	安大略省万锦 – 康山（Markham – Thornhill）选区
董晗鹏（Han Dong），首次当选	自由党	安大略省当河谷北（Don Valley North）选区
陈圣源（Shaun Chen），当选连任	自由党	安大略省士嘉堡北（Scarborough North）选区
叶嘉丽（Jean Yip），当选连任	自由党	安大略省士嘉堡 – 爱静阁（Scarborough – Agincourt）选区
庄文浩（Michael Chong），当选连任	保守党	安大略省惠灵顿 – 霍顿山（Wellington – Halton Hills）选区

资料来源：Elections Canada，"Forty – Third General Election 2019"，https://www.elections.ca/res/rep/off/ovr2019app/51/table12E.html，检索日期：2020 年 5 月 17 日；关于关慧贞，参见 https://www.jennykwanndp.ca/about_chinese，检索日期：2020 年 5 月 2 日；Par – liament of Canada，"Ms. Jenny Wai Ching Kwan，M. P."，https://lop.parl.ca/sites/ParlInfo/default/en_CA/People/Profile? personId = 2604，检索日期：2020 年 5 月 2 日；《2019 联邦大选安省 20 华人参选》，《星岛日报》，2019 年 10 月 17 日；Parliament of Canada，"The Hon. Alice Wong，P. C.，M. P."，https://lop.parl.ca/sites/ParlInfo/default/en_CA/People/Profile? personId = 17255，检索日期：2020 年 5 月 2 日；Alice Wong，黄陈小萍国会议员个人网页，http://alicewong.ca/，检索日期：2020 年 5 月 2 日；《史蒂夫斯顿 – 列治文东选区华人候选人简介》，《星岛日报》，2019 年 10 月 13 日；Steveston – Richmond East，https://www.kennychiu.ca/，检索日期：2020 年 5 月 2 日；Parliament of Canada，"The Hon. Mary Ng，P. C.，M. P."，https://lop.parl.ca/sites/ParlInfo/default/en_CA/People/Profile? personId = 18743，检索日期：2020 年 5 月 2 日；Parliament of Canada，"HAN DONG"，https://www.ourcommons.ca/members/en/han – dong（105091），检索日期：2020 年 5 月 2 日；Parliament of Canada，"Mr. Shaun Chen，M. P."，https://lop.parl.ca/sites/ParlInfo/default/en_CA/People/Profile? personId = 18536，检索日期：2020 年 5 月 2 日；陈圣源，维基百科，https://zh.wikipedia.org/wiki/%E9%99%B3%E8%81%96%E6%BA%90，检索日期：2020 年 5 月 2 日；Parliament of Canada，"Mrs. Jean Yip，M. P."，https://lop.parl.ca/sites/ParlInfo/default/en_CA/People/Profile? personId = 20006，检索日期：2020 年 5 月 2 日；Parliament of Canada，"ROLES – HON. MICHAEL D. CHONG"，https://www.ourcommons.ca/Members/en/michael – d – chong（25488）/roles，检索日期：2020 年 5 月 2 日。

根据上述当选者的情况，可以总结出以下几个特征。

第一，华人联邦国会议员大部分都来自安大略省和不列颠哥伦比亚省这两个华人最为集中的地方，可见华人的选票虽然是“少数”，但在关键的选区，可以扮演“造王者”的角色。例如，代表保守党的黄陈小萍和赵锦荣都在不列颠哥伦比亚省的列治文市选区，而列治文市是加拿大（也是整个北美地区）第一个华人人口超过半数的城市。华人候选人在这些华人集中居住的城市，显然具有优势。政党的基本盘加上“华人选票”，就有可能当选。在安大略省也是如此，取代上届国会议员谭耕、代表自由党在当河谷北选区参选的华人候选人董晗鹏，也是依靠着选区内华人、尤其是新移民的选票成功上垒。一般而言，在这种华人选民较多的选区，各大政党也会尽量寻找具有华人背景的优秀候选人出战，以致出现了一个选区中几个华人候选人代表不同政党竞逐一个议席的“选举景观”。

第二，在2019年当选的8位华人候选人中，有6位成功连任，其中庄文浩和黄陈小萍都已赢得四次或者以上的连任。首次当选的赵锦荣和董晗鹏分属不同政党和东西两个省份，赵锦荣曾经当选列治文学校局委员，是第二次参选国会议员；董晗鹏曾是安大略省省议员。由此可见，以往华人社区中“昙花一现”的投机式、党魁征召式的参选模式正在逐渐消退，长期服务社群且有参政经验的华人精英越来越多，即使不借助政党的大势，当选的概率也在逐步提升。

第三，从当选者的背景来看，本土出生和来自中国香港的国会议员仍占据多数。除庄文浩、陈圣源、叶嘉丽是加拿大本土出生的移民二代之外，黄陈小萍、关慧贞、赵锦荣、伍凤仪都是香港出生的第一代移民。本土出生和来自香港的当选者除了具有英语优势之外，对选举的操作程序也较为熟悉。在8人中，只有董晗鹏是来自中国内地的国会议员，他当年当选安大略省省议员的时候，也是首位来自中国内地的省议员。显然，来自中国内地的移民精英，在参选方面还有漫长的路要走。

第四，值得一提的是，在8位当选人中，可以称为明星议员的只有2

位，那就是保守党的庄文浩和新民主党的关慧贞。明星议员的参政资历长、经验丰富，更为重要的是，他们的当选全凭政治实力和服务选民的努力，以及在议会提出过重要法案的经历，与“华人背景”以及“华人选票”关联较少，甚至与其所属政党的“竞选大势”也关联较少。换言之，即使其所属政党在联邦大选中处于劣势，他们仍然能够出线当选。这样的“实力派”华人议员，已经完全摆脱了政党内“族裔花瓶”的角色，在立法和制定政策的过程中具有举足轻重的影响力。

值得关注的是，在2019年联邦大选中，自由党比2015年减少了27个席位，[①] 但华人国会议员的席位并没有减少，其中包括替代出任驻华大使的麦家廉赢得补选，然后在2019年联邦大选中赢得连任、再度入阁的伍凤仪。

三　华人参政与南亚裔参政的比较

华人已经成为加拿大第三大族裔，普通话和粤语也分别成为仅次于官方语言英语、法语的排名第三和第四的语言（旁遮普语排名第五）。[②] 按照一般逻辑，华人社区理应在参政议政上有话语权，但事实并非如此。在加拿大政坛，最具有政治能见度的是南亚裔族群，其中主要信奉锡克教的印度旁遮普族群是最重要的政治力量。在2015年和2019年联邦大选中，当选进入联邦国会的南亚裔议员人数是华人的三倍左右（参见表3、表4），且有4人进

① Elections Canada, “Forty - Second General Election 2015”, https: //www. elections. ca/res/rep/off/ovr2015app/41/table12E. html，检索日期：2020年5月17日；Elections Canada, “Forty - third General Election 2019”, https: //www. elections. ca/res/rep/off/ovr2019app/51/table12E. html，检索日期：2020年5月17日。

② Immigration, Refugees and Citizenship Canada, “2018 Annual Report to Parliament on Immigration”, 2018, p. 28., https: //www. canada. ca/content/dam/ircc/migration/ircc/english/pdf/pub/annual - report - 2018. pdf，检索日期：2020年5月22日；The Commissioner of Official Languages, “Top 5 Languages Spoken in Canada”, https: //www. clo - ocol. gc. ca/en/newsletter/2018/top - 5 - languages - spoken - canada，检索日期：2020年5月22日。

入了特鲁多的首任内阁，其中包括国防部部长、温哥华南区国会议员哈尔吉特·萨詹（Harjit Singh Sajjan），他也是G7中第一个印裔国防部部长。①

表3　2015年华人参政与南亚裔参政的比较

姓名	选区	政党	族裔
黄陈小萍(Alice Wong)	不列颠哥伦比亚省列治文市中(Richmond – Center)选区	保守党	华裔加拿大人
陈家诺(Arnold Chan)	安大略省士嘉堡 – 爱静阁(Scarborough – Agincourt)选区	自由党	华裔加拿大人
关慧贞(Jenny Kwan)	不列颠哥伦比亚省温哥华市东(Vancouver East)选区	新民主党	华裔加拿大人
陈圣源(Shaun Chen)	安大略省士嘉堡北(Scarborough North)选区	自由党	华裔加拿大人
庄文浩(Michael Chong)	安大略省惠灵顿 – 霍顿山(Wellington – Halton Hills)选区	保守党	华裔加拿大人
谭耕（Geng Tan)	安大略省当河谷北(Don Valley North)选区	自由党	华裔加拿大人
Arif Virani	安大略省柏岱尔海柏公园(Parkdale – High Park)选区	自由党	印裔加拿大人
Chandra Arya	安大略省尼皮安(Nepean) 选区	自由党	印裔加拿大人
Navdeep Bains	安大略省密西沙加 – 马尔顿(Mississauga – Malton)选区	自由党	印裔加拿大人
Sukh Dhaliwal	不列颠哥伦比亚省素里 – 纽顿(Surrey – Newton) 选区	自由党	印裔加拿大人
Bardish Chagger	安大略省滑铁卢(Waterloo) 选区	自由党	印裔加拿大人
Anju Dhillon	魁北克省多瓦尔 – 拉欣 – 拉萨尔(Dorval – Lachine – LaSalle)选区	自由党	印裔加拿大人
Kamal Khera	安大略省布兰普顿西(Brampton West) 选区	自由党	印裔加拿大人
Ruby Sahota	安大略省布兰普顿北(Brampton North) 选区	自由党	印裔加拿大人

① "20 Indian – origin Candidates Win in Canadian Polls, Including 'Kingmaker' Jagmeet Singh", Connected to India, October 23, 2019, https: //www. connectedtoindia. com/20 – indian – origin – candidates – win – in – canadian – polls – including – kingmaker – jagmeet – singh – 6411. html，检索日期：2020年5月5日；Parliament of Canada,"The Hon. Harjit Singh Sajjan, P. C., M. P.", https: //lop. parl. ca/sites/ParlInfo/default/en_ CA/People/Profile? personId = 18450，检索日期：2020年5月21日。

续表

姓名	选区	政党	族裔
Raj Saini	安大略省基奇纳中心(Kitchener Centre)选区	自由党	印裔加拿大人
Harjit S. Sajjan	不列颠哥伦比亚省温哥华南部(Vancouver South)选区	自由党	印裔加拿大人
Ramesh Sangha	安大略省布兰普顿中心(Brampton Centre)选区	自由党	印裔加拿大人
Randeep Singh Sarai	不列颠哥伦比亚省素里中心(Surrey Central)选区	自由党	印裔加拿大人
Bob Saroya	安大略省万锦 - 渔人村(Markham - Unionville)选区	保守党	印裔加拿大人
Jati Sidhu	不列颠哥伦比亚省米什 - 马兹奎 - 菲沙坎农(Mission - Matsqui - Fraser Canyon)选区	自由党	印裔加拿大人
Sonia Sidhu	安大略省布兰普顿南(Brampton South)选区	自由党	印裔加拿大人
Gagan Sikand	安大略省密西沙加 - 斯特里兹维尔(Mississauga - Streetsville)选区	自由党	印裔加拿大人
Amarjeet Sohi	艾伯塔省埃德蒙顿市密尔伍兹(Edmonton Mill Woods)选区	自由党	印裔加拿大人
Darshan Singh Kang	艾伯塔省卡尔加里天景区(Calgary Skyview)选区	自由党	印裔加拿大人
Raj Grewal	安大略省布兰普顿东(Brampton East)选区	自由党	印裔加拿大人
Salma Zahid	安大略省士嘉堡中心(Scarborough Centre)选区	自由党	巴基斯坦裔加拿大人
Iqra Khalid	安大略省西沙加 - 艾琳米尔(Mississauga - Erin Mills)选区	自由党	巴基斯坦裔加拿大人
Gary Anandasangaree	安大略省多伦多士嘉堡红河谷园(Scarborough Rouge Park)选区	自由党	斯里兰卡裔加拿大人

资料来源：Elections Canada，“Forty - Second General Election 2015”，https：//www. elections. ca/res/rep/off/ovr2015app/41/table12E. html，检索日期：2020 年 5 月 17 日；Wikipedia，“List of Visible Minority Politicians in Canada”，https：//en. wikipedia. org/wiki/List_ of_ visible_ minority_ politicians _ in_ Canada，检索日期：2020 年 5 月 17 日；“Nineteen Indian - origin MPs Elected to Canadian Parliament”，Firstpost，October 20，2015，https：//www. firstpost. com/world/nineteen - indian - origin - mps - elected - to - canadian - parliament - 2475410. html，检索日期：2020 年 5 月 5 日；“19 Indian - Canadians elected to Canadian parliament”，India Today，October 20，2015，https：//www. indiatoday. in/world/americas/story/19 - indian - canadians - elected - to - canadian - parliament - 268990 - 2015 - 10 - 20，检索日期：2020 年 5 月 5 日。

表4 2019年华人参政与南亚裔参政的比较

姓名	选区	政党	族裔
关慧贞(Jenny Kwan)	不列颠哥伦比亚省温哥华市东(Vancouver East)选区	新民主党	华裔加拿大人
黄陈小萍(Alice Wong)	不列颠哥伦比亚省列治文市中(Richmond－Center)选区	保守党	华裔加拿大人
伍凤仪(Mary Ng)	安大略省万锦－康山(Markham－Thornhill)选区	自由党	华裔加拿大人
董晗鹏(Han Dong)	安大略省当河谷北(Don Valley North)选区	自由党	华裔加拿大人
陈圣源(Shaun Chen)	安大略省士嘉堡北(Scarborough North)选区	自由党	华裔加拿大人
叶嘉丽(Jean Yip)	安大略省士嘉堡爱静阁(Scarborough－Agincourt)选区	自由党	华裔加拿大人
庄文浩(Michael Chong)	安大略省惠灵顿－霍顿山(Wellington－Halton Hills)选区	保守党	华裔加拿大人
赵锦荣(Kenny Chiu)	不列颠哥伦比亚省史蒂文斯顿－列治文市东(Steveston－Richmond East)选区	保守党	华裔加拿大人
Arif Virani	安大略省柏岱尔海柏公园(Parkdale－High Park)选区	自由党	印裔加拿大人
Chandra Arya	安大略省尼皮安(Nepean)选区	自由党	印裔加拿大人
Navdeep Bains	安大略省密西沙加－马尔顿(Mississauga－Malton)选区	自由党	印裔加拿大人
Sukh Dhaliwal	不列颠哥伦比亚省素里－纽顿(Surrey－Newton)选区	自由党	印裔加拿大人
Tim Uppal	艾伯塔省埃德蒙顿市密尔伍兹(Edmonton Mill Woods)选区	保守党	印裔加拿大人
Bardish Chagger	安大略省滑铁卢(Waterloo)选区	自由党	印裔加拿大人
Anju Dhillon	魁北克省多瓦尔－拉欣－拉萨尔(Dorval－Lachine－LaSalle)选区	自由党	印裔加拿大人
Kamal Khera	安大略省布兰普顿西(Brampton West)选区	自由党	印裔加拿大人
Ruby Sahota	安大略省布兰普顿北(Brampton North)选区	自由党	印裔加拿大人
Raj Saini	安大略省基奇纳中心(Kitchener Centre)选区	自由党	印裔加拿大人
Harjit S. Sajjan	不列颠哥伦比亚省温哥华南部(Vancouver South)选区	自由党	印裔加拿大人

续表

姓名	选区	政党	族裔
Ramesh Sangha	安大略省布兰普顿中心(Brampton Centre)选区	自由党	印裔加拿大人
Randeep Singh Sarai	不列颠哥伦比亚省素里中心(Surrey Central)选区	自由党	印裔加拿大人
Bob Saroya	安大略省万锦－渔人村(Markham－Unionville)选区	保守党	印裔加拿大人
Sonia Sidhu	安大略省布兰普顿南(Brampton South)选区	自由党	印裔加拿大人
Gagan Sikand	安大略省密西沙加－斯特里兹维尔(Mississauga－Streetsville)选区	自由党	印裔加拿大人
Jasraj Singh Hallan	艾伯塔省卡尔加里森林草坪(Calgary Forest Lawn)选区	保守党	印裔加拿大人
Jag Sahota	艾伯塔省卡尔加里天景区(Calgary Skyview)选区	保守党	印裔加拿大人
Maninder Sidhu	安大略省布兰普顿东(Brampton East)选区	自由党	印裔加拿大人
Jagmeet Singh	不列颠哥伦比亚省伯纳比南(Burnaby South)选区	新民主党	印裔加拿大人
Salma Zahid	安大略省士嘉堡中心(Scarborough Centre)选区	自由党	巴基斯坦裔加拿大人
Sameer Zuberi	魁北克省皮埃尔丰－多拉德(Pierrefonds－Dollard)选区	自由党	巴基斯坦裔加拿大人
Iqra Khalid	安大略省西沙加艾琳米尔(Mississauga－Erin Mills)选区	自由党	巴基斯坦裔加拿大人
Gary Anandasangaree	安大略省多伦多士嘉堡红河谷园(Scarborough Rouge Park)选区	自由党	斯里兰卡裔加拿大人

资料来源：Elections Canada, "Forty－Third General Election 2019", https://www.elections.ca/res/rep/off/ovr2019app/51/table12E.html，检索日期：2020年5月17日；Wikipedia, "List of Visible Minority Politicians in Canada", https://en.wikipedia.org/wiki/List_of_visible_minority_politicians_in_Canada，检索日期：2020年5月17日；Connected India, "20 Indian－origin candidates win in Canadian polls, including 'kingmaker' Jagmeet Singh", https://www.connectedtoindia.com/20－indian－origin－candidates－win－in－canadian－polls－including－kingmaker－jagmeet－singh－6411.html，检索日期：2020年5月5日。

在特鲁多第一任期组阁的时候，竟然没有一名华人国会议员入选，这招致了华人社区的一片批评之声。因移民部部长麦家廉出任驻华大使，曾

在总理办公室工作的华人伍凤仪赢得了他空出的国会议员的补选。在进入国会一年多后，伍凤仪因特鲁多改组内阁而入阁，担任小型企业及出口促进部部长，结束了内阁中没有一名华人国会议员的局面。[①] 伍凤仪在2019年联邦大选中赢得连任并再度入阁，在原有的工作之外，还兼任国际贸易部部长。

可以这样说，南亚裔尤其是印裔社群，是华人社群在加拿大少数族裔群体中最具比较意义的族群。在一般教育程度和经济实力的对比中，华人社群占有优势，但在政治能量上，前者远远超过后者。从一般的研究来看，印裔参政胜过华人参政无非有这样几个原因：一是他们熟悉民主投票制度的游戏规则（因为印度采取同样的制度），而华人移民不熟悉民主选举的游戏规则；二是印裔的英文水平普遍比华人好，容易融入，华人的语言障碍则比较大；三是印裔有宗教凝聚力，特别是旁遮普族群，锡克教可以将他们凝聚在一起，而华人则是一盘散沙。

上述解释当然有扎实的学术根据，这里从社区实践的角度再加以解释。旁遮普族群不但知道民主投票的重要性和游戏规则，而且他们的政治实践也更有启发性。在此，可以将华人的政治实践与旁遮普族群做比较。加拿大是政党内阁制，主流政党的党魁更有可能成为总理。跟党魁或者总理（执政党党魁）打交道，是华人社区领袖乐此不疲的事情。但是，这些通过联邦政党内“华人桥梁”促成的会面，常常是以吃饭为形式和以政治捐款为目的的“社交”，党魁或者总理要的是钱（政治捐款）和选票，华人要的是“合影”，选票未必给得出，政策诉求也不见踪影，于是，这些华人或者社团就沦为了“政治提款机”。印裔则不同，他们认为，与其跟当选的党魁或者总理套近乎，不如自己成为“造王者”。于是，他们积极加入政党，在党魁选举的时候把票集中在有能力、对印裔社群好的政治人物身上，把他们扶上台，这些党魁或者总理自然会在组阁人员选择和政策制定上做出“倾

① Parliament of Canada, “The Hon. Mary Ng, P. C. , M. P. ”, https: //lop. parl. ca/sites/ParlInfo/default/en_ CA/People/Profile? personId = 18743，检索日期：2020 年 5 月 17 日。

斜”。由此可见，华人还在为提升投票率伤透脑筋，印裔则早就多走了一步，不但大选投票率高，而且在大选前的政党内部投票上，也已经占了鳌头。正因为如此，在2019年联邦大选的舞台上，在联邦第三大党新民主党中已经出现了包着头巾的锡克教党魁。

另外，华人在大选中投票时，非但不集中，还互相分散选票。在大选时常常看到一个现象，不同政党的华人候选人在同一个选区内竞争，其互相攻击的程度甚至超过两个政党之间的争斗程度。为何会出现这种情况？理由很简单，不少候选人并没有改善华人社区的目标愿景，也没有真正研讨过给华人社区带来具体利益的政策诉求，他们大多以“政党代理人”自居，而政党也正好将他们当作代表族裔的“政治花瓶”，可谓各取所需。这就导致华人参政没有连续和承接，起伏太大。印裔社群同样有激烈的内部斗争，再加上锡克教、印度教、伊斯兰教等宗教之间的矛盾，问题并不比华人少，但他们很清楚，参政不是为了炫耀自己，而是为了给社区带来更多的利益和政府的政策倾斜。因此，他们首先想到的是把社区的“饼”做大，然后再去“内部竞争”，分食“大饼”。因此，每次选举前，他们会与支持的政党谈好“政治报酬”，并把参选者送进这个政党，保证其当选后可以为这些明确的政治利益和社区利益保驾护航。这种累积式的参政议政，自然可以让印裔的政治能量越来越大。

当然，不能否认的是，印裔社群的入籍者比华人多，因此有选举权的选民也多。此外，印裔社区的经济力量比华人弱，年轻精英较热心投入政治；华人的年轻精英则在第一代移民的影响下，更倾心经商，或者从事医生、律师、会计师等高收入的专业工作，对政治有兴趣的人不多，以至于在第二代、第三代移民中参选的人不多。

四　结语：投票是改变华人族群命运的捷径

无论是2019年联邦大选的结果还是2020年新冠疫情造成的反亚裔风潮都告诉我们，华人社区目前仍游离在加拿大政治生活的边缘，其国家忠诚度

遭到诸多质疑。一旦华人真的进入“主流政治”，其身份定位和忠诚度检验，将会比现在严苛百倍，那么华人该如何自处？华人社区目前都在号召提升社群的能见度和话语权，但是，一旦能见度和话语权上升到“主流”层面，华人的定位和忠诚度问题一定会被提上台面，除非华人把自己局限在“唐人街”（广义）内，满足于多元文化主义大旗下的自娱自乐，永远做一个边缘群体，成为无根的浮萍随波逐流。目前华人在提升政治能见度和话语权上已经有了基本的共识，也力图以“主流社群的一部分”作为自身定位，想为这个国家、所在的省份、居住的社区做出贡献，那么，华人必须要有一个超越移民来源地、与加拿大主流价值观相吻合的身份定位，这是一个无法避开的挑战。

在这个身份定位没有形成之前，香港移民、台湾移民、大陆移民、东南亚或者南非移民、土生华侨、新侨老侨，这些复杂多元的身份让非华人社区看得眼花缭乱，但他们仍然可以意识到：华人以移民前的身份来定位他们移民后的“具体身份”，“加拿大华人”只是一个大而空的概念。因此，在歧视、仇恨风波频起的时候，加拿大华人必须要超越不同身份定位，确立加拿大华人清晰的身份定位，以此作为共识，融入和参与加拿大国家、省市、社区的建设，这已经是当务之急。

当然，就加拿大整体投票率来看，有近五成的加拿大选民也不参与投票。华人在加拿大总人口中占近四个百分点，华人投票率低，也是加拿大整体投票率低的一个缩影。但是，华人跟“主流”社群（主要是欧裔社群）是不同的，华人在历史上遭受过严重歧视，这种歧视甚至还延续至今。其他少数族裔，比如犹太人、印裔、伊斯兰移民，也遭遇过相同的歧视，但因为他们积极投入参政议政、选举投票率高过“主流”社群，要求平等的呼声容易被听到。歧视他们的人也得三思，因为可能要付出很大的代价。

如今，数以十万计的华人加拿大公民，应该用手中的选票，再度改变华人族群在加拿大的历史地位。投票不是战争，不用流血牺牲，但投票也是一场“政治战争”，因为每次竞选都是一场决定谁来掌握国家权力的“政治战争”。如果要让加拿大各级政府聆听华人社区的政策建议和资源分配请求，华人手中的选票就是最大的筹码，选票在某种程度上比钞票还重要。在这场疫情中，华人社区进一步认识到，别有用心的新闻媒体和社会舆论正企图把华人变成加拿大的“异端”，分化华人与其他加拿大人，在公共形象上剥夺华人作为加拿大人参政议政的合理性。因此，华人要坚持加拿大的多元文化价值，维护自身的尊严和权利，同时要让手中的选票发挥作用；华人参政者则要摆脱“政治花瓶”的宿命，成为有分量的“议政者”。这是改变华人在加拿大命运的最重要一步，也是最快的捷径。

B.8

2019年加拿大移民政策分析

贾葆蘅*

摘　要： 2019年，加拿大联邦政府仍然以经济类移民为重点。为了实现加拿大各省、各地区经济的平衡发展，以及对移民资源的充分利用，联邦政府更多地采用“自下而上”的移民审核方式，以加强与省、地区、社区政府的合作。新推出的各项试点计划也随着当地经济发展和移民成效及时地进行动态调整。国际留学生是移民中贡献于加拿大未来持续发展的重要力量，其学费是加拿大教育机构经费的重要来源，因此必定是未来移民政策的重点考虑对象。2019年自由党再次赢得大选，尽管组成的是少数党政府，但对加拿大过往移民政策的稳定延续仍然是有好处的，未来几年经济类、家庭团聚类、难民和庇护类以及人道主义和其他类的移民人数在整体移民计划中的比例不会有很大变化。新冠疫情暴发后加拿大呈现经济下滑和失业率上升的局面，在面对是否仍有必要接收大量移民的疑问时，联邦政府坚持接收移民人数和类别比例不变，只是接收申请的时间有所调整。

关键词： 加拿大　移民政策　经济类移民

2019年加拿大联邦政府所推行的移民政策依然是开放性政策，并且

---

* 贾葆蘅，广东外语外贸大学加拿大研究中心兼职研究员，研究方向：加拿大华侨华人历史。

所推行的移民项目越来越多。例如，帮助加拿大北方和农村偏远地区发展的“农村和北方移民试点计划”（Rural and Northern Immigration Pilot）、鼓励中国和印度留学生到偏远省份读书的新措施等。联邦、各省及各地区政府在推出新移民政策的同时，也在进一步思索如何促进新移民群体融入加拿大经济生活和社会，维护加拿大人道主义的传统。

总体而言，2019 年加拿大移民政策更加多样化、具体化。本报告将就 2019 年移民人数变化和移民政策的变动等进行阐述，并对未来移民政策发展趋势做出一些预测。

一 2019年移民政策

加拿大是个移民国家，目前面临严重的人口老龄化问题，若想在 21 世纪保持稳定的经济发展，必须增加年富力强的劳动力人口。为此，2018 年 10 月 31 日，加拿大联邦政府移民、难民及公民部（Immigration, Refugees and Citizenship Canada, IRCC）发布了《2019～2021 年移民计划》的详细信息。这项计划旨在促进经济增长、支持多元化，建设充满活力和包容性的社区来激励中产阶级群体，同时通过健全边境防控体系来保障加拿大人的安全。这项计划决定于 2019 年接收移民 330800 人（见表 1）。[①] 该计划还承诺，到 2021 年，将接收 350000 名新移民，接近于加拿大总人口的 1%。

（一）各类移民配额人数

将表 1 和 2018 年联邦移民计划对比可看出，2019 年加拿大移民目标总人数增加了 6.7%。其中，经济类目标移民人数比 2018 年的目标人数 177500 人增长了 7.9%，家庭团聚类目标移民人数仅比 2018 年的目标人数

① Government of Canada, Notice - Supplementary Information 2019 - 2021 Immigration Levels Plan, https: //www. canada. ca/en/immigration - refugees - citizenship/news/notices/supplementary - immigration - levels - 2019. html, 检索日期：2020 年 3 月 7 日。

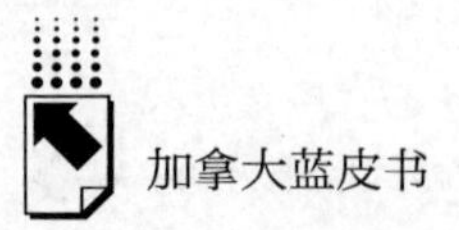

86000 人增长了 2.9%，难民和庇护类移民人数比 2018 年的目标人数 43000 人增加了 8%。①

表 1　2019 年加拿大所需移民配额计划

单位：个

移民类别	移民项目	目标配额	最少配额	最多配额
经济类	联邦高技术类移民[1]（Federal High Skilled）	81400	76000	86000
	联邦护理类移民试点计划[2,3]（Caregivers）	14000	8000	15500
	大西洋移民试点计划[2]（Atlantic Immigration Pilot Program）	2000	1000	5000
	联邦商业类移民计划[4]（Federal Business）	700	500	1500
	省提名项目（Provincial Nominee Program）	61000	57000	68000
	魁北克省技术工人和商业移民项目（Quebec Skilled Workers and Business）	将和魁北克省协商确定[5]		
	经济类移民总人数	191600	174000	209500
	经济类移民所占比例	57.92%	58.00%	57.24%
家庭团聚类	配偶、伴侣和子女移民（Spouses, Partners and Children）	68000	66000	76000
	父母和祖父母移民（Parents and Grandparents）	20500	17000	22000
	家庭团聚类移民总人数	88500	83000	98000
	家庭团聚类移民所占比例	26.75%	27.67%	26.78%

① Government of Canada, Notice - Supplementary Information 2018 - 2020 Immigration Levels Plan, https://www.canada.ca/en/immigration - refugees - citizenship/news/notices/supplementary - immigration - levels - 2018.html，检索日期：2020 年 3 月 7 日。

续表

移民类别	移民项目	目标配额	最少配额	最多配额
难民和庇护类	受庇护人及境外家属(Protected Persons in Canada and Dependents Abroad)	16500	14000	20000
	政府安置难民(Resettled Refugees - Government Assisted)	9300	7500	9500
	混合签证安置难民[6](Resettled Refugees - Blended Visa Office Referred)	1650	1000	3000
	民间赞助安置难民(Resettled Refugees - Privately Sponsored)	19000	17000	21000
	难民和庇护类移民总人数	46450	39500	53500
	难民和庇护类移民所占比例	14.04%	13.17%	14.62%
人道主义和其他类	人道主义和其他类移民总人数(Humanitarian and Other)	4250	3500	5000
	人道主义和其他类移民所占比例	1.28%	1.17%	1.37%
计划接收永久居民配额总数		330800	300000	366000

注：

1. 包括联邦技术人员（Federal Skilled Worker Program）、联邦行业熟练工（Federal Skilled Trades Program）和加拿大经验类（Canadian Experience Class）。

2. 两项试点计划定于2019年结束。对已经申请的移民的审理会持续到2020年。试点计划结束后空出来的名额将由其他试点项目替代。

3. 包括幼儿看护类（Caring for Children Class）和特别医疗护理类（Caring for People with High Medical Needs Class）。这两项试点替代的是2014年的入住看护类计划。最后收到的入住看护类申请将留在2020年审理。

4. 包括创业签证移民计划和自雇移民计划。

5. 根据魁北克省2019年移民计划，技术工人和商业移民目标为23450人，最少21700人，最多24300人。比联邦政府计划期望数少10000人。

6. 一项经联合国难民署推荐，加拿大挑选并将难民与民间赞助者挂钩的安置方案。目的是减少民间赞助者的财政负担。加拿大政府会向混合签证难民提供最多6个月的收入援助，而民间赞助者则需提供另外6个月的经济支持以及一年的社会和精神援助。

资料来源：Government of Canada, Notice - Supplementary Information 2019 - 2021 Immigration Levels Plan, https://www.canada.ca/en/immigration - refugees - citizenship/news/notices/supplementary - immigration - levels - 2019.html，检索日期：2020年3月7日；Plan D'Immigration du Québec Pour L'année 2019, https://cdn - contenu.quebec.ca/cdn - contenu/adm/min/immigration/publications - adm/plan - immigration/PL_ immigration_ 2019_ MIDI.pdf? 1544814030，检索日期：2020年3月7日。

（二）移民政策新措施和内容

2019 年联邦政府推出的新移民政策并不多，但突出变化是联邦政府在加紧与各省、地区政府合作的同时，还加强了与中小城市和边缘地区的合作。经济类移民政策同往年相比有一些针对性的变动，家庭团聚类以及难民和人道主义类的移民政策则更多考虑如何帮助弱势群体。

1. 经济类移民

在经济类移民中，联邦高技术类移民和省提名项目配额都有所增加。与 2018 年相比，2019 年省提名项目的目标配额增加了 10.9%，联邦高技术类移民目标配额增加了 9.4%。联邦护理类移民试点计划的目标配额则减少了 17.6%。

（1）联邦政府移民计划

2019 年联邦政府公布了三项新的移民政策以及对以往政策的一些调整。

①农村和北方移民试点计划。试点计划为期 5 年，每年最多有 2750 个配额。2019 年 6 月，IRCC 宣布挑选出 11 个城镇社区作为“农村和北方移民试点计划”的第一批试点。其中包括：安大略省（Ontario）：雷湾（Thunder Bay）、苏圣玛丽（Sault Ste. Marie）、萨德伯里（Sudbury）、蒂明斯（Timmins）和北湾（North Bay）；马尼托巴省（Manitoba）：阿尔托纳（Gretna /Rhineland）和布兰登（Brandon）；萨斯喀彻温省（Saskatchewan）：穆斯乔（Moose Jaw）；艾伯塔省（Alberta）：克莱尔斯霍姆（Claresholm）；不列颠哥伦比亚省（British Columbia）：西库特纳（West Kootenay）和弗农（Vernon）。

该计划于 2019 年 11 月正式启动，有面向海外技术工人和国际留学生的两大类别。对于海外技术工人的要求为：申请人在提交申请前 3 年之内必须有 1 年连续全职（或至少 1560 小时）工作经验。工作职位符合加拿大国家职业分类（National Occupational Classification，NOC）0/A/B/C/D 中的任意一类。对于国际留学生的学历要求为：申请人在读书期间均为全日制，且学位须在递交移民申请前的18个月内取得。如果申请少于2年的硕士和博士项目，申请人在整个项目期间须居住生活在指定社区；如果专业学习时长为2年（或以上），那么在获得学历前的24个月时间里，申请人至少需要有16个月居住在该社区。对于申请人的语言要求，NOC 0和NOC A：官方语言能力最低为CLB（Canadian Language Benchmarks）/NCLC（Niveaux de compétence linguistique canadiens）6级；NOC B：官方语言能力最低为CLB/NCLC 5级；NOC C和NOC D：官方语言能力最低为CLB/NCLC 4级。这些分数必须是在2年内通过参加考试取得的。

申请者首先从参与项目的社区中获得雇主给予的工作机会，然后申请社区推荐，表明自己打算在那里定居，在获得批准后向移民主管机构申请加拿大永久居留权。除了要获得工作机会和满足联邦的其他审查要求外，候选人还必须满足社区的审核标准，而每个社区的标准有所不同。①

加拿大政府希望通过该试点项目吸引新移民来满足多样化的劳动力市场需求，从而促进小型偏远社区的经济发展。

就留学生移民政策的变化来说，加拿大联邦政府为了发展加拿大高等教育，并使加拿大高等学府培养出来的国际学生能成为加拿大经济发展的有生

---

① Government of Canada, Rural and Northern Immigration Pilot: about the Pilot, https://www.canada.ca/en/immigration-refugees-citizenship/services/immigrate-canada/rural-northern-immigration-pilot.html，检索日期：2020年3月7日；Government of Canada, Rural and Northern Immigration Pilot: Who Can Apply, https://www.canada.ca/en/immigration-refugees-citizenship/services/immigrate-canada/rural-northern-immigration-pilot/pr-eligibility.html，检索日期：2020年3月7日；Government of Canada, Archived - Rural and Northern Immigration Pilot: Community Application Criteria, https://www.canada.ca/en/immigration-refugees-citizenship/services/immigrate-canada/rural-northern-immigration-pilot/about/community-eligibility-archived.html，检索日期：2020年3月7日；Kathleen Harris, "Ottawa Picks 11 Communities for Pilot Immigration Project", CBC News, https://www.cbc.ca/news/politics/rural-north-immigration-pilot-1.5175418，检索日期：2020年3月7日；"Two Rural and Northern Immigration Pilot Communities Now Accepting Applications", CIC News, https://www.cicnews.com/2019/11/two-rural-and-northern-immigration-pilot-communities-now-accepting-applications-1113194.html#gs.w4mivb，检索日期：2020年3月7日。

力量，正在努力促进国际生源多样化。从联邦政府公布的《2019～2024年加拿大国际教育发展战略》（Building on Success：International Education Strategy 2019－2024）及“农村和北方移民试点计划”中可看出，联邦政府正在采取一些新措施，鼓励留学生到加拿大中小城市和偏远地区就读与定居。① 数据显示，有超过50%的加拿大留学生来自印度和中国，这两个国家的留学生人数分别排名第一和第二。② 联邦政府为了鼓励印度和中国留学生到偏远省份念书，将在今后5年里采取一些新措施：鼓励中国留学生就读飞行、航空、启蒙教育及老年护理等专业；鼓励印度留学生参加教育、酒店管理、医疗、企业管理等方面的培训。③

②农业与食品移民试点计划（Agri-Food Immigration Pilot）。该项目于2019年7月12日启动，并持续到2023年5月。符合条件的职业和行业包括：

A. 肉类加工行业：a. 零售屠宰工人；b. 工业屠宰工人；c. 食品加工工人。

B. 全年从事采收蘑菇或温室作物生产的工人。

C. 全年从事蘑菇生产、温室作物生产和畜牧业的农场工人。

D. 从事肉类加工、全年蘑菇生产、温室作物生产或畜牧业的农场主管和专业畜牧工人。

申请条件：已在加拿大合法行业及合法职业中有1年的全职（非季节性）工作经验。在加拿大（除魁北克省以外）有合法职位的全职、永久雇用的聘书。时薪达到或超过当地或全国的平均时薪。英语、法语能力达到CLB/NCLC 4级。加拿大高中以上学历，或有教育评估机构出示的同等学力证明。有足够的资金支持申请人全家在加拿大期间的生活。④

---

① Government of Canada，Building on Success：International Education Strategy 2019－2024，https：//www. educanada. ca/media－medias/news－nouvelles/2019/2019－08－23b. aspx？lang＝eng，检索日期：2019年8月25日。

② 同上。

③ 同上。

④ Government of Canada，Agri-Food Immigration Pilot，https：//www. canada. ca/en/immigration－refugees－citizenship/news/2019/07/agri－food－immigration－pilot. html，检索日期：2020年3月8日。

新的农业与食品移民试点计划项目希望吸引有经验及在经济上可以长年立足于加拿大的工人，以便支撑不断增长的农业与食品劳动力市场需求。具体来说，该计划是要吸引零售屠宰、工业屠宰、食品加工、苗圃种植及收割工人、农场主管以及专业畜牧工人。这个项目有利于临时外国工人申请成为加拿大永久居民。

③2019 年 6 月 18 日起，IRCC 开放家庭儿童护理员（Home Child Care Provider）和家庭护工（Home Support Worker）两个试点项目，试行期为 5 年，以取代即将到期的幼儿看护类（Caring for Children Class）和特别医疗护理类（Caring for People with High Medical Needs Class）的试点项目。

两个试点项目的申请条件为：有 NOC 4411、NOC 4412 两个职业的工作邀请，官方语言能力达到 CLB/NLCL5 级，至少一年以上专上教育[①]证书，在境外申请前往加拿大工作和永久居留资格。申请一旦被批准，申请人会获得特定工作许可。在加拿大工作满 2 年并提供证明后，由政府最后决定是否给予其永久居民申请。申请人可以携带直系亲属一同申请。其家人如要在加拿大工作或学习，也可将他们的工作和学习申请附加在主申请中。[②]

两个护理者移民试点计划都规定，护理者可在必要时更换雇主。护理者们如果在工作中受到雇主欺压，或是对工作极其不满意，无须为了未来能够移民而委曲求全。加拿大联邦政府此举是希望保护弱势群体。

（2）魁北克省（简称魁省）移民计划

1971 年，魁省与联邦政府签署移民接收协议。[③] 根据协议，魁省拥有制定接收移民具体人数、挑选移民、接收和安置移民的权利与义务（家庭团

① 专上教育是指中学修业后接受任何不低于中学修业后的教育程度而属于专业、技术、学术性质的教育。

② Government of Canada, Permanent Residence for Caregivers, https://www.canada.ca/en/immigration - refugees - citizenship/services/immigrate - canada/caregivers.html，检索日期：2020 年 3 月 8 日。

③ Cullen - Couture Agreement: The Canada - Quebec Accord, 1991; Canada - Quebec Accord Relating to Immigration and Temporary Admission of Aliens, Government du Québec Ministère des Relations avec les citoyens et de l'Immigration, 2000.

聚类和加拿大境内的难民和庇护类申请除外)。随后，类似协议又数次续签。2019 年魁省推出的移民新政策主要是强调新移民要为该省的发展做贡献，希望新移民了解魁省的价值观。

2019 年魁省的移民新政策和新条例如下：

A. 2019 年 6 月 16 日，为解决大量移民申请积压、新移民就业及语言等问题，魁省通过了第 9 号法案（Bill 9)，即通过成功的移民融合促进魁省社会经济繁荣并充分满足劳动力市场需求的法案。2019 年 6 月 16 日，该法案由加拿大总督签署批准。[①] 新法案将 2018 年 8 月 2 日以前提交的 16000 多份申请全部作废，以便从零开始进行新的技术移民筛选程序。

B. 从 2019 年 11 月 1 日起，魁北克经验移民项目（Quebec Experience Class Immigration Program，PEQ）重新接收毕业生的申请，并继续接收外国劳工的申请。两者的申请条件都有所更新。

毕业生申请人的资格要求为：学士、硕士或博士学位，技术类专上教育毕业文凭；连续 900 小时以上，含或不含专业化职业证书的职业学习毕业文凭；900 个小时以上的专上教育学习证明。这些证明或文凭必须包括在最能反映魁省劳动力市场需求的 PEQ 培训领域列表中。申请人的专上教育文凭或学习证明必须是通过在魁省 900 小时以上的全日制学习获得的。如果申请人的学习时间在 1800 小时以上，那么申请人在学习期间至少要有一半的时间住在魁省。如果申请人的学习时间是 900 小时至 1800 小时，那么申请人必须要有 6 个月在魁省全职工作，获得学习课程和培训领域的经验。

临时外国劳工申请人的资格要求为：已有一份在 PEQ 职业需求列表上列出的相应工作。如果申请人从事的是 NOC 0 类、A 类或 B 类的工作，则须在过去的 24 个月内至少有 12 个月从事该项工作。如果申请人从事的是 NOC C 类或 D 类的工作，则在递交申请前 24 个月内至少要有 18 个月的时间从事该工作。对于受管制的职业，需遵守 NOC 中规定的就业要求以及工

① Bill 9, National Assembly of Québec, Québec Official Publisher 2019.

作中的具体条件。[①]

C. 从2020年1月1日起，只有以下方法可用于证明申请人对法语的了解：标准化语言测试的结果；或者满足职业协会法语准入的语言水平；或者成功完成至少3年纯法语的中学或高等院校课程的学习。

自2020年1月1日起，申请中所包括的配偶或事实上的配偶，必须证明其具有口头法语水平的高中级知识（成年移民法语能力为7级或8级）。[②]

D. 资格培训计划的更改（PRTQ-Regular Skilled Worker Program）。

需要具有学习过《魁北克省人权与自由宪章》（The Québec Charter of Human Rights and Freedoms）所表达的民主价值观和魁省价值观的证明。[③]自2020年1月1日起，对所有想来魁省的移民进行《魁北克省人权与自由宪章》中表达的民主价值观和魁省价值观测试，通过测试后，才能获得魁北克移民甄选证书（Certificate de Sélection du Québec，CSQ）。魁省政府希望借此帮助移民更好地融入魁省社会。

（3）省提名项目

2019年，加拿大各省提名项目变化不一，这些变化都与加拿大各省实际情况相关联。

①安大略省（简称安省）

2019年安省提名项目按以下三个类别、九个项目进行（见表2）。

安省政府于2019年7月8日宣布修订移民政策法案，修改后的安省企业家创业移民项目有如下变动（见表3）。

---

① Gouvernement du Québec，Changes to the Québec Immigration Regulation，https：//www. immigration - quebec. gouv. qc. ca/en/informations/news/news - 2019/new - changes. html，检索日期：2020年3月8日。

② 同上。

③ Gouvernement du Québec，Attestation of Learning about Democratic Values and the Québec Values Expressed by the Charter of Human Rights and Freedoms，https：//www. immigration - quebec. gouv. qc. ca/en/immigrate - settle/attestation - values/index. html，检索日期：2020年3月8日。

表2　2019 年安省提名项目

类别和项目	主要要求条件
人力资本类别	
安省人力资本优先项目	英语 CLB7 级,学士学位及以上
安省法语技术移民项目	法语 NCLC 7 级,英语 CLB 6 级,学士学位及以上
安省技工项目	英语 CLB 5 级,有工作许可,工作满 1 年
安省硕士毕业生项目	过去 2 年内毕业,英语 CLB 7 级,过去 2 年内在安省住满 1 年
安省博士毕业生项目	2 年以上大学读博经历,过去 2 年内毕业
雇主担保类别	
外国劳工项目	有 NOC 0、A 或 B 类全职聘书,近 5 年内 2 年相关经验
国际留学生项目	有 NOC 0、A 或 B 类全职聘书, 2 年以上学习的学位或毕业证书,有学位准入要求的 1 年以上学习的学位或毕业证书。
紧缺职业项目	有指定部分 NOC C 或 D 类全职工作邀请,英语 CLB 4 级,高中毕业
商业移民类别	
企业家创业移民项目	详见表 3

资料来源：Government of Ontario，Ontario Immigrant Nominee Program（OINP），https：//www. ontario. ca/page/ontario – immigrant – nominee – program – oinp，检索日期：2020 年 3 月 9 日。

表3　2019 年安省企业家创业移民项目

	修改前	修改后
对于最低投资额要求的修改		
在大多伦多地区内的投资申请人	100 万加元	60 万加元
在大多伦多以外地区的投资申请人以及在信息与通信技术或数字通信领域的投资申请人(不受投资地域的限制)	50 万加元	20 万加元
对于最低个人资产额要求的修改		
在大多伦多地区内的投资申请人	150 万加元	80 万加元
在大多伦多以外地区的投资申请人以及在信息与通信技术或数字通信领域的投资申请人(不受投资地域的限制)	80 万加元	40 万加元
对于创造就业机会要求(创业或购买现有企业前 20 个月)的修改		
在大多伦多地区内的投资申请人	提供 2 个全职职位	全职雇用至少 2 名加拿大公民或永久居民
在大多伦多以外地区的投资申请人以及在信息与通信技术或数字通信领域的投资申请人(不受投资地域的限制)	同上	只需全职雇用 1 名加拿大公民或永久居民

资料来源：Application Guide：Entrepreneur Stream，Ontario Immigrant Nominee Program，July 8，2019。

由于降低了最低投资金额，安省和其他省相比，竞争力加强了。不过，虽然企业家创业移民的投资门槛降低了，但安省企业家创业移民的语言要求一直没有降低。安省政府此举是希望企业家移民不光带来资金，还要能真正融入当地社区。

安省的雇主担保移民计划目的是为出现劳工紧缺的职业领域提供人才。为了缓解雇主面临的一般技能劳动力短缺的问题，安省针对紧缺职业项目新增了三种职业类别。紧缺职业项目申请人在安省的职业经历要求由过去3年里累计至少1年修改为至少9个月。以下是2018年和2019年紧缺职业项目职业类别对比情况（见表4）：

表4　2018年和2019年紧缺职业项目职业类别对比情况表

NOC 代码	2018 年	2019 年
NOC 3413		护士助手、看护员和病人服务合作员（新增）
NOC 4412		家庭护工、管家和相关职业（新增）
NOC 7441	住宅和商业安装、服务工人	同左
NOC 7511		运输卡车司机（新增）
NOC 7521	重型设备操作员（除了起重机）	同左
NOC 7611	建筑行业辅助工和劳工	同左
NOC 8431	一般农场工人	同左
NOC 8432	苗圃和温室工人	同左
NOC 8611	收割工人	同左
NOC 9462	工业屠夫、切肉工、家禽肉类处理工及有关人员	同左

资料来源：Government of Ontario，Ontario Immigrant Nominee Program（OINP），https：//www. ontario. ca/page/ontario – immigrant – nominee – program – oinp，检索日期：2020年3月9日；https：//www. ontario. ca/laws/regulation/170422/v3 # BK8；https：//www. ontario. ca/laws/regulation/170422，检索日期：2020年3月9日；2019 Ontario Immigrant Nominee Program Updates，https：//www. ontario. ca/page/2019 – ontario – immigrant – nominee – program – updates，检索日期：2020年3月9日。

2019 年 12 月 20 日，安省移民局官网发布公告，政府正与选定的三个农村和小型社区合作，收集有关社区吸引移民和保留工作的信息。① 另外，安省有 5 个城镇社区将成为农村和北方移民计划的试点社区。而每个社区根据需要推荐候选人，其中苏圣玛丽社区正在使用积分系统来考虑优先推荐哪些候选人。例如，申请人至少具有 2 年工作经验，年龄在 18 ~ 47 岁，至少在苏圣玛丽社区的大学学习 1 年等。②

但对于已经成熟的项目，安省政府的要求很严格。例如，雇主担保政策的要求将提高：对雇主的办公地点、员工人数、员工待遇、财务状况都进行了明确的规定。

②不列颠哥伦比亚省

企业家投资移民区域试点新项目

2018 年 11 月 21 日，不列颠哥伦比亚省推出企业家投资移民区域试点项目（the Entrepreneur Immigration – Regional Pilot），该项目最低投资额为 10 万加元。③ 2019 年 3 月 14 日，企业家投资移民区域试点项目正式启动。④ 和已经进行了 5 年的企业家投资移民这一基本类别比较，企业家投资移民区域试点项目有以下区别（见表 5）。

2019 年，不列颠哥伦比亚省政府宣布新增 32 个社区加入企业家投资移

① 2019 Ontario Immigrant Nominee Program Updates，https：//www. ontario. ca/page/2019 – ontario – immigrant – nominee – program – updates，检索日期：2020 年 3 月 10 日。

② Application Process & Steps ，Sault Ste. Marie，https：//welcometossm. com/application – process – overview/，检索日期：2020 年 3 月 10 日。

③ British Columbia Provincial Nominee Program Entrepreneur Immigration Regional Pilot Program Guide，29 January，2019，BC PNP Archived News Items 2018，https：//www. welcomebc. ca/getmedia/794e434f – 49c6 – 46f4 – be54 – b39c7e7db868/BC – PNP – Archived – News _ 2018. pdf. aspx，检索日期：2020 年 2 月 28 日。申请人必须定居创业在 BC 省人口低于 7. 5 万人的偏远地区，创业地址必须距有 7. 5 万人口的社区中心至少 30 公里。

④ Entrepreneur Immigration Regional Pilot Program Guide，British Columbia Provincial Nominee Program，Province of British Columbia，https：//www. welcomebc. ca/Immigrate – to – B – C/B – C – Provincial – Nominee – Program/Documents，检索日期：2020 年 2 月 13 日。

民区域试点项目，希望企业家投资移民前往发展。① 截至2019年底，已有66个社区加入了省企业家投资移民区域试点计划。不列颠哥伦比亚省此举是希望企业家移民到该省更多地方开拓事业。

表5　企业家投资移民基本类别与企业家投资移民区域试点项目的区别

	企业家投资移民基本类别	企业家投资移民区域试点项目
经验要求	在过去10年内:至少有3年以上业主管理经历,或4年以上高级主管经历,或1年的业主管理经历加2年以上高级主管经历	在过去5年内:至少有3年以上业主管理经历,或4年以上高级主管经历,或1年的业主管理经历加2年以上高级主管经历
个人净资产	至少60万加元	至少30万加元
受教育水平	持有中学毕业证书,或者在过去5年中至少有3年的业主管理经历,且在企业中拥有100%的所有权	同左
商业计划	必须提交在不列颠哥伦比亚省创建一个新的企业或购买一个现有企业的商业计划书	必须提交在不列颠哥伦比亚省创建一个新的企业的商业计划书,并由一个注册的社区进行推荐
所有权占比	至少1/3(33.33%)	至少51%
投资额	最低20万加元	最低10万加元
创造就业机会	必须为加拿大公民或加拿大永久居民创造至少1份全职职位	同左
投资所在地	不列颠哥伦比亚省全境	仅在参与试点项目的社区
前期考察	无须	登记前必须访问考察注册社区以获得支持
语言要求	最低CLB/NCLC 4级。必须在最终报告中提交有效的语言能力测试结果的副本(如果以前没有提交过的话)	最低CLB/NCLC 4级。必须在最终报告中提交有效的语言能力测试结果的副本
与其他省提名计划人合作	允许	不允许

① May 24 2019, July 31 2019, September 30 2019, BC PNP Archived News Items 2019, https://www.welcomebc.ca/getmedia/327ea49a-e3c5-4c7f-92d4-cfb0401a507d/BC-PNP-Archived-News_2019.pdf.aspx，检索日期：2020年2月10日。

续表

	企业家投资移民基本类别	企业家投资移民区域试点项目
与当地商业或个人合作	允许	允许
登记评分要求	共200分(自我声明部分120分；商业概念80分)。商业概念部分至少得32分	共200分(自我声明部分140分；商业概念60分)。没有商业概念评分最低得分要求
登记评估时间	6周	4周
净资产审核	如果您被邀请申请，您必须出示净资产验证报告	同左
申请处理时间	4个月	同左
是否需要面试	是	同左
提交报告前本人在不列颠哥伦比亚省最少的时间	工作许可证签发后18个月	工作许可证签发后12个月

资料来源：British Columbia Provincial Nominee Program – Entrepreneur Immigration Base Category Program Guide , March 13, 2020。

企业家投资移民基本类别的新要求

2020年1月29日，不列颠哥伦比亚省要求企业家投资移民基本类别候选人提交语言能力证明，以证明其语言能力达到CLB 4级。① 本次引入了原先没有的最低语言能力要求，这表明不列颠哥伦比亚省希望企业家移民能够熟练使用至少一种加拿大官方语言，从而能真正融入不列颠哥伦比亚省各社区。

另外，企业家投资移民基本类别项目的申请将不再包括关键员工。这个变动是为了让主申请人更全力以赴地从事每日的经营活动。② 但企业家移民战略项目（EI-Strategic Project）类别仍旧保留关键员工提名机会。

③艾伯塔省（简称艾省）

艾省提名计划分为以下三类：

① News, Province of British Columbia, https：//www. welcomebc. ca/Immigrate – to – B – C/B – C – Provincial – Nominee – Program/News，检索日期：2020年3月10日。

② News, Province of British Columbia. https：//www. welcomebc. ca/Immigrate – to – B – C/B – C – Provincial – Nominee – Program/News，检索日期：2020年3月10日。

A. 艾省机遇类别（Alberta Opportunity Stream，AOS）

B. 艾省快速通道类别（Alberta Express Entry Stream）

C. 艾省自雇农场主项目（Self – Employed Farmer Stream）

对于艾省机遇类别，按照2018年政策规定，只有符合艾省移民局规定的可接受清单列表内的相关专业和学校毕业的申请人才可以申请AOS省提名。[①] 2019年11月29日，艾省宣布艾省机遇类别移民将取消对持有毕业工作签证申请人的专业限制。大部分NOC 0、A、B、C或D类职业从业者可以申请。[②]

从2020年1月1日开始，根据职业不同，最低语言能力要求如下：

A. NOC 0、A或B类，英语语言能力至少达到CLB5级；法语语言能力至少达到NCLC 5级。

B. NOC C或D类，英语语言能力至少达到CLB4级；法语语言能力至少达到NCLC 4级。

C. 如果申请时职业是NOC 3413（护士助手、看护员和病人服务合作员），则英语语言能力至少达到CLB7级，法语语言能力至少达到NCLC 7级。

学历方面，2019年4月1日及之后入读的获得初级专业课证书（Entry level certificate）的艾省毕业生将不再符合艾省机遇类别提名的申请要求。

④萨斯喀彻温省（简称萨省）

2019年12月3日萨省推出一个新的留学生移民类别：国际留学毕业生企业家移民类别（International Graduate Entrepreneur Category）。相比之前萨省的经验移民 – 留学生类别（Saskatchewan Experience-Students），国际留学毕业生企业家移民类别申请人无须提供加拿大萨省提名技术移民要求的雇主担保资格批准信（Job Approval Letter），而是可以自己成为创业移民。萨省

① Alberta Government，Alberta Opportunity Stream – List of Alberta Advanced Education Approved Post – Secondary Credentials For Post – Graduation Work Permit Holders.

② Alberta Government，Alberta Immigrant Nominee Program（AINP），https：//www. alberta. ca/ainp. aspx，检索日期：2020年3月11日。

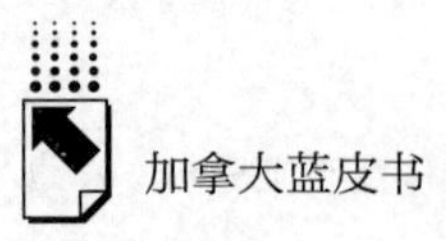

的提名审核条件包括：①

A. 在萨省居住；

B. 过去一年内拥有在萨省经营投资的业务；

C. 拥有公司至少1/3的股权并从事日常管理工作；

D. 证明已运行一年的业务正产生必要的最低利润；

E. 与萨省签署了企业绩效协议。

2019年9月18日，萨省在省提名计划国际技术移民类别下快速通道和需求职业（Occupations In-Demand）两个子类别里，取消了紧缺职业列表中仅19种职业可以申请的限制，转而由130种限制职业列表（Excluded Occupation List）来划定其余218种可申请职业。②

⑤马尼托巴省（简称马省）

为了吸引新的投资、扩大技术劳动力市场，马省在2018~2019年度重组了省提名计划的类别。新的省提名计划分四个类别，每个类别包括数个不同的途径，以确保提名申请人的资格与马省劳动力市场和经济领域要求相对应。这些类别和途径分别为：

A. 国际留学生类别（International Education Stream，IES）

a. 职业就业途径（Career Employment Pathway）

b. 毕业实习生途径（Graduate Internship Pathway）

c. 国际学生企业家试点（International Student Entrepreneur Pilot）

B. 马省省内技术移民类别（Skilled Worker in Manitoba Streams，SWM）

d. 马省工作经验途径（Manitoba Work Experience Pathway）

---

① Government of Saskatchewan Immigration Services Division, Application Guide for the International Graduate Entrepreneur Stream Saskatchewan Immigrant Nominee Program (SINP), December 3, 2019.

② Government of Saskatchewan, Excluded Occupation List for the SINP's Express Entry Category and the Occupations In – Demand Category, https://www.saskatchewan.ca/，检索日期：2019年12月1日；Government of Canada, Find Your NOC, https://www.canada.ca/en/immigration – refugees – citizenship/services/immigrate – canada/express – entry/eligibility/find – national – occupation – code.html，检索日期：2020年3月12日。

e. 雇主直接招聘途径（Employer Direct Recruitment Pathway）

C. 海外技术移民类别（Skilled Worker Overseas Stream，SWO）

f. 马省快速通道途径（Manitoba Express Entry Pathway）

g. 人力资本途径（Human Capital Pathway）

D. 商业投资类别（Business Investor Stream，BIS）

h. 企业家途径（Entrepreneur Pathway）

i. 农场投资途径（Farm Investor Pathway）[①]

其中按 a、d、f、g 途径申请的人，其目前职业或未来职业必须在马省不定期更新的紧缺职业表（In-Demand Occupations list）中。2019 年 10 月 22 日，马省更新了紧缺职业表并调整了英语水平要求（见表 6）。

表 6　2019 年马省紧缺职业表的调整和英语水平的调整部分

2019 年紧缺职业的调整		
NOC	职位	受影响的类别
0114	其他行政服务经理	海外技术移民类
1221	行政干事	海外技术移民类
1241	行政助理	海外技术移民类
0311	医疗保健管理人员	海外技术移民类
0601	企业销售经理	海外技术移民类
0621	零售和批发贸易经理	海外技术移民类
0651	客户和个人服务经理	海外技术移民类
2019 年对语言要求的变更		
NOC	职位	英语水平的变化
0112	人力资源管理人员	增加到 CLB 7 级
0114	其他行政服务经理	增加到 CLB 7 级
0121	保险、房地产和金融经纪经理	增加到 CLB 7 级
0122	银行、信贷和其他投资经理	增加到 CLB 7 级
0124	广告、营销和公关经理	增加到 CLB 7 级
0211	工程经理	增加到 CLB 7 级
0212	建筑和科学经理	增加到 CLB 7 级

① Government of Manitoba，MPNP Renewal，https：//www. immigratemanitoba. com/immigrate – to – manitoba/mpnp – renewal/，检索日期：2020 年 3 月 12 日。

续表

2019 年对语言要求的变更		
NOC	职位	英语水平的变化
213	计算机和信息系统经理	增加到 CLB 7 级
2123	农业代表、顾问和专家	减少到 CLB 5 级
2281	计算机网络技术人员	减少到 CLB 5 级
0601	企业销售经理	增加到 CLB 7 级
0711	建筑管理人员	增加到 CLB 7 级
0712	住宅修建和翻新经理	增加到 CLB 7 级
0714	设施运营和维护经理	增加到 CLB 7 级

资料来源：Government of Manitoba，https：//www. immigratemanitoba. com/immigrate – to – manitoba/in – demand – occupations/，检索日期：2020 年 3 月 13 日。

⑥大西洋四省

大西洋四省移民试点项目（Atlantic Immigration Pilot，AIP）是加拿大联邦政府联合新斯科舍省、新不伦瑞克省、纽芬兰 – 拉布拉多省及爱德华王子岛省制定的一项雇主担保类的移民计划，该项目自 2017 年 3 月 6 日起正式启动。[①] 至 2019 年 2 月 25 日，共有 1896 名雇主为有技能的外籍人员或毕业的留学生提供了 3729 份工作，其中，有 2535 人已经或将要定居在大西洋四省。[②]

2019 年 3 月 1 日，加拿大联邦政府宣布将大西洋四省移民试点项目延长到 2021 年 12 月 31 日。同时，加拿大联邦政府还做出了一些有利于国际

① Government of Canada，Launch of Three – year Atlantic Immigration Pilot Programs，https：//www. canada. ca/en/immigration – refugees – citizenship/corporate/publications – manuals/operational – bulletins – manuals/updates/2017 – 03 – 06. html，检索日期：2020 年 3 月 15 日；International Mobility Program：Atlantic Immigration Pilot Program（Work Permit Stream – Exemption Code C18），https：//www. canada. ca/en/immigration – refugees – citizenship/corporate/publications – manuals/operational – bulletins – manuals/temporary – residents/foreign – workers/special – initiatives – pilot – project/exemption – code – c18. html，检索日期：2020 年 3 月 15 日。

② Government of Canada，Atlantic Immigration Pilot，https：//www. canada. ca/en/immigration – refugees – citizenship/services/immigrate – canada/atlantic – immigration – pilot. html，检索日期：2020 年 3 月 15 日。

留学生以及健康护理行业雇主的调整：

A. 国际留学生毕业后申请 AIP 项目移民的期限延长至 2 年。这使得他们有足够的时间来完成永久居民申请。

B. 健康护理行业的雇主可以在全球范围内聘请受训的护士，以填补持续护理和家庭护理服务机构的职位空缺。

C. 参与 AIP 项目省份将设立新的部门来负责监管试点计划的实施，满足紧缺劳动力市场的需求，更好地对参与计划的雇主进行管理。

D. 从 2019 年 5 月 1 日起，IRCC 要求申请人在获得工作签证前须满足 AIP 项目对语言、受教育程度和工作经历的要求。

为了更好地完善该项目，大西洋四省不断调整 AIP 的内容。以新斯科舍省为例，2019 年 8 月 16 日，该省移民办公室对试点项目的要求细则进行了调整，调整后的政策对雇主的资格要求更加严格。例如，如果雇主的办公地址设在住宅区，雇主需要向省政府提供补充资料，如所在地政府出具的特殊用地确认信函等。在新斯科舍省经营了 2 年的雇主，可能会被要求提供报税和工资等相关记录。雇主需要对企业的用人需求做出合理的解释，是因为企业扩张还是因为本地招聘不到人员。如果是因为招不到人，则须证明为解决用人需求而进行过的努力。[①] 此外，对于雇主来说，若招聘 NOC B 或 C 类的职位，还须提供有效雇主登记证（Employer Registration Certificate）。[②] 新斯科舍省特别注明，AIP 申请审核取决于申请数量与劳动力市场需求，并且新增申请重新颁发许可的表格（Endorsement Re-issue Request Form），证书有效期为自签发之日起 6 个月，过期可申请重新派发，但是否重发则由移民办公室决定。[③] 2019 年 8 月 16 日之前已递交申请但未出结果的雇主，无须再次递交申请，

---

① Nova Scotia Guidelines for Designation, Atlantic Immigration Pilot, Nova Scotia Office of Immigration, August 2019.

② Guidelines for Endorsement - Atlantic Immigration Pilot (August 2019), https: //www. gov. nl. ca/immigration/files/Endorsement - Application - Guidelines - NL - August - 16 - 2019. pdf.

③ Endorsement Re - Issue Request, Atlantic Immigration Pilot, Nova Scotia; Endorsement Application - Atlantic Immigration Pilot (August 2019), https: //www. gov. nl. ca/immigration/files/Endorsement - Application - Guidelines - NL - August - 16 - 2019. pdf.

只须补充材料；2019 年 8 月 16 日之后递交的申请则需按照新的材料清单、使用新的表格重新申请。围绕对雇主的要求，纽芬兰 - 拉布拉多省也在同日做了相应的更新。①

2019 年加拿大各省移民政策与前几年一样，既有共同之处，也有不同的侧重。共同点为各省都开始关注偏远地区的发展，像五省共同参与的试点新项目农村和北方移民试点计划；提高了语言要求，像不列颠哥伦比亚省要求企业家候选人提交语言能力证明，魁北克省要求申请人的配偶必须证明有中级法语水平等。不同之处为魁省要求新移民须通过该省的价值观测试等。这些政策改变均与各省从实际出发所设的标准及各省执政党有关。与此同时，各省提名计划的实施力度也在不断加强。

2. 家庭团聚类移民

为了使新移民融入加拿大并服务加拿大，家庭团聚类移民成为加拿大政府移民计划的重要组成部分之一。

从 2019 年 7 月 26 日起，遭受家庭暴力的新移民可以申请免费的临时居住证，该居住证包括工作许可证和医疗保险。从 2019 年 9 月 9 日起，加拿大联邦政府启动了一个为期 2 年的试点项目：加拿大联邦政府允许一些已到加拿大的新移民（包括重新安置难民、受加拿大保护的人，以及之前担保过配偶、伴侣或受抚养子女的人）为当初未申报的直系家庭成员申请担保资助。而对于第一次来加拿大时没有申报直系亲属的新移民，禁止申请担保直系亲属。② 加拿大联邦政府此举旨在保护弱势和面临家庭虐待的新移民，也给许多人提供了家庭团聚的机会。

3. 难民和庇护类以及人道主义和其他类移民

2019 年 5 月 31 日，IRCC 推出照顾弱势群体（New Measures for Vulnerable

① Government of Newfoundland and Labrador, Employers, https://www.gov.nl.ca/immigration/immigrating-to-newfoundland-and-labrador/atlantic-immigration-pilot-program/employers/，检索日期：2020 年 3 月 17 日。

② Government of Canada, Canada Introduces New Measures for Vulnerable Individuals, https://www.canada.ca/en/immigration-refugees-citizenship/news/2019/05/canada-introduces-new-measures-for-vulnerable-individuals.html，检索日期：2020 年 3 月 17 日。

Individuals）政策。从 2019 年 6 月 4 日起，对于在加拿大拥有特定雇主工作许可证但工作环境恶劣的外籍劳工，如果能证明自己正在遭受不公正对待，将被允许离开原雇主，并保留他们的身份直至找到另一份工作。①

加拿大每年都接收来自世界各地的难民。由于美国自 2017 年以来大幅削减接收难民的数量，大量难民从美国越境进入加拿大申请难民身份，加拿大人担心不堪重负的难民背景调查工作存在安全隐患，同时也担心大量的难民安置需求将给社区带来超额的经济负担。例如，2019 年 8 月 29 日，加拿大联邦政府需要向魁北克省提供 2.5 亿加元资金，以帮助该省为从边境进入的难民提供临时住所和基本服务。同年 8 月 30 日，加拿大联邦政府向多伦多市提供了一笔 1700 万加元的资金，用于缓解难民临时居所问题的压力，以应对不断增加的难民。② 2019 年 7 月 3 日，根据加拿大广播公司（CBC）的报道，公共广场研究（Public Square Research）和 Maru/Blue 民意调查公司在 5 月 31 日到 6 月 10 日间进行了一项有 4500 名加拿大人参与的调查。调查显示，有 57% 的受访加拿大人反对接收更多的难民，76% 的受访加拿大人认为应该接收更多有熟练技能的移民。其中回答了一些选择性问题的 3112 人中，64% 的人赞同非法移民正在成为一个严重的问题的观点，56% 的人担心接收过多的移民将改变加拿大。在对于移民中少数族裔比例的选择

---

① Government of Canada, Canada Introduces New Measures for Vulnerable Individuals, https://www.canada.ca/en/immigration-refugees-citizenship/news/2019/05/canada-introduces-new-measures-for-vulnerable-individuals.html，检索日期：2020 年 3 月 17 日。

② Government of Canada, Government of Canada Provides $250 Million to Quebec to Help with Costs Associated with Irregular Migration, https://www.canada.ca/en/immigration-refugees-citizenship/news/2019/08/government-of-canada-provides-250-million-to-quebec-to-help-with-costs-associated-with-irregular-migration.html，检索日期：2020 年 3 月 18 日；Government of Canada, The Government of Canada Funds City of Toronto Initiative to Address Temporary Housing for Asylum Claimants, https://www.canada.ca/en/immigration-refugees-citizenship/news/2019/08/the-government-of-canada-funds-city-of-toronto-initiative-to-address-temporary-housing-for-asylum-claimants.html，检索日期：2020 年 3 月 18 日。

题中，24%的人选择认为移民中少数族裔太多了。①

加拿大一些反对派政治家和部分省政府批评执政党没有处理好难民背景调查等问题，这些都说明难民问题已经成为一个引起争议的政治问题。

二 移民政策变化的原因及其效果

2019 年移民政策的调整，和此前一样，是出于人口老龄化加速、经济发展、人道主义和选举等多方面的考量，而且很多移民政策实施数年后需要总结和调整。2019 年是加拿大联邦大选年，因此该年移民政策的调整和选举密切相关。

（一）人口老龄化对移民需求的影响

2019 年联邦政府各种数据显示，加拿大的人口老龄化仍在继续，百岁老人的人数首次超过 10000 人。截至 2019 年 7 月 1 日，老年人占加拿大人口的 17.5%，而 14 岁及以下的儿童仅占加拿大人口的 16.0%。② 从年龄构成来说，各省、地区有不小差别。草原省份和北部地区年轻人占比高些，大西洋省份人口老龄化最严重。过去数十年来处于生育年龄的年轻人不断从大西洋省份迁往其他省份是造成这一现象的主要因素之一，人口老龄化造成边远地区的劳动力剧减。

自从近些年增加移民额度后，2019 年 7 月 1 日，加拿大的人口估计为 37589262 人，与 2018 年 7 月 1 日相比，增加了 531497 人，这种增加幅度是有史以来的最高纪录。就各省而言，自 20 世纪 70 年代以来，2018～2019 年度大西洋省份的人口增长是最多的，其中爱德华王子岛省的人口增长率最

---

① Angela Johnston，"Majority of Canadians against Accepting More Refugees，Poll Suggests，" CBC News，https：//www.cbc.ca/news/canada/manitoba/refugees - tolerance - 1.5192769，检索日期：2020 年 3 月 17 日。

② Government of Canada，Canada's Population Estimates：Age and Sex，July 1，2019，https：//www150.statcan.gc.ca/n1/daily - quotidien/190930/dq190930a - eng.htm，检索日期：2020 年 3 月 19 日。

高，为2.2%。同一时期魁省人口增长率为1.2%，是30年来的最高值，而安省人口增长率为1.7%，是同期人口增长率最高的省份之一。艾伯塔省的人口增长率为1.6%，连续两年加速增长。纽芬兰-拉布拉多省仍然是例外，人口增长率连续三年下降（-0.8%）。①

加拿大大多数省份的人口增长与移民增加有很大关系。加拿大联邦政府看到了移民红利，因此继续推行开放性移民政策。

（二）经济发展急需各类年富力强的人才

在大多数省份中，是技术性职位而不是半技术性或非技术性职位存在劳动力短缺的情况。空缺率抬高了平均工资水平，对雇主施加了巨大压力，有空缺职位的雇主预计空缺将使整个企业的平均工资水平提高2.2%，而没有空缺职位的企业则为1.3%。根据加拿大独立企业联合会（The Canadian Federation of Independent Business，CFIB）在2019年6月12日发布的数据，加拿大的私营部门职位空缺率在2019年第一季度再次上升，达到3.3%，比上一季度上升了0.1个百分点。2019年第一季度，加拿大大约有435000个职位空缺。其中魁北克省保持了最高的职位空缺率，为4.1%，比上一季度增加了0.1个百分点，其次是不列颠哥伦比亚省（见表7）。

表7　2019年第一季度加拿大各省职位空缺情况

省名	空缺率(%)	变化(个百分点)	空缺职位数(个)
魁北克省	4.1	+0.1	120800
不列颠哥伦比亚省	3.6	+0.1	69400
安大略省	3.3	+0.1	174800
新不伦瑞克省	2.8	0	6600
马尼托巴省	2.4	0	10400

① Government of Canada，Canada's Population Estimates：Age and Sex，July 1，2019，https：//www150.statcan.gc.ca/n1/daily-quotidien/190930/dq190930a-eng.htm，检索日期：2020年3月19日。

续表

省名	空缺率(%)	变化(个百分点)	空缺职位数(个)
萨斯喀彻温省	2.3	+0.1	8000
新斯科舍省	2.3	-0.1	7000
艾伯塔省	2.1	-0.1	33800
纽芬兰-拉布拉多省	1.9	+0.1	2800
爱德华王子岛省	1.8	+0.1	900

资料来源：Canadian Federation of Independent Business，Canada's Job Vacancies Rate Sets New Record：435，000 Jobs Go Unfilled in Q1 2019，https：//www.cfib-fcei.ca/en/media/canadas-job-vacancies-rate-sets-new-record-435000-jobs-go-unfilled-q1-2019，检索日期：2020 年 3 月 20 日。

在这种形势下，年富力强的移民可以满足劳动力市场的需求。从就业率来看，移民 10 年后处在核心年龄段（25~54 岁）的新移民的劳动力参与率与在加拿大出生的人旗鼓相当（见表 8）。

表 8　2015~2019 年加拿大 25~54 岁年龄段人口劳动力参与率

单位：%

	2015 年	2016 年	2017 年	2018 年	2019 年
加拿大总人口	81.4	81.4	82.3	82.7	83.3
登陆移民总人口	77.1	77.6	78.9	79.5	80.1
登陆不到五年的新移民	66.0	68.2	69.8	71.3	70.4
登陆五年到十年的移民	75.6	76.1	77.2	79.5	80.6
登陆 10 年以上的移民	80.9	80.7	82	82.1	83.1
在加拿大出生的人	83.3	83.2	84	84.5	85.2

资料来源：Statistics Canada，Table 14-10-0083-01，Labour Force Characteristics by Immigrant Status，Annual。

新移民填补了劳动力市场的空缺，其中难民大量填补了初级技术职位的空缺，这些都使得加拿大劳动力市场更为强劲。

（三）民族和文化渊源

1971 年 10 月 8 日，皮埃尔·特鲁多（Pierre Trudeau）总理在加拿大国会宣布，政府将奉行多元文化主义的官方政策。① 在随后的几十年中，多元文化主义政策提高了少数族裔地位，保持了各族裔文化传统，因此得到了大多数人的支持。

不过近几年来，加拿大一些小党派主张减少接收移民，反对多元文化，有的党派甚至公开主张保护白人或欧洲裔移民的优势。在这种呼声抬头的情况下，有些调查公司开始进行民意调查。2019 年 6 月 12 日，加拿大独立企业联合会（Canadian Federation of Independent Business）公布了调查结果：年龄在 18 ~ 34 岁的加拿大人，有 20% 的受访人希望获准来加拿大的合法移民人数增加，但有 36% 的受访人认为现在不应该接收更多的新移民。此外，有 40% 的受访人表示移民人数应该有所下降，只有 15% 的受访人认为增加移民是有道理的。②

联邦自由党政府坚持推行多元文化政策，这不仅是因为政府必须遵循 1988 年的加拿大多元文化法案，也和加拿大人普遍认同的多元文化价值观、少数族裔选民人数逐年增加，以及少数族裔群体对自由党的支持有很大关系。例如 2015 年联邦大选总共有 29 名华裔候选人，6 名当选。2019 年联邦大选共有 41 名华裔（包括混血儿）候选人，最终有 8 名当选；印裔候选人有 20 名当选，其中当选人数最多的是自由党候选人，并有 4 名入阁。③

一份在 IRCC 财政支持下发布的预测报告指出，南亚人在 2036 年仍将是加拿大最主要的少数族裔群体，其次是中国人。在少数族裔群体中增长最快的群体是阿拉伯人、菲律宾人和西亚人，他们在移民人口中所占的比例高于在加拿大总人口中的比例。报告还预测，到 2036 年，移民人口和第二代人口将占加拿大总人口的 44.2% 至 49.7%，较 2011 年的比例（38.2%）高出不少。预测报告指出，使用另一种母语的人口将在 2036 年增加到 26.1% ~

---

① Canadian Multiculturalism Policy, 1971; Canadian multiculturalism (93 – 6E).

② Mario Canseco, "Poll Finds Generational Divides in Attitudes toward Immigrants", *Glacier Media*, February 5, 2019.

③ Forty – Second General Election 2015, Elections Canada, https://www.elections.ca/res/rep/off/ovr2015app/41/table12E.html, 检索日期：2020 年 5 月 5 日；Forty – third General Election 2019, https://www.elections.ca/，检索日期：2020 年 5 月 5 日。

30.6%，相比之下，这一比例在2011年为20.0%，在20年前的1991年为15.1%。[①] 报告还预测，到2036年，所有地区的宗教多样性都将增加。自称没有宗教信仰的人在总人口中的比例将继续增加，到2036年将占28.2%～34.6%（2011年为24.0%）。到2036年，天主教仍将是信奉人数最多的宗教，但信仰其他宗教的人数可能会翻一番，占加拿大总人口的13%～16%，而这一比例在2011年为9%。随着世界各地不同种族的移民来到加拿大，不同的宗教信仰也将越来越多。

三　移民政策的未来发展趋势

2019年加拿大联邦大选，自由党再次获胜。尽管组成的是少数党政府，但对加拿大过往移民政策的稳定延续仍是有好处的。相信未来几年经济类、家庭团聚类、难民和庇护类以及人道主义和其他类的移民人数在整体移民计划中的比例不会有很大变化。

联邦政府过去是“自上而下”地推行移民政策，其结果是多数新移民选择居住在大城市，大城市拥挤，而偏远地区的人口不能满足当地劳动力市场的需求。2019年，联邦政府更多地实施“自下而上”的移民审核方式。联邦政府提出“农村和北方移民试点计划”和“农业与食品移民试点计划”，目的就是要确保新移民流向加拿大最需要的地区，帮助提升当地经济发展。因此，预计未来将会有更多的偏远城市和社区加入移民的各类试点项目。鉴于不少技术移民来到加拿大偏远省份后很快就搬到多伦多或温哥华等大城市，而由雇主担保的移民留在偏远地区的概率更大，因此加拿大各级政府会更加强调雇主担保和工作机会的重要性。在新移民的家庭安置、就业、社区融合等一系列相关问题上，地方政府和雇主将发挥越来越重要的作用，由雇主担保的技术移民份额将会增加。

---

① Immigration and Diversity：Population Projections for Canada and its Regions，2011 to 2036，Statistics Canada，https：//www150.statcan.gc.ca/n1/pub/91－551－x/91－551－x2017001－eng.htm，检索日期：2020年3月21日。

另外，从安大略省、不列颠哥伦比亚省和大西洋四省的情况来看，每个新移民项目在运行初期的门槛往往较低，待申请人数增多后，后期要求通常会逐渐提高。在联邦和省、地区、社区政府合作方面，省提名计划及各类试点计划的名额在全加拿大移民计划中的占比将逐步提高。

国际留学生具有学历、年龄和语言方面的绝对优势，是加拿大政府看重的有生力量。近些年加拿大各高校不断提高国际留学生学费，大量的国际留学生在求学期间为加拿大教育机构和地方社区创造了不菲的经济效益。他们毕业后如决定移民加拿大，能很快进入相应行业填补劳动力市场的空缺。留学生在定居地建立家庭又为当地人口的增长和年龄结构的年轻化做出了贡献。因为留学生学费是各高校经费的重要来源，维持较高的国际留学生招生比例是必然的。鼓励国际留学生移民的各项优惠措施也必将体现在今后的各项经济移民政策中。诚然，未来出台的政策将更有利于留学生申请移民，但IRCC对留学生就读期间的监管和审核也会更加严格。①

2020年是一个多事之年。在加拿大国内，联邦政府面临诸多挑战，疫情期间加拿大呈现经济下滑和失业率上升的局面。疫情什么时候结束，之后怎样尽快恢复经济，各政府机构如何恢复正常运转，加拿大在国际问题上如何表达自己的立场和价值观，加拿大如何持续吸引各国优秀人士移民加拿大，这些问题对于还有三年多任期的自由党联邦政府而言是不小的考验。有人质疑，加拿大在高失业率的情况下是否仍有必要接收大量的移民。但对于加拿大经济运转来说，那些在一线努力工作的经济类移民一直是加拿大不可

① Grant La Fleche, "Thousands of International Students Cited in Government Report for Breaking Rules", Nov. 17, 2019, The Hamilton Spectator, https://www.thespec.com/news-story/9705958-thousands-of-international-students-cited-in-government-report-for-breaking-rules/，检索日期：2020年3月22日；Government of Canada, Changing Your School or Program, https://www.canada.ca/en/immigration-refugees-citizenship/services/study-canada/change-schools.html，检索日期：2020年3月22日。2019年前2个月，有1048名学生签证被吊销。IRCC报告显示，在高等院校入学的国际学生中，大约有10%的人没有遵守他们的学习许可条件，停学或者根本不去上课。根据规定，如留学生更换学校，在就读后要立即通知IRCC，更新自己的就读信息。如果没有立即通知，原就读学校就会默认为学生旷课，学生因此违反了加拿大的学签要求，进而会被强制要求离开加拿大。

或缺的支柱。国际留学生每年为加拿大经济贡献近220亿加元，并提供超过17万个工作岗位。如因疫情而将他们挡在加拿大边界之外，这对加拿大经济将是一个打击。为此，联邦政府正在采取积极措施，其中一项就是将留学生注册学校网上课程视作和学校保持联系的证明，参加网上课程学习的时间视为学生工作签证的时间。然而，关于家庭团聚类移民和难民安置计划，将暂停一段时间。①

与此同时，加拿大的邻国美国正在采取提高庇护申请门槛、收紧合法移民和留学生的政策，这将促使更多人选择移民加拿大。因此，申请移民加拿大的竞争将会更加激烈。

① "Immigration Will Be Key in Post - Pandemic Era: Liberal Minister Mendicino," https: //www. kamloopsthisweek. com/immigration - will - be - key - in - post - pandemic - era - liberal - minister - mendicino - 1. 24135948，检索日期：2020年5月15日；Stephante Levtiz, "Canada Will Need Newcomers after Coronavirus Pandemic, Immigration Minister Says", https: //globalnews. ca/news/6949767/immigration - coronavirus - canada/，检索日期：2020年5月15日；Kareem El - Assal And Shelby Thevenot, "Canada's Immigration Minister Shares Coronavirus Updates, Canada Immigration Newsletter," https: //www. cicnews. com/2020/05/canadas - immigration - minister - shares - coronavirus - updates - 0514283. html#gs. 6mqahn，检索日期：2020年5月15日。

B.9
特鲁多政府原住民政策评析

刘江韵*

摘　要：　原住民政策改革是特鲁多政府的主要政纲之一。上台以来，特鲁多政府从重塑关系、法律改革、经费改革等方面推行新的原住民政策，取得了一些成果。然而，自2019年以来，先后发生了总理干预司法、调查报告风波与“堵路运动”等与原住民议题密切相关的事件，政策推行遭遇困难。本报告认为，特鲁多政府的原住民政策改革遇阻，最重要的原因是结构性的问题未解决。具体来说，这些结构性的问题包括：管治框架的落后、各方利益的分化和缺乏稳定的驱动力。

关键词：　特鲁多政府　原住民政策　“堵路运动”

加拿大是1948年《世界人权宣言》（Universal Declaration on Human Rights）的主要起草国家，并且签署了第二次世界大战后几乎所有的国际人权条约。因此，保护人权被认为是加拿大价值观与软实力的主要体现之一。然而，加拿大在原住民权利保护方面，却与其国际形象不完全相符。2007年，在联合国大会审议《联合国原住民权利宣言》（United Nations Declaration on the Rights of Indigenous Peoples，UNDRIP）时，加拿大是四个

* 刘江韵，上海外国语大学国际关系与公共事务学院加拿大研究中心，研究方向：加拿大外交。

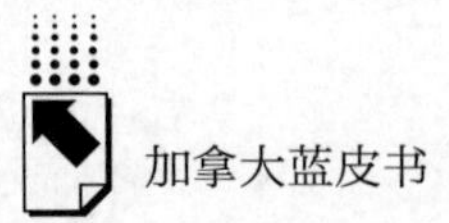

投反对票的国家之一。[①] 在2015年10月的联邦大选中，特鲁多将改革原住民政策作为其重要的竞选政纲，获得了原住民选民近乎一边倒的支持。上台后，特鲁多大力推行原住民政策改革并取得了一定的进展。然而，特鲁多的改革在2019～2020年遇到了一系列不利因素。特鲁多上台之后推行的原住民政策改革为何遭遇诸多阻碍？加拿大的原住民问题中的结构性困境有哪些？本报告将试图回答上述问题。

一　加拿大原住民政策的演变过程

本报告所讨论的原住民，是指加拿大的第一民族（First Nations）、梅蒂斯（Métis）人和因纽特（Inuit）人。根据2016年的人口普查结果，加拿大原住民人口合计约有167万，占全国总人口的4.9%。其中，第一民族是由法定意义上的印第安人组成的，全加拿大有超过600个第一民族部落、将近2100处保留地和大量在保留地以外的定居点，[②] 人口约为97.73万。梅蒂斯人是原住民和欧洲人通婚后产生的民族，在原住民中具有独特的文化和历史地位，人口约为58.74万。因纽特人主要居住在北极地区，人口约为6.5万。[③] 此外，还有部分未正式登记的原住民散居在全国各地。在法国和英国殖民者来到北美的早期，原住民与殖民者的地位是相对平等的，因为殖民者需要依赖原住民来获取食物、引路乃至作战。然而，在殖民者获得人口、军力等的优势后，原住民在经济、社会、政治等方面被全方位地边缘化。从界定权利到剥夺权利，再到重新交还权利，加拿大原住民政策经历了长达250多年的演变，此过程是曲折的而非线性的。

---

① Sheryl Lightfoot, " A Promise Too Far? The Justin TrudeauGovernment and Indigenous Rights", in Norman Hilmer and Philippe Lagassé, eds., *Justin Trudeau and Canadian Foreign Policy* (Palgrave Macmillan; 1st ed., 2018), p. 166.

② Marcia Nickerson, " Characteristics of a Nation - to - Nation Relationship", Institute on Governance February, 2017, p. 10.

③ 《联合国国际人权文书：加拿大》，http://docstore.ohchr.org/SelfServices/FilesHandler.ashx?enc=FhOD6sgqgzAhFXD9F%2FeKaFMm83LbFY75RhkIFGrig%2B6ttiE38St1t%2FJ2kTFy9GlNlegs4jnW6wvxENC8DJXqEHkNMbCljgcbQNaiR%2B%2FjaC3M7%2FG3x9SiTeyid%2BAI4Dx%2B，检索日期：2020年3月6日。

（一）从《1763年皇家宣言》到《印第安人法》

《1763 年皇家宣言》（Royal Proclamation of 1763）首次以法律形式承认原住民的土地权格（Aboriginal title），要求英国在获得土地前必须与原住民签订条约。此宣言在赋予原住民土地权格的同时，实际上也承认了原住民是拥有自治权利的政治实体。《1763 年皇家宣言》为英国殖民者的西部开发提供了法律保障，同时也为原住民权利保护提供了依据。在此期间，原住民与非原住民的关系是相互独立的，相互协商他们之间的军事联盟、贸易协议等事务，呈现出一定程度的平等。①

上述情况在 1867 年《英属北美法案》（British North America Act）通过后发生了改变，该法案在区分联邦与省政府权力的同时，通过第 91 条第 24 款将原住民的法律地位特殊化了。议会开始通过立法以社议会（band council）来代替原本权力更大的原住民政府，逐步加强对原住民土地、自然资源和金融储备的控制，出台政策试图改造原住民的家庭与婚姻传统。

1876 年，加拿大通过了《印第安人法》（Indian Act），此法案及其修正案给原住民的管治方式与文化带来了根本性的改变。例如，该法案将冬季赠礼节（potlatch）、太阳舞（sun dance）等原住民传统列为犯罪行为，通过推行印第安人寄宿学校制度将年幼的印第安儿童从家中带走，禁止他们说原住民语言、学习传统习俗以及维持与原住民社区的联系。其中，印第安人寄宿学校制度延续了超过 100 年（1884 ~ 1996 年），对至少四代原住民造成了深远的负面影响。

（二）从1982年修宪到两个重要的会议

1981 年，特鲁多总理（皮埃尔·特鲁多）发起与各省的谈判，希望通过宪法还原（Patriation）获取加拿大的完整主权。1981 年 11 月 5 日，联邦政府宣布其已经与所有英语省份达成了协议，将会马上启动修宪。此时，原

① RCAP，“Looking Forward，Looking Back：Stage 2：Nation - to - Nation Relations”，1991，http：//data2. archives. ca/e/e448/e011188230 - 01. pdf，检索日期：2020 年 4 月 2 日。

住民领袖才发现，为了争取各省的支持，联邦政府删除了关于原住民权利的条文。原住民马上组织起来，500 位部落领袖聚集到渥太华要求恢复相关条文。[①] 最终，除艾伯塔省省长以外，所有省长都同意恢复关于原住民权利的已有条文。

《1982 年宪法法案》第 35 条中，保留了已有的原住民保护条文和条约权利。然而，这些关于原住民的条文仍然是相当不清晰的。原住民的法定权利，仍需通过法院判例、宪法会议等多种途径不断探索完善。1990 年的《米其湖协定》（Meech Lake Accord）和 1992 年的《夏洛特敦协定》（Charlottetown Accord）都试图让原住民参与到联邦和地方的决策过程中，同时解决原住民的自治权利问题。[②] 虽然米其湖和夏洛特敦两个会议都以失败告终，但仍有效地将原住民政策问题带到了加拿大公共讨论中。

（三）里程碑式的原住民皇家委员会

1991 年，为了应对米其湖和夏洛特敦两个会议的失败，以及全国范围内爆发的抗议和“堵路运动”，加拿大召开了原住民皇家委员会（Royal Commission on Aboriginal Peoples，RCAP）。RCAP 被赋予的核心任务是回答一个问题：“在原住民与非原住民之间建立公平和正直的关系的基础是什么?”RCAP 访问了 96 个原住民社区，举行了 178 场公开听证，听取了数千名相关人士的意见，最终结论是殖民地与加拿大政府在过去 150 年里的原住民政策的方向都是错误的。

RCAP 提出，加拿大政府和社会都必须承认历史上曾经发生的不公，包括影响几代人的寄宿学校制度，以及不公平的土地制度导致原住民在加拿大联邦成立以后失去了超过三分之二的土地。因此，联邦政府和省政府应该重新确立赋予原住民的土地权格等权利。为此，RCAP 的报告列出了一个二十

① Peter Mcfarlane, *Brotherhood to Nationhood. George Manuel and the Making of the Modern Indian Movement*（Toronto: Between the Lines, 1993）, pp. 247 – 302.

② RCAP, “Looking Forward, Looking Back: Policies of Domination and Assimilation”, 1991, http://data2.archives.ca/e/e448/e011188230 – 01.pdf，检索日期：2020 年 4 月 2 日。

年的改革路线图，当中包括法律改革、承认原住民的自治权利、改革政府的原住民管理机构、创建原住民议会、扩大原住民的土地与资源拥有量等。①

（四）哈珀政府时期的真相与和解委员会

2008 年，根据《印第安人寄宿学校和解协议》（Indian Residential School Settlement Agreement）的要求，哈珀政府建立了真相与和解委员会（Truth and Reconciliation Commission，TRC）。TRC 的任务是全面调查印第安人寄宿学校制度的真相并提出修补关系的建议。TRC 开展了加拿大历史上最大规模的原住民社区调研活动，遍访第一民族、梅蒂斯人和因纽特人的社区。

2015 年 6 月 2 日，在哈珀总理在任的最后几个月，TRC 发布了总结报告《珍视真相，和解前行》（Honoring the Truth，Reconciling for the Future）。报告分为两个部分：第一部分是对印第安人寄宿学校制度的调查，报告的结论是该制度是一种"文化大屠杀"；第二部分是对修补原住民与非原住民关系提出政策建议，当中的核心是将 UNDRIP 作为全面保护原住民的行动框架。② 在报告被提交到政府后，哈珀政府虽然表示愿意倾听并研究当中的部分建议，但实际上坚决拒绝将 UNDRIP 作为原住民政策的框架。③

二　特鲁多上台后的原住民政策改革

2015 年联邦大选期间，原住民政策成为重要的议题。特鲁多领导的自

---

① Library and Archives Canada，" Report of the Royal Commission on Aboriginal Peoples"，1991，http：//data2. archives. ca/e/e448/e011188230 –01. pdf，检索日期：2020 年 5 月 8 日。

② TRC，"Honouring the Truth，Reconciling for the Future"，Summary of the Final Report of the Truth and Reconciliation Commission of Canada，2015，pp. 1 – 22，http：//www. trc. ca/assets/pdf/Honouring_ the_ Truth_ Reconciling_ for_ the_ Future_ July_ 23_ 2015. pdf，检索日期：2020 年 4 月 12 日。

③ Chole Fedio，"Truth and Reconciliation Report Brings Calls for Actions，Not Words"，CBC News，June 2，2015，https：//www. cbc. ca/news/politics/truth – and – reconciliation – report – brings – calls – for – action – not – words – 1. 3096863，检索日期：2020 年 4 月 17 日。

由党旗帜鲜明地将改革现有的原住民政策作为政纲之一，在蒙特利尔举行的第36届第一民族大会上，特鲁多提出了关于原住民政策的主张：第一，“重建联邦政府与原住民的关系具有紧迫性，新的关系将基于信任、肯定与对权利的尊重，并且保障现状将会被终结”；第二，全面采纳和执行TRC报告提出的94条政策建议；第三，原住民政策的改革将以UNDRIP为行动框架。在投票中，原住民选民踊跃支持自由党，一些原住民社区的投票率与之前相比增加了200%，许多原住民地区的投票站甚至出现准备的选票不足的状况。[①] 因此，说原住民将特鲁多送进了联邦政府并不为过，同时原住民选民对特鲁多政府的期望值也非常高。

特鲁多正式上任后，很快开始落实原住民相关政策，核心是重建与原住民关系的五点计划，包括与原住民建立新的权利义务关系、废除现有的不合理法规、发起对失踪和被谋杀原住民妇女和女童的调查、解决原住民教育经费问题、全面落实TRC和UNDRIP的改革建议。上述五点计划，最终落实为重塑关系、法律改革与经费改革三个方面的政策。

（一）重塑关系

重塑关系包括三个内容，一是明确处理政府与原住民关系的原则，二是重建民族与民族关系，三是通过体制改革明晰宪制与行政责任。

2017年7月，特鲁多政府发布《关于加拿大政府与原住民关系的原则》（Principles respecting the Government of Canada's relationship with Indigenous peoples），提出处理联邦政府与原住民关系的十大原则。这些原则的核心任务是让原住民融入现有的法律与政策体系中，例如：原则三提出政府“应当保障原住民在联邦中获得完整的伙伴地位”；原则四提出“合作联邦主义”（Cooperative Federalism），“承认原住民是加拿大宪制框架的基石”；原则五提出“将保证原住民在联邦决策过程中扮演特定的角色”。

---

① Chinta Puxley, “Anger at Stephen Harper, Disenfranchisement Fueled Turnout of Aboriginal Voters”, https：//globalnews. ca/news/2297905/anger - at - stephen - harper - disenfranchisement - fuelled - turnout - of - aboriginal - voters/，检索日期：2020年4月12日。

重建民族与民族关系，是指将原住民与非原住民的关系从管治者与被管治者的不平等关系改造成更为平等的加拿大民族与原住民民族的关系。需要特别注意的是，因纽特人认为自身与加拿大的关系是独特的，他们并不寻求与加拿大民族建立关系，而是要求建立因纽特 - 皇室关系（Inuit - Crown relationship）。因纽特 - 皇室关系所要求的是保留因纽特人在加拿大的独特身份认同，配套的政策包括建立专门的教育体系、推广因纽特语言等。[①] 为此，特鲁多政府上台后与代表原住民的组织分别签署了备忘录，根据备忘录，联邦政府与第一民族议会（The Assembly of First Nations）、因纽特团结组织（Innuit Tarpiriit Kanatami）和加拿大梅蒂斯民族（The Métis Nation of Canada）创建了双边对话平台。[②] 通过这些平台，加拿大政府与原住民定期举行咨询会议，使原住民得以参与到政策制定过程中。除此以外，特鲁多政府在 2016 年 9 月成立了失踪和被谋杀原住民妇女和女童国家调查委员会（National Inquiry into Missing and Murdered Indigenous Women and Girls），对过去 30 年中针对原住民的暴力案件展开调查。[③]

2017 年 8 月，特鲁多宣布重组政府，将原住民和北方事务部（INAC）分为皇室原住民关系和北方事务部（CIRNA）和原住民部（DISC）两个独立部门。其中，CIRNA 将负责“重构关系”的政治任务，包括原住民的自治问题、土地权利诉求等重大事项；DISC 则更多地承担行政功能，负责管理已有的原住民政策项目。[④]

---

① Marcia Nickerson, “Characteristics of a Nation - to - Nation Relationship”, Institute on Governance, February, 2017, p. 12.

② Hayden King and Shiri Pasternak, “Canada's Emerging Indigenous Rights Framework: A Critical Analysis”, Yellowhead Institute, June 5, 2018, p. 28.

③ Government of Canada, “National Inquiry into Missing and Murdered Indigenous Women and Girls”, https://www.rcaanc - cirnac.gc.ca/eng/1448633299414/1534526479029，检索日期：2020 年 4 月 9 日。

④ Hayden King and Shiri Pasternak, “Canada's Emerging Indigenous Rights Framework: A Critical Analysis”, Yellowhead Institute, June 5, 2018, p. 9.

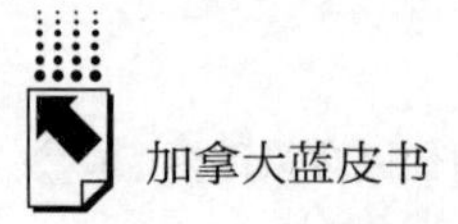

（二）法律改革

法律改革是将原住民权利制度化的关键，也是250多年来原住民政策演变的核心。然而，《印第安人法》和《1982年宪法法案》中关于原住民的土地权格、语言与文化权利、宪法地位等的条文沿用至今，与加拿大政府的原住民政策存在诸多的矛盾。特鲁多上台后，以政府法案（government bill）、议员法案（Private member's bill）或参议院法案（Senate bill）的形式提出了10多个原住民法案，涉及原住民的环境保护、渔业生产、语言保育以及纪念日等方面（详见表1）。

另外，加拿大积极地通过法院裁决来对《印第安人法》中的不合理条款进行修正。2016年，加拿大最高法院裁定，根据《1982年宪法法案》第91条第24款，加拿大立法权所指的“印第安人”一词应包含境内所有的原住民，即包含梅蒂斯人和未按规定登记的印第安人。2017年，作为对魁北克高等法院在迪希努（Descheneaux）诉加拿大司法部部长一案中的裁决的回应，《印第安人法》中关于性别的不公平条款被废除。①

表1　加拿大政府与自由党提出的原住民法案（2015～2019年）

法案名称	提出时间	法案类型
加拿大原住民语言法(S－212)	2015年12月	参议院法案
设立印第安人和解与纪念日法案(C－318)	2016年10月	议员法案
〈联合国原住民权利宣言〉报告法案(C－332)	2016年12月	议员法案
全国海豹产品日法案(Bill S－208)	2017年5月	议员法案
设立橙色衬衣纪念日法案(C－386)	2017年11月	议员法案
修订〈育空环境和社会经济评估法案〉的法案(C－17)	2017年12月	政府法案
根据魁北克高级法院的裁决修订〈印第安人法〉的法案(S－3)	2017年12月	参议院法案

① 《联合国国际人权文书：加拿大》，http：//docstore. ohchr. org/SelfServices/FilesHandler. ashx? enc = FhOD6sgqgzAhFXD9F% 2FeKaFMm 83LbFY 75RhkIFGrig% 2B6ttiE38St1t% 2FJ2kTFy9 GlNlegs4jnW6wvxENC8DJXqEHkNMb CljgcbQNaiR% 2B% 2FjaC3M7% 2FG3x9SiTeyid% 2BAI4 Dx%2B，检索日期：2020年3月6日。

续表

法案名称	提出时间	法案类型
原住民文化产权恢复法案(C-39)	2018年2月	议员法案
渔业法案修订案及相关法案(C-68)	2018年2月	政府法案
〈影响评估法〉〈加拿大能源规管法〉和〈修正航行保护法〉的生效法案(C-69)	2018年2月	政府法案
设立皇室原住民关系和北方事务部的法案(CIRNA)	2018年7月	政府法案
设立原住民部的法案(DISC)	2018年7月	政府法案
原住民语言法案	2018年10月	政府法案
建立原住民权力、认可与执行框架法案	2019年10月	政府法案

资料来源：Hayden King and Shiri Pasternak, " Canada's Emerging Indigenous Rights Framework: A Critical Analysis", Yellowhead Institute, June 5, 2018, p. 22.

（三）经费改革

特鲁多上台以来，最重要的经费改革措施就是大幅增加对原住民事务的经费预算。哈珀执政时期，加拿大对原住民事务的投入从未超过政府总预算的3.5%。2016年3月，特鲁多政府的财政部部长宣布将在未来五年里投入84亿加元到原住民事务中，[①] 这次投入的优先项目为：教育、儿童保护、清洁水源、住房和政府管治。这是加拿大政府有史以来对原住民事务最大规模的一次投资计划。在预算的实际落实中，特鲁多政府基本兑现了上述承诺。其中，2018/2019财年的原住民事务开支达到政府总预算的4.5%。在2016/2017~2018/2019财年，政府的总预算从2500亿加元上升至2760亿加元，而对原住民事务的投入则从75亿加元增加至124亿加元，增幅远大于总预算（参见表2）。

① Government of Canada, Budget 2016: Growing the Middle Class, 2016, p. 134, https://www.budget.gc.ca/2016/docs/plan/budget2016-en.pdf，检索日期：2020年4月27日。

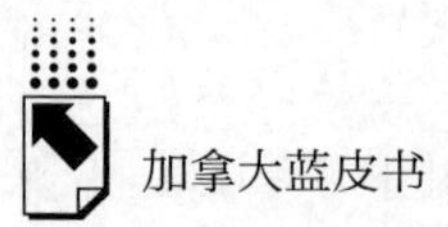

表2　2012/2013～2018/2019 财年加拿大政府总预算与原住民预算对比

单位：亿加元

	政府总预算	印第安人事务与北方发展部预算	原住民预算开支占比
2012/2013	2519	77	3.06%
2013/2014	2525	79	3.13%
2014/2015	2350	80	3.42%
2015/2016	2416	81	3.39%
2016/2017	2500	75	3.00%
2017/2018	2579	100	3.90%
2018/2019	2760	124	4.50%

资料来源：Tom Flanagan, " The Costs of the Canadian Government's Reconciliation Framework for First Nations," Fraser Institute, 2018, p. 3.

2020 年 2 月以来在加拿大扩散的新冠疫情，给原住民带来了严峻的挑战。原住民居住的地区相对分散，本身拥有的医疗设施落后于各大都市圈，因此其在应对疫情时更为脆弱。为此，特鲁多政府在 3 月即宣布为原住民社区提供 3.05 亿加元的拨款，保证其用于食物、医疗和避难所等的开支。然而，随着疫情发展，全国各地的原住民社区均表示之前的拨款不足以应对当前危机。5 月 29 日，联邦政府宣布再拨款 6.5 亿加元用于原住民社区的抗疫工作。对此，原住民社区普遍表示满意。① 从实际效果来看，在原住民人口分布较多的地区，感染情况和死亡情况都控制在了较低水平。②

① "Canada Giving Another $650M in COVID－19 Aid to Indigenous Communities", https://globalnews.ca/news/7001491/coronavirus－canada－indigenous－support/，检索日期：2020 年 5 月 29 日。

② Government of Canada, "Coronavirus Disease (COVID－19): Outbreak Update", https://www.canada.ca/en/public－health/services/diseases/2019－novel－coronavirus－infection.html，检索日期：2020 年 5 月 29 日。

三 2019年以来特鲁多政府原住民政策面临的挑战

特鲁多上台后推行的原住民政策改革，在政策和法律层面较好地履行了其竞选承诺。然而，自2019年以来，特鲁多的原住民政策遭遇了三次重大的挑战，表明加拿大的原住民问题仍存在一些难以化解的深层次矛盾。

（一）特鲁多干预司法事件

2015年特鲁多上台后对原住民事务的一项重要举措就是邀请两名原住民担任内阁成员，其中一位是被任命为司法部部长的王州迪（Jody Wilson - Raybould）。王州迪是夸夸嘉夸族人，曾任不列颠哥伦比亚省检察官、条约委员会委员及第一民族议会地区酋长，其父亲比尔·威尔逊（Bill Wilson）是在温哥华地区具有强大影响力的原住民领袖。2013年，特鲁多邀请王州迪加入自由党，主要目的就是通过她来吸引原住民选票。特鲁多当选后，王州迪所担任的司法部部长职位还被赋予了推动原住民法律改革的任务。2017年2月，特鲁多宣布组成由王州迪领导的部长级工作组，该工作组的任务为全面评估与原住民相关的法律与政策是否符合宪法、国际人权条约以及UNDRIP和TRC的要求。①

然而，特鲁多在2019年1月14日重组内阁，将王州迪调任退伍军人事务部部长。王州迪在一个月后即主动请辞，随后向媒体披露其在担任司法部部长、处理建筑公司SNC - 兰万灵涉贿案时受到包括特鲁多在内的高官的施压，而被调任正是因为她拒绝让政治权力干预司法独立。此事引起了原住民社区的强烈反弹：其一，不少原住民领袖批评特鲁多，认为他让王州迪进入内阁只是为了利用她的身份来争取选票，一旦选举获胜便轻易抛弃，这与加拿大政党历来对待原住民的方式如出一辙；其二，特鲁多对王州迪的政治干

① Sheryl Lightfoot, " A Promise too Far? The Justin Trudeau Government and Indigenous Rights," in Norman Hilmer and Philippe Lagassé, eds. , *Justin Trudeau and Canadian Foreign Policy* (Palgrave Macmillan; 1st ed. , 2018), pp. 174 - 176.

预，让原住民想起了历史上联邦政府多次背信弃义的做法，即法律可以根据政治需要来歪曲解读甚至不执行。马尼托巴省前大酋长西拉·诺夫（Sheila North）批评道，特鲁多对王州迪这位全加拿大最重要的原住民女性的不尊重，实际上反映了联邦成立150多年以来阴魂不散的殖民地式家长制作风。[①] 根据民意调查机构纳诺斯（Nanos）2019年3月的数据，只有28%的受访者认为特鲁多上台后联邦政府与原住民的关系有所改善，而认为双方关系正在恶化的受访者升高至21%。[②] 2019年8月14日，加拿大联邦利益冲突和道德操守专员公布了对SNC－兰万灵案的调查结果，认定特鲁多违反了《利益冲突法》、试图干预司法。[③]

（二）调查报告风波

2019年6月3日，由特鲁多政府发起建立的“失踪和被谋杀原住民妇女和女童国家调查委员会”公布了历时3年多完成的调查报告。这份长达1200页的报告收录了超过2000人的证词。报告称，在1980～2015年，有数千名原住民妇女和女童失踪或被谋杀，她们是“种族灭绝”（Genocide）政策的牺牲品，反映了加拿大“根深蒂固的殖民主义”和“国家无能”。报告中关于加拿大政府正在执行“种族灭绝”政策的结论，引起了巨大的争议。原住民领袖与组织认为，只有这样的结论才能真正引起联邦政府和国际社会的关注，才可以从根源上杜绝针对原住民的结构性暴力。但在不少政客与学者看来，将加拿大的原住民政策定义为“种族灭绝”是不符合事实的，并

① Catherine Porter，“Trudeau's Commitment to Indigenous Groups Tester by Minister's Resignation”，February 14，2019，New York Times，https：//www.nytimes.com/2019/02/14/world/canada/trudeau－indigenous－jody－wilson－raybould.html，检索日期：2020年4月27日。

② Nanos Research，“Sepcial four day impact study of Jody Wilson－Raybould testimony”，March，2019，https：//secureservercdn.net/198.71.233.47/823.910.myftpupload.com/wp－content/uploads/2019/03/2019－1385B－Globe－March－Federal－Indigenous－Relations－Populated－Report－WAVE－2－with－tabs.pdf? time＝1591880859，检索日期：2020年4月2日。

③ 李保东：《加拿大道德专员确认特鲁多在SNC－兰万灵集团公司案件中违法》，新华网，2019年8月15日，http：//www.xinhuanet.com/world/2019－08/15/c_1124879028.htm，检索日期：2020年5月9日。

且可能带来相当负面的国际影响，有损加拿大的国际声誉。①

特鲁多在出席调查报告发布会时，承诺将根据报告提供的建议采取行动，但不愿意引用“种族灭绝”一词。特鲁多的态度马上引来了批评，发布会现场当即响起抗议声。委员会成员之一米希尔（Michele Audette）当场表示对特鲁多不使用“种族灭绝”一词感到失望，“这是他启动的调查，我希望他能够有勇气接受（调查结论）”。在原住民社区的压力下，特鲁多很快转变了态度，在接下来的公开活动里直接使用“种族灭绝”来描述加拿大政府的原住民政策。正如一些政客所预见的那样，“种族灭绝”的结论马上引来了国际社会的关注。美洲国家组织（Organization of American States）致信加拿大外交部，要求调查加拿大的原住民问题。另外，有报道称国际刑事法庭以及其他国际组织都有可能发起针对加拿大的调查。②

（三）原住民“堵路运动”

2020 年 2 月 6 日，不列颠哥伦比亚省北部的维特苏维特恩族（Wet'suwet'en）原住民开始在当地的铁路设置路障，扰乱该省的铁路运输。随后，加拿大全国的原住民社区与部分环保人士声援维特苏维特恩族的行动，“堵路运动”蔓延至全国，加拿大东西部之间的铁路运输基本上被切断。“堵路运动”导致承担货运和客运的公司大量裁员，10 多万名旅客的行程被取消，魁北克省价值超过 10 亿加元的产品无法运送到西部。加拿大面对的已经是一场全国性的政治与经济危机了。③

“堵路运动”的根源是西部省份能源出口与原住民土地权利之间的利益

---

① Jesse Ferreras, “Trudeau Changes Course, Says ‘Genocide’ When Citing MMIWG Report's Findings”, June 3, 2019, Global News, https://globalnews.ca/news/5349137/justin-trudeau-genocide-mmiwg-report/，检索日期：2020 年 5 月 19 日。

② Warren Kinsella, “KINSELLA: Trudeau's ‘Genocide’ Comment Sparks International Probe”, June 8, 2019, Toronto Sun, https://torontosun.com/opinion/columnists/kinsella-trudeaus-genocide-comment-sparks-international-probe，检索日期：2020 年 4 月 3 日。

③ Dan Bilefsky, “Police Move to Clear Canada Rail Blockade by Indigenous People”, February 24, 2020, New York Times, https://www.nytimes.com/2020/02/24/world/canada/rail-blockade-protest.html，检索日期：2020 年 5 月 6 日。

冲突。2016 年，壳牌加拿大公司牵头成立了加拿大液化天然气公司，推动将不列颠哥伦比亚省的天然气出口至亚洲，其中的关键一环是建设横跨多个原住民领地的输气管道。2018 年输气管道开工后，维特苏维特恩族的五位世袭酋长以环保与土地权利为由要求不列颠哥伦比亚省取消修建管道的许可证。2019 年 12 月，不列颠哥伦比亚省法院发布一项强制令，要求维特苏维特恩族的堵路者撤离，并授权加拿大皇家骑警逮捕违反强制令的人士。特鲁多政府面临的是进退维谷的局面，一方面，各省都逐渐失去耐心，要求自由党政府采取果断措施解决堵路问题；另一方面，原住民领袖要求特鲁多兑现政治承诺，切实保护原住民的土地权益。总体来说，特鲁多采取了相对克制的态度应对危机，2020 年 3 月中旬，堵路问题基本得到了缓解。然而，导致“堵路运动”发生的因素仍然没有发生改变，疫情后仍可能再次出现大规模的反输气管道抗议活动。①

四　关于原住民政策深层次问题的分析

特鲁多政府的原住民政策虽然取了一定的成果，但在 2019～2020 年仍遭遇了三次重大挑战，尤其是 2020 年发生的“堵路运动”事件，集中反映了加拿大在原住民管治框架、利益分配与发展动力上均存在结构性的问题。

（一）管治框架落后于政策发展

虽然加拿大政府近年来提出了不少关于原住民的新法案与修订案，但是实际上加拿大原住民政策的法律依据仍是 144 年前订立的《印第安人法》与《1982 年宪法法案》第 35 条。前司法部部长王州迪在出席联合国原住民问题常设论坛（UNPFII）时，曾系统论述过加拿大管治框架与原住民政策

① David M. Shribman，“Indigenous Protests Exposed Tensions behind Canada's Tranquil Image”，March 7，2020，Los Angeles Times，https：//www. latimes. com/world – nation/story/2020 – 03 – 07/canada – rail – blockade – protest – westsuweten，检索日期：2020 年 5 月 8 日。

之间存在的落差。她指出，加拿大现时对原住民事务的行政方式仍是强加于原住民的，而不是围绕原住民的需求来进行的，尤其是《印第安人法》仍是实现原住民自治的最大法律障碍之一。她进而提出，应对加拿大的原住民管治方式进行根本性的改革，将 UNDRIP 作为新的法律与政策框架。① 然而，上述建议并没有得到特鲁多政府的采纳。在之后发布的政策文件中，所有的改革仍在现有的法律框架下进行。实际上，特鲁多政府及其前任政府，从来都没有足够的决心真正改革加拿大的原住民管治框架。

《印第安人法》正是“堵路运动”中联邦和省政府难以与原住民达成和解的重要原因。根据该法案，第一民族按照保留地的划分，选举出行政委员会，联邦政府视之为合法代表机构。然而，该法又同时保留了世袭的酋长制度。在天然气管道修建中，酋长认为该委员会只能负责与联邦政府协商教育、医疗等行政事务，管道需要经过“祖传领地”，委员会无决定权。

（二）利益分配难以调和

首先，西部省份能源出口与原住民权益存在冲突。在“堵路运动”中，西部省份政府强烈主张对堵塞道路的原住民采取强制措施。根据加拿大的全国民意调查，有超过 57% 的受访者认为堵路行为是不可接受的。其中，中西部省份的民意最为强烈，两个草原省份有超过 69% 的受访者认为政府允许堵路行为持续的时间太长了，不列颠哥伦比亚省有超过 55% 的受访者认为应该继续执行已有的协议。② 可见，西部省份的非原住民与原住民在能源开发问题上存在着利益冲突，当前，特鲁多政府并没有有效的策略来解决这

---

① Sheryl Lightfoot, “ A Promise too Far? The Justin Trudeau Government and Indigenous Rights”, in Norman Hilmer and Philippe Lagassé, eds. , *Justin Trudeau and Canadian Foreign Policy* (Palgrave Macmillan; 1st ed. , 2018), p. 175.

② Nanos Research, “Over Seven in Ten Canadians Say Indigenous Blockades of Rail Lines Are An Unacceptable or Somewhat Unacceptable Way to Express Their Support for the Wet'Suwet'en Hereditary Chiefs”, March, 2020, https://secureservercdn.net/198.71.233.47/823.910.myftpupload.com/wp-content/uploads/2020/03/2020-1600-CTV-Globe-Feb-Indigenous-Populated-Report-with-Tabs.pdf?time=1591880859, 检索日期：2020 年 4 月 11 日。

种冲突，尤其是作为少数党政府，特鲁多政府需要承受更多来自西部省份的民意压力，在原住民权益问题上的回旋余地更小。

其次，加拿大原住民群体的利益诉求具有差异性。一些原住民更希望与资本进行合作，通过开发自然资源或发展商贸来改善本民族的经济状况，因此支持在领地内发展工程项目；另一些原住民则更倾向于环境保护，或者认为商业发展会对其传统文化造成威胁。然而，这些具有不同利益诉求的原住民，其领地通常是交错重叠的，因此原住民内部实际上也会出现直接的利益冲突。在不列颠哥伦比亚省，实际上输气管道建设公司已经与沿线的十五个原住民民选委员会达成协议，但是，五个提出反对的酋长就足以导致工程的中断，这在客观上损害了其他原住民的利益。

上述两点问题，从政策上来说是加拿大对于原住民土地的确权工作不完善，且缺乏有效的争端解决机制所造成的；但从根源上来说，是加拿大未能处理好联邦政府、省政府与原住民之间的权利与利益分配问题所造成的。

（三）原住民政策发展缺乏稳定的驱动力

驱动加拿大原住民政策发展的主要有三种因素：维护北极利益、维护国际声誉和国内选举需要。然而，这三种因素分别具有局部性、边缘性与周期性的特点，难以形成稳定的驱动力。

首先，加拿大政府对北极地区及该地区以外的原住民进行了区别对待。加拿大在北极事务上有两大利益，一是参与国际治理，二是维护领土主权。在国际治理问题上，加拿大是北极理事会的积极推动者，而居住在北极地区的加拿大原住民（主要为因纽特人）成为其参与北极理事会事务的重要抓手。近年来，加拿大努力推动将北极理事会的议程从“科学和环保”转向“为北极人民的发展服务”。在领土主权问题上，加拿大为因纽特人提供在北极地区长期生活的有利条件，这有助于维护加拿大在该地区的主权合法性，具有国家安全意义。因此，加拿大政府对因纽特人的人均财政投入要明显高于其他地区的原住民。

其次，国际社会对加拿大政府的原住民政策难以形成足够压力。上文提到，原住民希望通过使用“种族灭绝”这样严重的措辞来引起国际社会的关注，从而促使加拿大政府加速改革。但实际上，即便在2007年加拿大投票反对UNDRIP的时候，国际社会都未能形成对加拿大政府的明显压力，进行批评或谴责的多为非政府组织。依据国际标准进行横向比较，加拿大的原住民政策处于较高的水平，而且近年来也未发生严重的侵犯人权事件，“人权账户”仍是盈余的，因此加拿大的原住民政策在国际层面是边缘化的议题，难以受到足够的外部压力。

最后，原住民政策的改革动力受选举政治所限。第一，原住民人口仅占加拿大全国总人口的5%不到，从选民的占比上来说相对较小；第二，虽然全国选民对原住民议题的兴趣持续高涨，但仍未达到愿意为之牺牲经济发展利益的程度，在“堵路运动”中主流民意的负面评价显示出选民的容忍度有限；第三，原住民问题一般只在联邦大选前才被频繁提起，具有明显的周期性，一些竞选承诺未必可以完全兑现。

B.10
新冠疫情时代的加拿大金融

杰弗瑞·麦科马克*

摘　要： 2007 年的金融危机是世界历史上一个决定性的时刻。它导致了全球经济难以恢复的长期停滞和不稳定。在经济停滞的最后十年里，加拿大的经济复原力遭到破坏，其金融和工业体系变得脆弱，更加容易受到冲击。现在，新冠疫情的暴发和大流行已经催化了自 20 世纪 30 年代大萧条以来最大的全球经济危机，进一步破坏了加拿大的宏观经济稳定。企业盈利能力差、家庭债务不断增加、房地产泡沫，以及基于不健全资产的高银行杠杆率，都给加拿大金融体系带来了新的风险。虽然加拿大政府试图补救经济颓势，但未来并不明朗，仍然存在巨大的不确定性。

关键词： 加拿大　新冠疫情　经济萎缩　金融体系

2007 年爆发的金融危机是世界历史上的一个决定性时刻，它带来了长期的经济停滞和不稳定，全球经济一直未从中复苏。今天，我们正经历着另一个分水岭时刻。新冠疫情引发了自 20 世纪 30 年代大萧条以来最大的经济危机。发达资本主义经济体的经济总量预计在 2020 年将萎缩 6.1%，而新兴市场和发展中经济体将萎缩 1.0%，世界经济将萎缩 3.0%。国际货币基

---

* 杰弗瑞·麦科马克，博士，助理教授，广东外语外贸大学加拿大研究中心，研究方向：政治经济学。

金组织预测，加拿大经济总量将萎缩 6.2%。[①] 即使在最好的情况下，新冠疫情和伴随而来的停产也将产生深刻的破坏性影响。过去十年间的经济停滞和遭遇的困境破坏了加拿大经济的韧性，使加拿大的金融和工业体系已变得容易受到冲击，新冠疫情正在对脆弱的经济造成严重破坏。

尽管在 2007 年全球金融危机和 2008～2009 年经济大衰退期间，加拿大的金融和工业体系一直保持稳定，但在过去的 15 年中，加拿大的金融和工业体系已变得愈加不稳定。公司盈利能力下降破坏了资本积累能力，而处于历史低位的低利率以及银行业盈利能力的降低，促使金融中介机构扩大了对家庭的贷款，特别是抵押贷款。家庭信贷的迅速扩张和企业对土地的空前抢购，抬高了新住房的价格，提高了建筑部门的盈利能力。结果，企业对建筑业的投资加快了。这引发了房地产热潮，使房地产一跃成为国内生产总值的主要贡献者。然而，这样的发展是以实际工资的停滞和社会项目的削减以及家庭债务几乎达到极限为基础的，这一情况在保守党省长道格·福特（Doug Ford）执掌的安大略省（拥有全国 39% 的人口）尤为显著。[②] 企业盈利能力差加上家庭债务驱动的房地产泡沫，给加拿大高杠杆率的金融部门带来了巨大的风险，其主要资产是家庭抵押贷款，其中大部分尚未纳入抵押贷款和住房公司（CMHC）的保险范围。

加拿大银行（BOC）和金融机构监督办公室（OSFI）通过提高利率和收紧抵押贷款规则，帮助缓解家庭债务和房价的增长。在省一级，不列颠哥伦比亚省和安大略省也分别在 2016 年和 2017 年向国外买家征收购房税，希望通过限制外国人购房来控制房价的增长。不断飙升的房价和租金促使安大略省省长凯瑟琳·韦恩（Kathleen Wynne）在 2017 年对新建住房实施租金

① Gopinath, G., "The Great Lockdown: Worst Economic Downturn Since the Great Depression", IMF, April 14, 2020, https://blogs.imf.org/2020/04/14/the-great-lockdown-worst-economic-downturn-since-the-great-depression/, 检索日期：2020 年 4 月 20 日。

② Statistics Canada, Table 17-10-0009-01, https://www150.statcan.gc.ca/t1/tbl1/en/tv.action?pid=1710000901, 检索日期：2020 年 4 月 18 日。

管制，但福特省长上任时，这一政策又被废除了。[①] 为了应对家庭债务负担的增加，联邦、省及地区政府采取了行动措施，房价在 2018 ~2019 年开始趋于稳定。然而，庞大的债务负担依然存在。新冠疫情加剧了新一轮全球衰退的冲击，可能引发加拿大资本主义更深层次的危机。

本报告的第一部分分析了加拿大企业盈利能力与经济停滞之间的关系。通过分析经济停滞的证据，本报告认为自 2006 年以来的利润率下降是经济停滞的根本原因。本报告的第二部分主要探讨了房地产泡沫，并将其与加拿大企业的盈利问题联系起来。本报告的第三部分通过讨论加拿大银行的杠杆率，发现让银行能够承受像 2007 ~2008 年全球金融危机和 2008 ~2009 年经济大衰退那样最为糟糕的情况的条件已被侵蚀了。它们最大的资产（家庭贷款）变得越来越不可靠。本报告的第四部分分析了家庭财政的近期趋势，并将其与宏观经济停滞联系起来。在企业盈利能力差、资本积累乏力的背景下，家庭债务似乎已达到极限。尽管政府进行了强有力的干预，但新冠疫情的冲击使情况变得更加恶劣，并进一步破坏了加拿大资本主义的稳定。

一　盈利能力与经济停滞

在麦克唐纳－劳里埃研究所（Macdonald－Laurier Institute）最近发布的一份报告中，菲利普·克罗斯（Phillip Cross）写道，加拿大“过去 10 年的实际 GDP 增长与 1929 年大萧条开始后的 10 年一样萎靡不振”。[②] 当新冠疫情发生时，加拿大资本主义经济已经停滞了十多年。本报告的这一部分通过分析经济停滞的证据，认为企业盈利能力的降低是经济停滞的原因。

图 1 显示了 1985 ~2019 年加拿大的平均利润率。在 1990 ~1992 年加拿

---

① Sienkiewicz, A.,“Bye Bye 1991 Loophole — Rent Control to Expand to All Rental Units in Ontario”, 2017, Canadian Broadcasting Corporations, https://www.cbc.ca/news/canada/toronto/rent－byebye－1991－loophole－1.4077446，检索日期：2019 年 6 月 10 日。

② Cross, P.,“Excessive Debt Leaves Canada Vulnerable to Global Economic Slowdown”, January, 2020. Ottawa: Macdonald－Laurier Institute, https://macdonaldlaurier.ca/files/pdf/20200114_Excessive%20debt_Cross_COMMENTARY_FWeb.pdf，检索日期：2020 年 2 月 4 日。

大经济大萧条后的 13 年里，平均利润率从 3% 上升到 8.9%。平均利润率在 2005 年达到峰值后，开始下降，2019 年为 5.2%。[①] 在这 15 年中，平均利润率的下滑趋势伴随着利润总额的停滞。

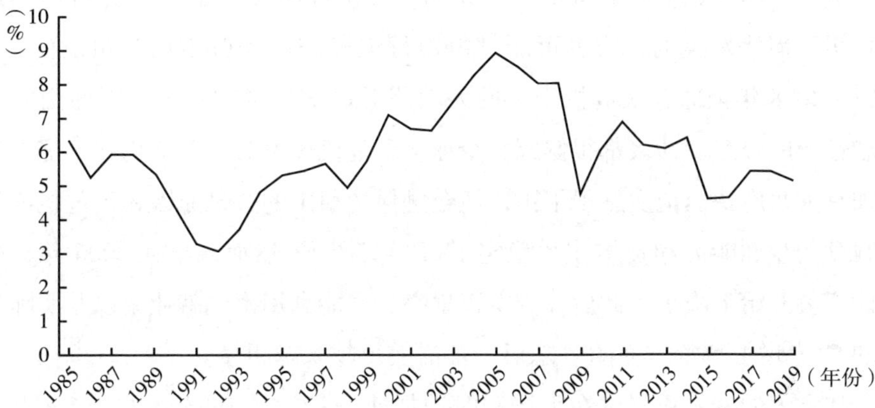

图 1　1985～2019 年加拿大平均利润率

资料来源：StatsCan 2020r and StatsCan 2020v。

虽然利润率是衡量资本主义有机体"健康"程度的一个重要指标，但利润总额的变动才是至关重要的。[②] 当利润总额增长停滞时，增量利润率，也就是最新投资的利润率为零。[③] 如果增加一个单位资本净额（one more unit of capital nets）没有产生额外的利润，那么企业投资的动力就会消失，对新机器、设备、建筑物的再投入就停止了，资本主义就会进入一个不稳定的危机时期。[④] 大缓和时期的利润总额平均增长率为 14%（1990～1992 年

---

① 利润率是将企业净营业盈余除以上一年度的当期成本年末总股本计算得出的。2019 年的净营业盈余是根据季节性调整后的第三季度数据得出的，这是撰写本报告时获得的最新数据。

② Grossman Henryk, *The Law of Accumulation and Breakdown of the Capitalist System*: *Being Also a Theory of Crises* (London: Pluto Press, 1992), pp. 34－37.

③ Shaikh Anwar, *Capitalism*: *Competition*, *Conflict*, *Crises* (New York: Oxford University Press, 2016), pp. 75－77.

④ Shaikh Anwar, "The Falling Rate of Profit as the Cause of Long Waves: Theory and Empirical Evidence", in Alfred Kleinknecht, Ernest Mandel, and Immanuel Wallerstein (Eds.), *New Findings in Long Wave Research* (London: Macmillan Press, 1992), pp. 174－194.

加拿大经济大萧条和2008～2009年经济大衰退之间为稳定积累期)。然而,在2006～2019年,利润总额平均增长率仅为3%。① 上一次利润表现较差的时期是1990～1992年加拿大经济大萧条期间和之前的时候。

保罗·马蒂克（Paul Mattick）认为,经济停滞“可能是由经济活动逐渐放缓而悄然发生的,或者可能是由银行突然破产和股市崩盘引发的”。② 2007～2008年全球金融危机带来的大动荡对加拿大影响不大,因为当时企业和银行的资产负债表都很健康,全球金融危机爆发时,工资仍在上涨。虽然加拿大政府快速地实施了干预,但金融保持稳定的关键原因在于危机前长期强劲的盈利能力和资本积累稳定了银行资产。③ 然而,早在2006年,盈利能力就开始下降了。此后,资本积累率、产能利用率、就业率以及实际工资和GDP增长率等方面的“隐形”停滞变得越来越明显。

加拿大的资本积累率在大缓和时期加速增长,从1993年的1.6%上升到2006年的3.2%。资本积累率从2007年开始减速,2016～2018年降至1.3%～1.5%,这是60多年以来的最低水平。④ 这些数据验证了利润总额的变动决定资本积累的理论。

图2显示了加拿大的工业产能利用率,它同时也显示出经济停滞的迹象。在1993～2007年的大缓和时期,平均工业产能利用率为85%。然而,自2008～2009年经济大衰退以来,它的平均值仅为80%,远低于2005年86%的高点。

图3显示了1985～2019年加拿大的就业率,它衡量了加拿大所有就业人口占劳动适龄人口（15岁及以上）的比例。1990～1992年加拿大经济大萧条之后,就业率直到2003年才恢复到大萧条前的最高水平。就业率此后持续增

① Statistics Canada, Table 36 - 10 - 0103 - 01 (Ottawa: Statistics Canada, 2020r), https://www150.statcan.gc.ca/t1/tbl1/en/tv.action?pid=3610010301,检索日期:2020年4月25日。

② Mattick, Paul, *Marx and Keynes: The Limits of the Mixed Economy* (London: Merlin Press, 1969), pp. 190 - 192.

③ McCormack, G. and Workman, T., *The Servant State: Overseeing Capital Accumulation in Canada* (Halifax: Fernwood Publishing, 2015), pp. 45 - 46.

④ Statistics Canada, Table 36 - 10 - 0096 - 01 (Ottawa: Statistics Canada, 2020a), https://www150.statcan.gc.ca/t1/tbl1/en/tv.action?pid=3610009601,检索日期:2020年4月28日。

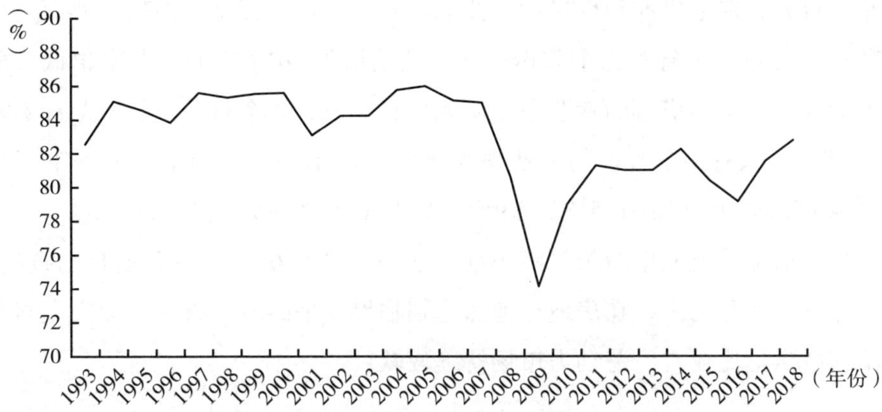

图 2　1993～2018 年加拿大工业产能利用率

资料来源：StatsCan 2020b。

长，到 2007 年达到 63.4% 的峰值水平，这主要是由于加拿大普雷里（Prairies）、纽芬兰－拉布拉多省的石油和天然气产业迎来了繁荣期。在 2008～2009 年经济大衰退期间，就业率降至 61.5%，并在 2019 年之前一直停滞在这一水平。

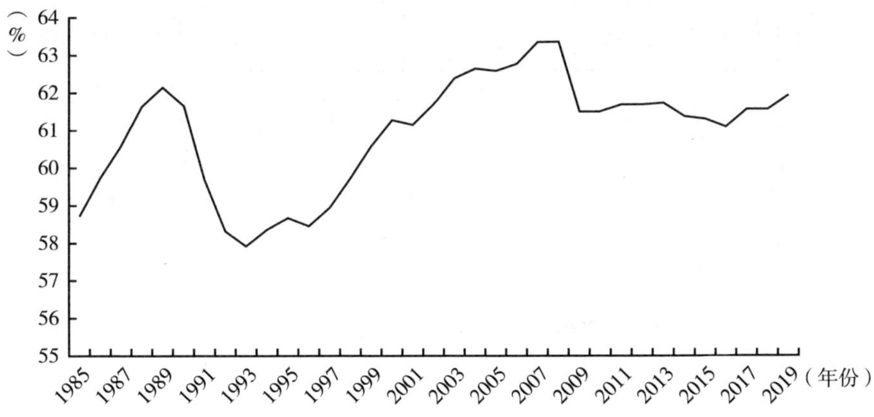

图 3　1985～2019 年加拿大就业率

资料来源：StatsCan 2020c。

从各省的就业率情况可以看出，加拿大的劳动力市场呈现出不均衡性。图 4 显示了 2006 年（危机前）和 2019 年（危机后）加拿大各省的就业率水平。首先，在危机前和危机后，艾伯塔省的就业率都是最高的。然而，与纽芬兰－拉布拉多省等七个省份一样，艾伯塔省 2019 年的就业率也低于危机前的水平。艾伯塔省的就业率下降幅度最大（5.2 个百分点），从 71% 降至 65.8%。只有两个省份的就业率高于危机前水平，分别是爱德华王子岛省（从 60.7% 上升到 61.5%）和魁北克省（从 60.4% 上升到 61.3%）。因此，总体情况是就业率增长停滞不前，这与迄今分析的总体数据是一致的。然而，更为严重的是，在房地产泡沫达到临界水平的两个省份，即安大略省和不列颠哥伦比亚省，劳动力市场持续疲软。

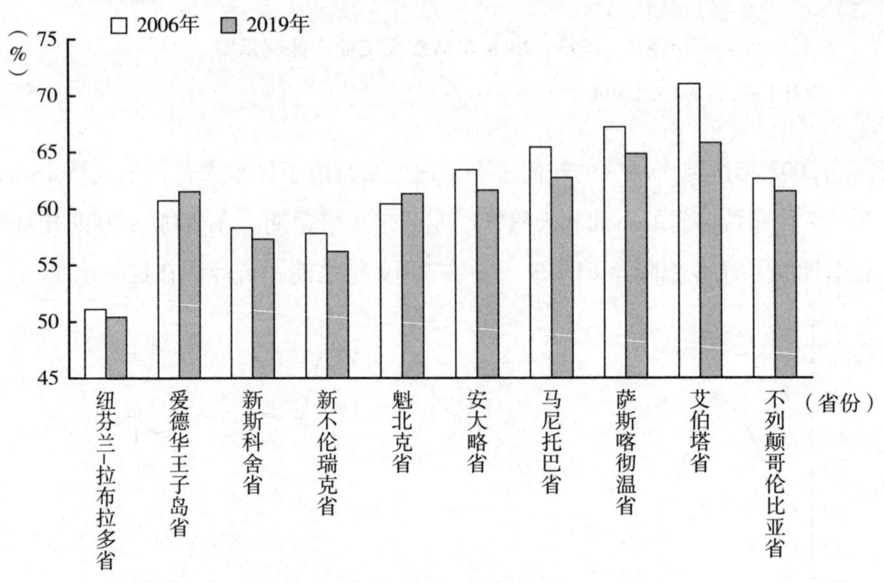

图 4　2006 年和 2019 年加拿大各省就业率

资料来源：StatsCan 2020t。

然而，自新冠疫情暴发以来，就业情况变得更加糟糕。2020 年 3～4 月，就业率骤降了 6.4 个百分点，从 58.5% 跌至 52.1%。仅在 3 月份的一个星期内，就业率就下降了 2.6 个百分点，创下了有史以来的最大降幅，按百分比计算，超过了 20 世纪 30 年代大萧条时期失业率最严重的月份，即

1932 年 7 月的 2.5 个百分点的降幅。[①] 此外，此次冲击的影响将是持久的。芝加哥大学的研究人员表示，美国在新冠疫情期间失去的工作岗位中，有 42% 将永远消失。[②] 与此同时，加拿大的政治和经济生活面貌也正在发生着重大变化。

就业停滞的同时，工资也出现了停滞。图 5 显示了 2007 ~ 2019 年加拿大实际工资中位数增长率的变化情况。从 2007 年的 16.14 美元到 2019 年的 17.67 美元，年平均增长率仅为 0.85%。[③] 然而，各省的数据显示出更为不均衡的情况。表 1 显示了 2009 ~ 2019 年各省的实际工资增长情况。在这 11 年间，纽芬兰 - 拉布拉多省、魁北克省、爱德华王子岛省、萨斯喀彻温省、艾伯塔省和不列颠哥伦比亚省的工资增长相对较高，每个省的实际工资中位数都高于全国的实际工资中位数，而新斯科舍省、新不伦瑞克省、马尼托巴省和安大略省的工资增长停滞不前。最近几年（2014 ~ 2019 年），由于石油价格暴跌，纽芬兰 - 拉布拉多省以及艾伯塔省的工资增长出现了显著的停滞。这些省份的工资分别只增长了 0.06 美元和 0.15 美元。安大略省和艾伯塔省的工资增长停滞对加拿大影响较大，后者直到 2019 年才成为加拿大经济增长的引擎、新的资本积累中心，而前者是传统的资本积累中心、加拿大人口最多的省份（39%），也是房地产泡沫的震中。[④] 这个省的实际工资增

---

① Wajsman, B., "Canada's EI Claims Last Week Surpassed the Worst Month in the Great Depression in percentage Terms," March 21, 2020, The Suburban, http://www.thesuburban.com/news/covid_19/canada-s-ei-claims-last-week-surpassed-the-worst-month-in-the-great-depression-in/article_b577c79f-8f06-5d6a-9c0c-6fbf742f2903.html，检索日期：2020 年 4 月 5 日。

② Barrero, J., Bloom, N. and Davis, S., "COVID-19 Is Also a Reallocation Shock" (Chicago: Becker Friedman Institute, University of Chicago, 2020), https://bfi.uchicago.edu/wp-content/uploads/BFI_WP_202059.pdf.，检索日期：2020 年 5 月 2 日。

③ Statistics Canada, Table 18-10-0004-01 (Ottawa: Statistics Canada, 2020d) and Table 14-10-0063-01 (Ottawa: Statistics Canada, 2020e), https://www150.statcan.gc.ca/t1/tbl1/en/tv.action?pid=1810000401，检索日期：2020 年 4 月 30 日。

④ Statistics Canada, Table 17-10-0009-01 (Ottawa: Statistics Canada, 2020u), https://www150.statcan.gc.ca/t1/tbl1/en/tv.action?pid=1710000901，检索日期：2020 年 5 月 3 日。

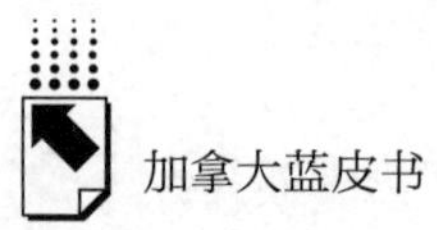

长中位数在过去10年中萎缩了11美分。这一点很重要，因为工资增长是银行对家庭贷款保持稳定的基础。工资增长停滞对加拿大银行的金融资产来说不是好兆头。新冠疫情和“大封锁”对就业和工资的影响是巨大而持久的。

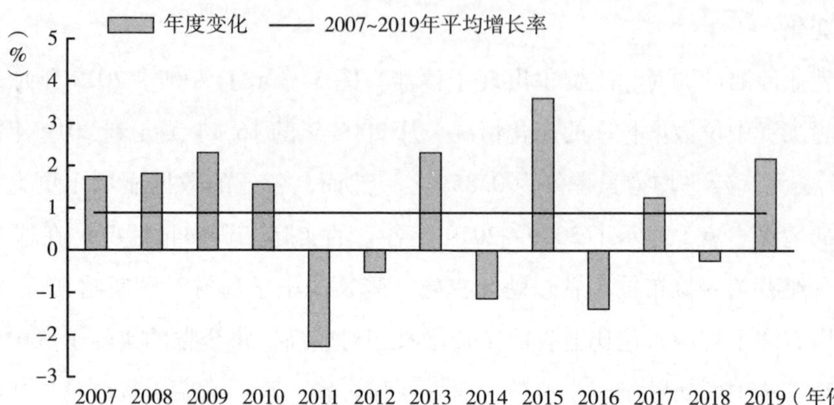

图5　2007～2019年加拿大实际工资中位数增长率的变化情况

资料来源：StatsCan 2020z。

表1　2009～2019年加拿大各省实际工资增长中位数（以2002年美元计算）

省份	2009～2019年
纽芬兰－拉布拉多省	1.83美元
爱德华王子岛省	1.37美元
新斯科舍省	0.54美元
新不伦瑞克省	0.61美元
魁北克省	1.43美元
安大略省	－0.11美元
马尼托巴省	0.59美元
萨斯喀彻温省	1.36美元
艾伯塔省	1.34美元
不列颠哥伦比亚省	1.22美元

资料来源：Statscan 2020z。

盈利能力差、资本积累不足、产能利用率低、就业率低、实际工资增长乏力，实际GDP增长乏力也就不足为奇了。自2010年以来，实际GDP平均增长率为 2.2%，几乎比危机前 3.1% 的平均水平低了整整一个百分点。2019 年实际 GDP 仅增长了 1.65%。[①] 因此，在新冠疫情暴发之前，人们就预测未来经济增长将变得非常缓慢。[②] 现在，加拿大经济正处于全面衰退之中。[③]

加拿大资本积累中心省份艾伯塔省和安大略省出现的停滞表现更为明显。这两个省份总共拥有全国 56% 的资本存量，价值超过 3 万亿美元。在经济大缓和时期，安大略省的平均资本积累率为 4.3%，艾伯塔省的平均资本积累率为 8.1%。然而，在过去十年的停滞期，这两个省份的资本积累率明显放缓。安大略省的平均资本积累率为 3.1%，艾伯塔省的平均资本积累率为 5.6%。

2018 年，对艾伯塔省 GDP 贡献最大的行业是采矿、采石和油气开采业，排在第二位和第三位的分别是房地产业和租赁业，紧随其后的是建筑业。当然，石油是艾伯塔省的主导产业，而前者的产业是通过后向和前向联系的方式与之相连的。2018 年，石油产业产值占全省产值的 24%，为 815 亿美元。[④] 艾伯塔省的石油和天然气行业是该省乃至全国最重要的单一利润来源。[⑤] 考虑到该行业的重要性以及近年来该省资本积累的显著放缓，石油与该省利润率之间的关系值得仔细研究。

---

① 基于季节性调整和 2019 年第三季度数据。Statistics Canada, Table 36 - 10 - 0104 - 01 (Ottawa: Statistics Canada, 2020ab), Based on seasonally adjusted and annualized 2019 Q3 data, https://www150.statcan.gc.ca/t1/tbl1/en/tv.action?pid=3610010401，检索日期：2020 年 3 月 29 日。

② The Conference Board of Canada (TCBC), "Canadian Outlook Economic Forecast", December, 2019, https://www.conferenceboard.ca/topics/economics/canadian/can - otlk?AspxAutoDetectCookieSupport=1，检索日期：2020 年 2 月 5 日。

③ Evans, Pete, "It's Official — Canada's Economy is in a Recession, C. D. Howe says," CBC, May 1, 2020, https://www.cbc.ca/news/business/canada - recession - economy - 1.5552135

④ Statistics Canada, Table 36 - 10 - 0402 - 01 (Ottawa: Statistics Canada, 2020ac), Chained (2012) dollars, https://www150.statcan.gc.ca/t1/tbl1/en/tv.action?pid=3610040001，检索日期：2020 年 5 月 10 日。

⑤ Statistics Canada, Table 14 - 10 - 0063 - 01 (Ottawa: Statistics Canada, 2020e), https://www150.statcan.gc.ca/t1/tbl1/en/tv.action?pid=1410006301，检索日期：2020 年 5 月 6 日。

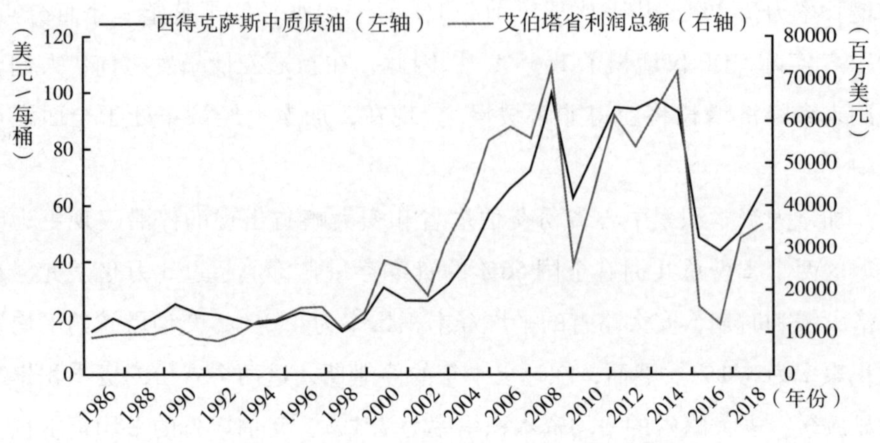

图 6　1986～2018 年国际油价和艾伯塔省的利润总额比较

资料来源：StatsCan 2020q，EIA 2020 & FRED 2020。

图 6 是艾伯塔省利润总额与国际油价（西得克萨斯中质原油，WTI）的对比图，两者的变化趋势非常相似。艾伯塔省利润的波动与石油行业密切相关，而石油行业受国际原油价格波动的影响。2008～2009 年经济大衰退期间，艾伯塔省的利润总额大幅下降，2014 年几乎恢复到危机前的最高水平，随后一年石油供应过剩，导致西得克萨斯中质原油价格下跌，该省的利润总额也随之下降。由于运输瓶颈对价格造成了严重影响，如何将原油推向市场并实现盈利的问题继续困扰着该行业。艾伯塔省的 GDP 随着国际原油价格的波动而变化，尤其是受原油推向市场的成本的影响。加拿大政府的优势在于能够对原油推向市场的成本进行一定程度的控制，特别是能够通过基础设施投资，以及不断努力优化资本积累条件来降低成本。为此，特鲁多政府继其保守党前任之后，一直试图提高石油行业的盈利能力，例如为其提供 30 亿美元的税收补贴，以及从金德摩根公司购买 45 亿美元的跨山管道。

然而，2019 年上半年以来，石油和天然气行业所面临的困难越来越大。新冠疫情对全球经济造成了严重破坏，国家间竞争的加剧使石油和天然气行业的处境更加艰难。全球两个主要的石油生产国沙特阿拉伯和俄罗斯卷入了价格战，对其他产油国造成了严重的影响。这对加拿大石油产业的冲击也是巨大的，因为加拿大优化本国资本积累条件的战略取决于其向亚洲市场出口石油获利的能力。然而，在2~3月的不到一个月的时间内，西得克萨斯中质油价从每桶53.77美元跌至31.72美元，这损害了美国页岩油和加拿大油砂的生产。3月以来，情况变得更加糟糕。4月下旬，由于未售出的原油超出了存储容量，加拿大油砂的价格变成负值，公司不得不向买家支付费用，让手中多余的原油能够脱手。[①] 4月20日，油价暴跌至每桶-37美元，不久又升至0美元以上，此后平均每桶仅售15美元。[②] 每桶原油售价100美元的日子一去不复返了。价格下跌、储存问题，尤其是盈利能力差，导致加拿大西部地区的石油产量大幅削减，破坏了加拿大重要的经济稳定因素和重要的国家收入来源。[③]

对安大略省GDP贡献较大的行业是房地产业、制造业、金融和保险业、公共行政和建筑业。与艾伯塔省的情况相反，安大略省的主要产业部门不是生产部门，而是土地和房屋的买卖贸易（所有权转让部门）。房地产业和建筑业的命运与住房需求息息相关，而大部分住房需求是通过银行向家庭提供抵押贷款的方式来实现的，房屋又由保险公司来承保，这就形成了住房泡沫，它的极限是由可支配收入、家庭负债水平和利率的相互作用决定的。除了房地产泡沫问题，安大略省的制造业作为加拿大传统的资本积累中心，15年来一直处于衰退状态，并且高度依赖对美国的出口。事实上，2005~2018年，安大略省制造业的资本存量萎缩幅度达到了惊人的33%，即540亿美元。[④] 尽管如此，制造业仍然是安大略省GDP的第二大

---

① Bakx, K., "The Day Oil Was Worth Less than $0 — and Nobody Wanted It", April 21, 2020, CBC, https://www.cbc.ca/news/business/oil-negative-price-1.5538996，检索日期：2020年4月30日。

② Federal Reserve Economic Data (FRED). Series DCOILWTICO (St. Louis: Federal Reserve Bank, 2020c), https://fred.stlouisfed.org/，检索日期：2020年4月27日。

③ Healing, D., "Canadian Energy Sector Shutting Down Production as Low Crude Oil Prices Persist", April 22, 2020, Global News, https://globalnews.ca/news/6854861/oil-prices-production-canada-alberta-coronavirus/，检索日期：2020年5月8日。

④ Statistics Canada, Table 36-10-0096-01 (Ottawa: Statistics Canada, 2020a), Chained (2012) dollars, https://www150.statcan.gc.ca/t1/tbl1/en/tv.action?pid=3610009601，检索日期：2020年4月29日。

贡献力量。由此可以看出，安大略省的经济增长主要依靠家庭债务支撑的房地产繁荣和对美国出口的制造业。安大略省经济在加拿大经济结构中的核心地位使得该国经济特别容易受到全球经济衰退的影响，而现在又因新冠疫情进一步恶化。

作为加拿大的两个资本积累中心，在过去的十几年里，艾伯塔省和安大略省的盈利能力和资本积累都在下降。此外，两省的经济都与世界经济的发展密切相关，这使得它们极易受到全球危机的影响。前者依靠石油出口，而后者依靠制造业产品出口。在全球经济普遍停滞不前的背景下，加拿大宏观经济稳定面临的一个最大风险就是房地产泡沫。加拿大能否成功抵挡住全球危机的影响，还有待观察，但救市方案的规模之大，在加拿大历史上是前所未有的。为了应对全球金融危机和新冠疫情暴发，加拿大将5.2%的GDP用于纾解财政收支困难，这在二十国集团中都算是很有力度的，仅次于澳大利亚、日本和美国。[①]

二　房地产泡沫

在2012年担任加拿大央行行长期间，马克·卡尼（Mark Carney）对加拿大企业囤积的6600亿美元的“死钱”（dead money）深表惋惜，并斥责企业经理人没有把这些钱投入资本运作。他说：“如果他们不知道如何善用这些闲置资金，就应该把它们归还给股东。”[②] 企业经理人对此并未明确回应。由于有利可图的积极投资渠道屈指可数，企业另有打算。如今，企业的现金和存款已高达1.3万亿美元，相当于加拿大GDP的43%。其中，非金融企

① Battersby, B., Lam, W. R. and Ture, E., “Tracking the $9 Trillion Global Fiscal Support to Fight COVID – 19”, May 20, 2020, IMF, https://blogs.imf.org/2020/05/20/tracking – the – 9 – trillion – global – fiscal – support – to – fight – covid – 19/, 检索日期：2020年5月25日。

② Carmichael, Kevin, “Free up ‘Dead Money’, Carney exhorts corporate Canada”, The Globe and Mail, August 22, 2012, https://www.theglobeandmail.com/report – on – business/economy/free – up – dead – money – carney – exhorts – corporate – canada/article4493091/, 检索日期：2019年10月26日。

业和金融企业分别持有这些资金储备的56%和44%。

然而，现金和土地囤积现象在一些行业中的发生率高于其他行业，表2给出了相关数据。“死钱”集中在11个行业，它们持有62.9%的现金和存款，剩下的57个行业持有余下的37.1%。这11个行业的持有份额占比排序如表2所示。其余各行业的持有份额占比为0.05%～1.6%。在长期经济停滞期内表现较好的行业（如金融、房地产、建筑、石油天然气等）都囤积了现金，而没有囤积现金的行业则越来越多地通过借贷来维持生存。

表2　2019年加拿大各行业囤积的现金和存款份额占比

单位：%

行业	份额占比
证券和商品交易及其他金融投资活动	11.7
银行及其他存款信贷中介机构	9.1
房地产	8.0
专业、科学和技术服务	7.5
建筑业	6.8
教育、保健和社会援助服务	5.9
地方信用联盟	3.7
石油和天然气开采和支援活动	3.1
行政和支持、废物管理和补救服务	2.6
杂项批发商	2.4
证券及商品合约中介和经纪	2.1

资料来源：StatsCan 2020k。

除了将“死钱”束之高阁外，企业管理者还大幅增加了土地持有量（见图7）。企业持有的土地量占非金融资产的比例从2006年的15%增长到2016年的24%。2019年，其比重为21%。按美元计算，企业土地持有量从2008年的4180亿美元增加到2019年的8750亿美元，增加了4570亿美元，相当于GDP的39%。①

① Statistics Canada, Table 36 - 10 - 0580 - 01 (Ottawa: Statistics Canada, 2020f), https://www150.statcan.gc.ca/t1/tbl1/en/tv.action?pid=3610058001，检索日期：2020年4月27日。

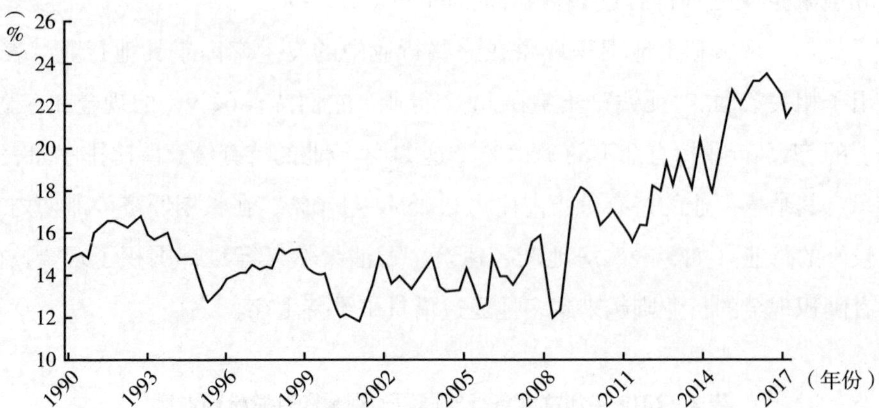

图 7　1990～2017 年加拿大公司土地持有量占非金融资产的比重

资料来源：StatsCan 2020f。

虽然土地需求的增加对供给的影响不大，但对土地的争夺推高了土地的价格。例如，自 2005 年以来，农地价格几乎翻了两番，其中萨斯喀彻温省和马尼托巴省的涨幅最大。土地的争夺也对房地产行业产生了重大影响。在 2006～2019 年，新房的价格上涨了 25%，而用于建造新房的土地价格则上涨了 54%。①

除了某些公司囤积现金和土地外，非金融公司的总体情况是杠杆率越来越高。国际清算银行收集了一些国家的非金融公司的杠杆率数据，这有助于进行国家间横向比较，但数据仅限于图 8 所示的国家。除法国外，加拿大的非金融公司是杠杆率最高的。

在经济大缓和时期，加拿大非金融公司进行了去杠杆化。1999 年，其杠杆率为 58%；到 2006 年，这一比例已降至 36.2%。虽然资产负债表的改善有助于企业在 2007～2008 年全球金融危机最严重时期保持稳定，但如今企业的形势却岌岌可危。在 2008～2009 年经济大衰退及之后时期，企业杠杆率急剧上升，2019 年 1 月已达到 56.6%，比 2006 年的水平高出 20 多个

① Statistics Canada, Table 18 - 10 - 0205 - 01 (Ottawa: Statistics Canada, 2020g), https://www150.statcan.gc.ca/t1/tbl1/en/tv.action? pid = 1810020501，检索日期：2020 年 5 月 1 日。

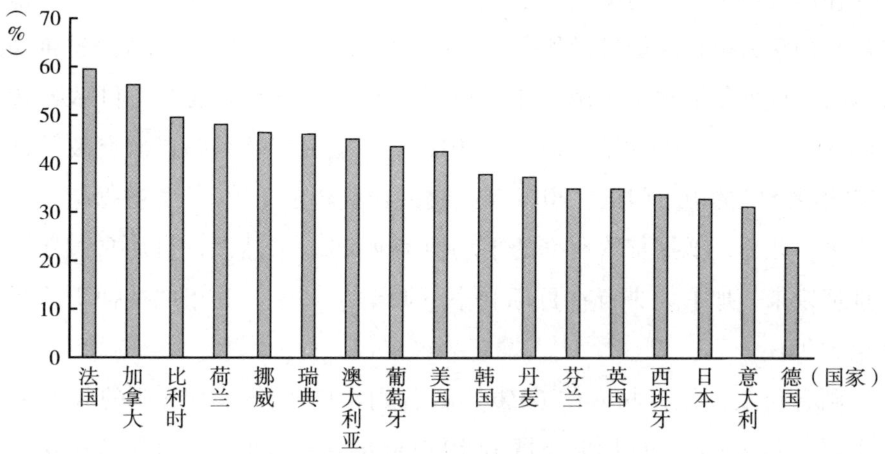

图 8　2019 年各国非金融公司的杠杆率

资料来源：BIS 2020。

百分点（见图 9）。在经济普遍停滞不前和新冠疫情这样的经济冲击的背景下，高杠杆率大大削弱了企业偿还债务的能力。

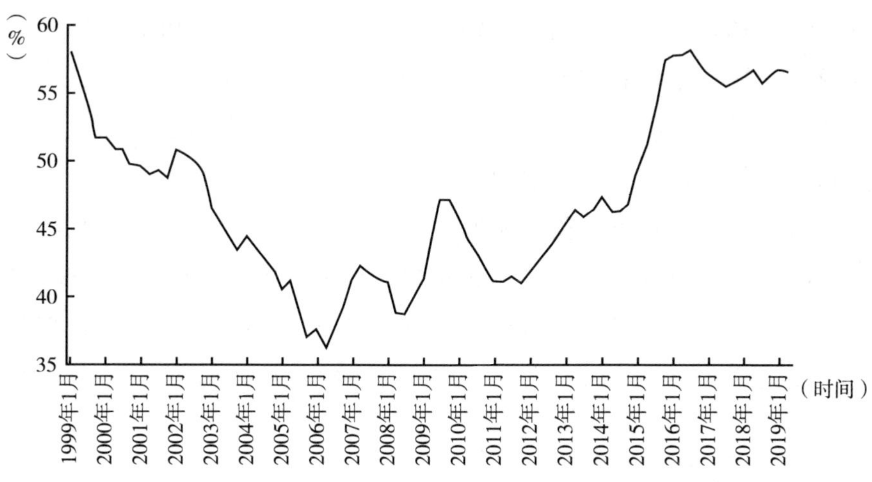

图 9　1999～2019 年加拿大非金融企业杠杆率

资料来源：BIS 2020。

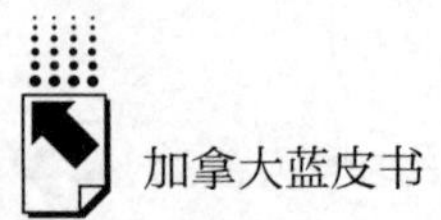

在出现现金和土地囤积问题以及公司债务不断增长的同时，利率大幅下降。当加拿大银行降低目标利率以减轻全球金融危机和之后的大衰退带来的影响时，抵押贷款利率也随之不断下降。五年期抵押贷款平均利率从2008年的6.4%降至2009年的5.1%。2010年，抵押贷款利率首次突破了过去70多年来5%的历史门槛。2016年，这一比例降至3.7%，为数据组中的最低水平。此后，抵押贷款利率的平均值为4.2%。[①] 然而，自加拿大暴发新冠疫情以来，加拿大央行将目标利率下调至0.25%，五年期抵押贷款利率降至3.95%。

利息付款占银行收入的63%。随着利率的下降，银行业的利润率也在下降，从2007年的13%下降到2009年的6%，此后一直保持在这个水平。银行试图通过增加贷款量、加倍努力向工薪阶层家庭销售消费信贷和房主信贷来弥补利润的不足。抵押贷款仍占家庭信贷的大部分，是银行贷款中规模最大、增长最快的部分。可贷资金的累积，以及创历史新低的抵押贷款利率，再加上银行向家庭发放有息贷款的巨大动力，这些因素综合起来导致了家庭债务的不断增加。2016年，家庭债务占GDP的比例上升到101%，此后一直维持在这一水平。[②] 新冠疫情的影响以及国家为稳定金融体系而采取的措施，例如允许借贷人延期偿还贷款，可能导致这一比例在未来一段时间内上升，特别是在GDP的萎缩幅度达到预期的6.2%的情况下。虽然抵押贷款的扩张和新房价格的上涨发生在经济大衰退之前，但抵押贷款和其他形式的家庭信贷的增长速度在此后急剧上升。1993~2009年，未偿还的抵押贷款增加了180%（合计3080亿美元）。然而，在短短一年的时间里（2010~2011年），未偿还的抵押贷款增长了惊人的63%（合计3290亿美元）。在后危机时期（2010~2018

---

① Statistics Canada, Table 34-10-0145-01 (Ottawa: Statistics Canada, 2020i) and Table 10-10-0139-01 (Ottawa: Statistics Canada, 2020j), https://www150.statcan.gc.ca/t1/tbl1/en/tv.action?pid=3410014501，检索日期：2020年5月6日。

② Federal Reserve Economic Data (FRED). Series HDTGPDCAQ163N (St. Louis: Federal Reserve Bank, 2020b), https://fred.stlouisfed.org/，检索日期：2020年4月19日。

年)，抵押贷款总体上增加了7150亿美元，达到1.25万亿美元。[①]

在经济大衰退之后的时期，加拿大经济的主要支柱是以安大略省为中心的房地产繁荣。资金从银行和私人贷款人手中流向家庭。抵押贷款的增长以及公司对土地的争夺推高了房价（见图10)，使房地产和建筑业在宏观经济盈利能力较弱的情况下成为货币资本实现高利润的渠道。安大略省的房价上涨幅度最大，在过去十年中，该省的房价上涨了32%。[②]

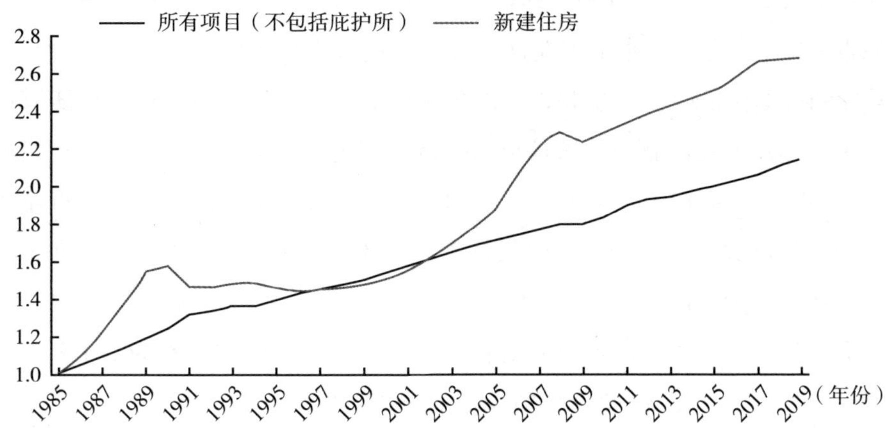

图10　1985~2019年加拿大价格指数

资料来源：StatsCan 2020g。

因此，过去十年中，房地产业在加拿大经济中发挥了重要作用。经济大衰退之后，在加拿大最赚钱的行业排名中，它从第六位上升到第四位，仅次于证券和商品交易所、非存款信贷中介和银行业。在此期间，其营业利润率从20%上升到27%，而非金融业的营业利润率保持在6%~7%之间。[③] 房地产行业的资本回报率和股本回报率也超过了非金融业的平均水平。相比之

① Statistics Canada, Table 36-10-0580-01 (Ottawa: Statistics Canada, 2020f), https://www150.statcan.gc.ca/t1/tbl1/en/tv.action?pid=3610058001，检索日期：2020年5月3日。

② Statistics Canada, Table 18-10-0205-01 (Ottawa: Statistics Canada, 2020g), https://www150.statcan.gc.ca/t1/tbl1/en/tv.action?pid=1810020501，检索日期：2020年5月12日。

③ Statistics, Canada, Table 33-10-0006-01 (Ottawa: Statistics Canada, 2020k), https://www150.statcan.gc.ca/t1/tbl1/en/tv.action?pid=3310000601，检索日期：2020年4月26日。

下，石油行业的利润率从2008年的18.2%下降到2009年的7.1%，2015年和2016年又分别下降到-12.2%和-13.7%。[①]

房价的上涨也为建筑业带来了丰厚的利润。2006年，建筑业利润率从14.1%上升到16.6%，高于15.1%的工业利润率平均水平，并一直保持到2017年，此后其利润率降至9.2%，低于10.4%的工业利润率平均水平。丰厚的利润使得对建筑业的投资大量涌入。2006~2013年，建筑业的资本积累比工业平均水平高2.4%。2014~2017年，这一差距降至0.2%，但建筑业的资本积累仍高于工业平均水平。在这一时期平均资本积累率为4.2%的情况下，建筑业的资本存量增长了近40%，该行业新增就业岗位31万个。[②] 在新冠疫情发生前，建筑业的就业人数接近150万，成为全国第五大雇主，每年建造出超过20万套新住房。[③] 2019年，在对GDP贡献较大的行业中，建筑业排名第四位，仅次于房地产与房屋租赁业，制造业，采矿、采石、石油和天然气业。在最繁荣的时期，即2012~2015年，建筑业平均每年对GDP的贡献率为7.9%。2019年，该行业新增收入占国内生产总值的比重为7.1%（见图11）。但如今，受新冠疫情和全球金融危机的影响，建筑业的就业岗位正在流失。仅3~4月的一个月内，该行业就失去了31.4万个工作岗位，单月降幅达21%。受影响最严重的省份是魁北克省，该省建筑业就业岗位降幅达到惊人的39%，流失了10.8万个就业岗位。安大略省的降幅为16.8%，减少了9.4万个就业岗位。从规模上看，这两个省共损失了20.2万个工作岗位，占加拿大所有流失岗位的64%。[④]

加拿大资本主义的主导产业相互联系紧密。房地产、金融、保险和建筑业合力掀起了房地产热潮。只要房地产企业从销售中分一杯羹，即资金从住户流向住户或从住户流向建筑企业，那么房地产的利润就是转移利润，而不

---

① Statistics，Canada，Table 33 - 10 - 0006 - 01（Ottawa：Statistics Canada，2020k），https：//www150.statcan.gc.ca/t1/tbl1/en/tv.action？pid=3310000601，检索日期：2020年4月26日。

② Statistics Canada，Table 14 - 10 - 0355 - 01（Ottawa：Statistics Canada，2020l），https：//www150.statcan.gc.ca/t1/tbl1/en/tv.action？pid=1410035501，检索日期：2020年5月15日。

③ 同上。

④ 同上。

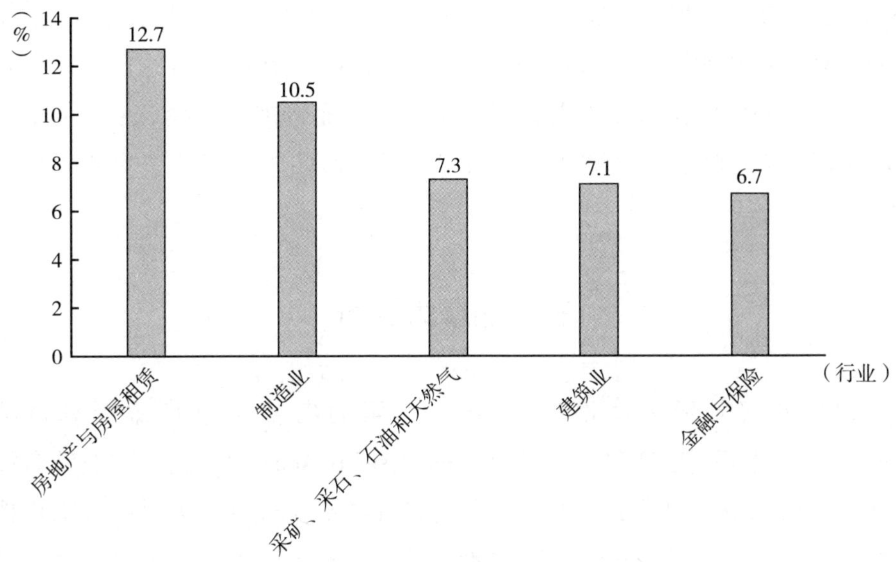

图 11　2019 年加拿大各行业新增收入占国内生产总值的比重

资料来源：StatsCan 2020n。

是生产利润。[①] 财富从收入循环转入资本循环。金融也是转移性利润，因为收入通过抵押贷款利息支付的形式从家庭转移到资本循环。因此，建筑业的繁荣，很大程度上取决于资金从家庭向房地产公司的转移，尤其是向银行的转移。房地产商促进了所有权的转移，而银行向住户发放抵押贷款，推动了住房需求。银行向家庭提供抵押贷款，加上公司抢地和投机行为，推动了新房价格的上涨，增加了建筑业利润。这些因素都促使建筑公司建造更多的住房。然而，整个过程受制于家庭偿还债务的能力，而它反过来又取决于利率、家庭债务的规模、可支配收入，以及更为关键的就业率。当然，就业率与资本积累，最终与宏观经济的盈利能力相联系。因此，企业盈利能力的一般条件，即"基本面"，会体现在家庭债务、住房市场、房地产、金融、建筑业的动态上。然而，如今"基本面"与房地产市场繁荣之间的差距越来

① Shaikh, Anwar, *Capitalism*: *Competition*, *Conflict*, *Crises* (New York: Oxford University Press, 2016), p. 82.

越大，债务水平的增长速度持续高于收入的增长速度，反映出家庭和政府支出仍然依赖债务融资（debt – financing）的方式。① 在经济普遍停滞的背景下，家庭债务的增长给加拿大高杠杆率的银行业带来了风险。新冠疫情和“大封锁”导致财政压力增加，而国家通过刺激需求来优化资本积累的条件，抵消了部分压力。

三　加拿大银行

2004 年，国际清算银行（BIS）下属的巴塞尔银行监管委员会（BCBS）通过了《巴塞尔协议 II》（The Basel II Accord），向各国决策者提出了有关银行资本要求的建议，旨在使银行在承受金融压力时能够保持偿付能力。衡量银行杠杆率和稳定性的首选指标是资本充足率（capital adequacy ratio）。资本充足率是银行的资本总额与其风险加权资产的比率。银行资产由评级机构进行评估，并据此进行加权。然而，这一衡量标准存在严重缺陷。众所周知，如果评级机构对某些资产，特别是衍生品相关的风险产生误判，就会影响它们的风险评估。因此，在全球金融危机期间，许多银行放弃了《巴塞尔协议 II》中的杠杆率衡量标准，转而采用有形普通股权益（TCE）比率，它衡量了有形普通股权益占有形资产总额的比例。分子是银行的账面价值减去留存收益、公开储备、优先股和创新资本工具，而分母只包含有形资产，不包含无形资产（如商誉）。它是衡量银行杠杆率的最保守的指标。

有形普通股权益比率是银行针对最坏情况使用的衡量标准，在本报告中用于衡量银行的杠杆率。对于这个衡量指标，百分比越低，则杠杆率越高，反之亦然。本报告对 540 家北美银行进行了抽样调查，发现这些银行的平均有形普通股权益比率为 9.84%。在这些银行中，加拿大的银行是杠杆率最

① Cross, P.,“Excessive Debt Leaves Canada Vulnerable to Global Economic Slowdown”, January, 2020. Ottawa: Macdonald – Laurier Institute, https: //macdonaldlaurier.ca/files/pdf/20200114_ Excessive%20debt_ Cross_ COMMENTARY_ FWeb.pdf，检索日期：2020 年 3 月 27 日。

高的银行之一。加拿大顶级银行的平均有形普通股权益比率为4.21%，因此，它们的杠杆率比许多北美银行要高。在540个被调查的案例中，加拿大较大型的银行都位居前14名之内。加拿大国家银行（National Bank of Canada）排在第七位，加拿大劳伦特银行（Laurentian Bank of Canada）排在第八位，加拿大帝国商业银行（Canadian Imperial Bank of Commerce）排在第十位，蒙特利尔银行（Bank of Montreal）排在第十一位，新斯科舍银行（Bank of Nova Scotia）排在第十二位，加拿大皇家银行（Royal Bank of Canada）排在第十三位，多伦多道明银行（Toronto – Dominion Bank）排在第十四位。表3列出了加拿大各银行的有形普通股权益比率。

表3 2019年加拿大各银行的有形普通股权益比率

单位：%

银行	有形普通股权益比率
加拿大国家银行	3.42
加拿大劳伦特银行	4.09
加拿大帝国商业银行	4.29
蒙特利尔银行	4.37
新斯科舍银行	4.40
加拿大皇家银行	4.41
多伦多道明银行	4.47
平均值	4.21

资料来源：彭博社。

表4显示了世界各地区银行的有形普通股权益比率和样本量。例如，通过对9家大洋洲地区的银行进行抽样调查，本报告发现它们的平均有形普通股权益比率为5.83%；通过对全球1611家银行进行抽样调查，本报告发现其平均有形普通股权益比率为10.70%。这些参考数据使得对加拿大顶级银行的评估更为客观。2019年的银行抽样调查显示，加拿大顶级银行的平均有形普通股权益比率为4.21%。从国际标准来看，加拿大顶级银行的杠杆率很高。

表 4　2019 年世界各地区银行的有形普通股权益比率和样本量

区域	有形普通股权益比率(%)	样本量(家)
大洋洲地区	5.83	9
西欧地区	9.75	215
北美地区	9.84	540
亚太地区(发达国家)	10.19	148
亚太地区(新兴市场)	11.45	232
中东和非洲地区	12.40	192
拉丁美洲和加勒比地区	12.54	112
东欧地区	13.59	163
平均值	10.70	1611

资料来源：彭博社。

图 12 显示了自 2006 年盈利能力下降以来，加拿大五大银行平均有形普通股权益比率的变化情况。数据显示，过去十多年中，加拿大五大银行进行了一定程度的去杠杆化。2007 年全球金融危机期间，加拿大五大银行的平均有形普通股权益比率为 3.09%，是世界上杠杆率最高的银行之一，仅次于欧洲银行。正如上文分析指出的那样，加拿大银行在全球金融危机期间能够保持稳定的主要原因在于其基础资产的稳健性。① 然而，在 2009 年，它们开始适度地去杠杆化。2019 年，加拿大五大银行的平均有形普通股权益比率为 4.30%。尽管如此，按照国际标准来看，加拿大的银行仍然处于高杠杆率状态，其资产，尤其是家庭抵押贷款，似乎越来越不稳定。

四　家庭债务上限

如果家庭开始拖欠月供，就会给银行造成麻烦。正如本报告第三部分所指出的，加拿大银行的杠杆率很高，抵押贷款是其最大的资产，而经济增

① McCormack, G., "Canadian Banking Stability through the Global Financial Crisis of 2007 - 8: A Cla - ssical Marxian Analysis", 2019, *Historical Materialism*, 10.1163/1569206X - 00001809.

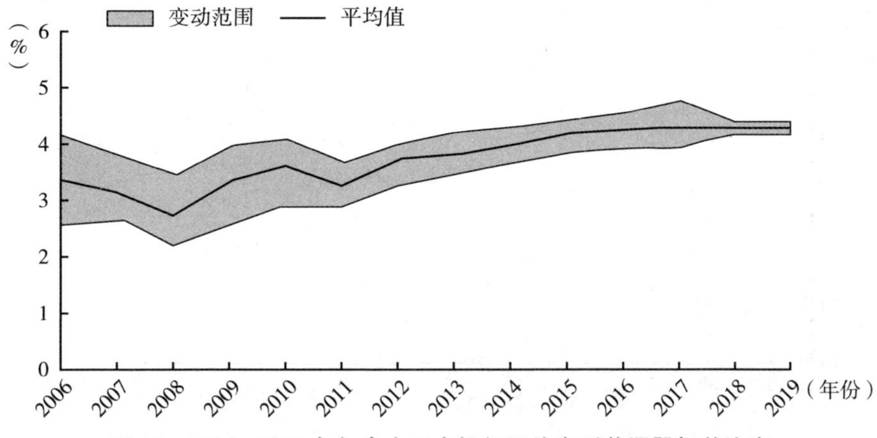

图 12　2006～2019 年加拿大五大银行平均有形普通股权益比率

资料来源：彭博社。

长，尤其是安大略省的经济增长与房地产的繁荣息息相关。因此，加拿大金融和工业体系的稳定，有赖于可靠的家庭抵押贷款和及时的支付。针对新冠疫情采取的封禁措施对加拿大就业造成的巨大冲击，在工业和金融体系中掀起了一波狂澜。国家通过补贴收入、放宽还贷期限、降低利率等方式进行了重大干预。然而，在新冠疫情之前，加拿大的金融局势就已经很不稳定了。本报告接下来将对加拿大不稳定的金融状况进行分析。

图 13 显示，2018 年加拿大家庭债务与可支配收入的比率达到了 176% 的历史最高点，再加上普遍的经济停滞，表明在新冠疫情发生前，家庭就已经难以履行其财务义务了。图 14 将这些数据按收入的五分位数进行了细分（数据更新至 2016 年）。如图 14 所示，2016 年，最低收入家庭组别的家庭债务与可支配收入之比为 281%，第二收入家庭组别的相应比率为 209%，而第三、第四和最高收入家庭组别的比率分别为 202%、194% 和 142%。[①] 最贫穷的 20% 的家庭与其他家庭之间的收入差距从 72 个百分点到 139 个百分点不等，凸显出贫穷家庭的经济状况比其他家庭恶劣很多。更为糟糕的

① Statistics Canada, Table 36 - 10 - 0589 - 01 (Ottawa: Statistics Canada, 2020s), https://www150.statcan.gc.ca/t1/tbl1/en/tv.action?pid=3610058901，检索日期：2020 年 4 月 30 日。

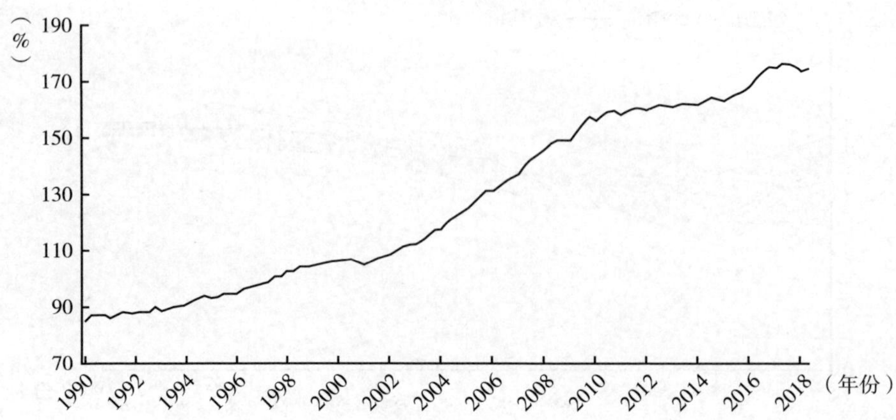

图 13　1990～2018 年加拿大家庭债务与可支配收入之比

资料来源：StatsCan 2020af。

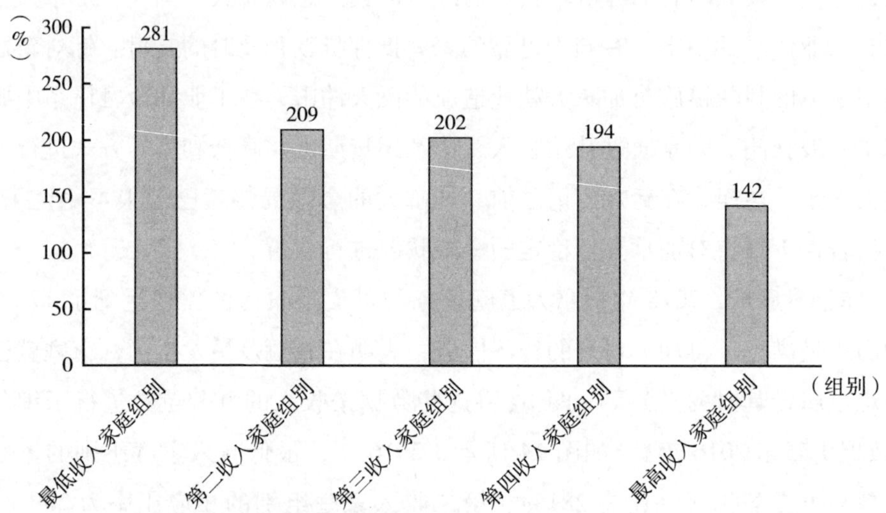

图 14　2016 年加拿大的家庭债务与可支配收入之比（五分位数）

资料来源：StatsCan 2020s。

是，2013～2018 年，处于最低收入家庭组别的雇员的薪酬增长为负增长（可获得的最新数据）。虽然处于第二和第三收入家庭组别的雇员的薪酬实际中位数分别增长了 6.31% 和 5.40%，但最低、第四和最高收入家庭组别的雇员的薪酬分别下降了 1. 72% 、0. 05% 和 1. 65% 。①

此外，温哥华和多伦多这两个房地产繁荣的中心城市的家庭负债率更高。② 在最近的一项全球住房负担能力调查中，温哥华被列为全球第二大住房难以负担的城市，仅次于香港，多伦多则排名第六。金马蹄区（Golden Horseshoe）是安大略省南部人口稠密、工业化程度高的地区，人口占加拿大人口的 25%，房价也高得让人难以承受。③ 因该地区的经济发展依赖于对美国的出口，全球经济放缓势必会影响到在该地区工作的人，进一步削弱他们的贷款偿还能力。事实上，这里也是 2005 年以来加拿大工资增长最慢的地区。

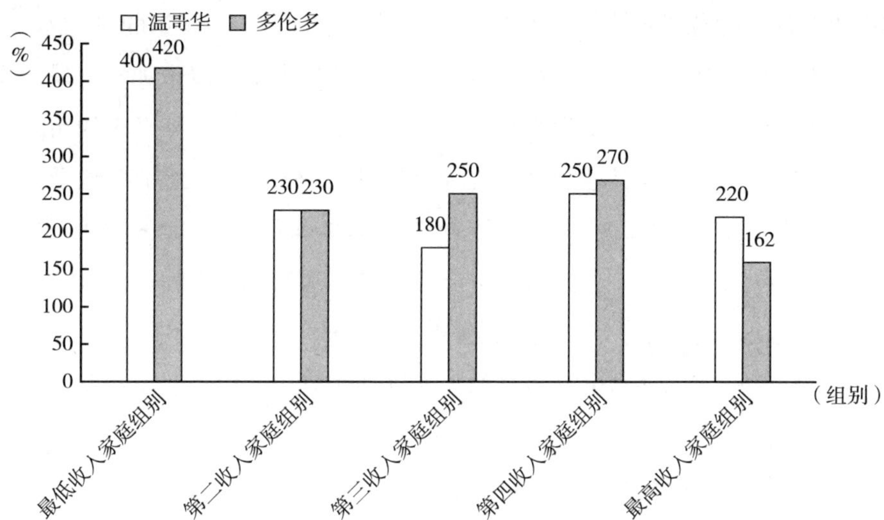

图 15　按人口普查市区划分的总债务与总税后收入比率

资料来源：Gellatly & Richards，2016。

---

① Statistics Canada, Table 34 - 10 - 0145 - 01 (Ottawa: Statistics Canada, 2020i) and Table 10 - 10 - 0139 - 01 (Ottawa: Statistics Canada, 2020j), https://www150. statcan. gc. ca/t1/tbl1/en/tv. action? pid = 3410014501，检索日期：2020 年 5 月 13 日。

② Younglai, R.,"Soaring Household Debt Leaves Vancouver, Toronto Homeowners Vulnerable to Higher Rates, CMHC Warns," December 13, 2018, The Globe and Mail, https://www. theglobeandmail. com/real - estate/the - market/article - soaring - household - debt - leave - vancouver - toronto - homeowners - vulnerable/，检索日期：2019 年 10 月 15 日。

③ Demographia, "16th Annual Demographia International Housing Affordability Survey: 2020, Rating Middle - Income Housing Affordability", 2020, Frontier Centre for Public Policy, https://fcpp. org/wp - content/uploads/dhi16 - FCPP - 20200119 - 2. pdf，检索日期：2020 年 5 月 10 日。

图15表明，在房地产泡沫中心城市温哥华和多伦多，最低收入家庭组别的债务与收入之比分别为400%和420%，比第二收入家庭组别分别高出170个百分点和190个百分点。2018年，温哥华收入最低的有房家庭的总收入中位数仅为2.86万美元，而第二、第三、第四、最高收入家庭组别的总收入中位数分别为5.99万美元、9.26万美元、13.3万美元和21.3万美元。在多伦多，这些数字分别为3.32万美元、6.53万美元、9.9万美元、14.2万美元和23.1万美元。①

抵押贷款偿债比率衡量的是抵押贷款还款（包括利息和本金）占可支配收入的比例。该比率越高，家庭履行其财务义务就越困难。尽管在2007～2008年全球金融危机期间，抵押贷款偿债率一直低于前20年的平均水平，但此后却大幅上升。事实上，在自20世纪30年代大萧条以来加拿大最严重的经济衰退之前，这一比率为6.54%，现在已经达到1989年以来的历史最高水平。然而，综合偿债率（抵押贷款和非抵押贷款）达到了有记录以来的最高水平。虽然1990～2005年综合偿债率平均稳定在11.84%的水平，但到2018年底，该比率上升了3.03个百分点，达到14.87%。在2019年第四季度，该比率达到了14.98%，是该数组中的最高水平。不列颠哥伦比亚省和安大略省的该比率水平是最高的，在这两个省中，仅利息支出就分别占可支配收入的7.3%和7.1%。②

图16显示了加拿大金融机构监督办公室关于消费者无力偿贷的数据以及12个月的平均数据变动情况。数据显示，在过去一年中，无力偿贷家庭的数量有所增加。这些数据与最近的一项民调相吻合，该民调显示，48%的加拿大人每月距离破产的边缘仅有不到200美元之遥。③ 虽然加拿大抵押贷

① Statistics Canada, Table 46－10－0050－01（Ottawa: Statistics Canada, 2020ah）, https://www150.statcan.gc.ca/t1/tbl1/en/tv.action?pid=4610005001，检索日期：2020年4月5日。

② Statistics Canada, Table 11－10－0065－01（Ottawa: Statistics Canada, 2020o）and Table 36－10－0226－01（Ottawa: Statistics Canada, 2020p）, https://www150.statcan.gc.ca/t1/tbl1/en/tv.action?pid=1110006501，检索日期：2020年5月15日。

③ Ipsos, "Nearly Half（48%；+2pts）of Canadians Are on the Brink of Financial Insolvency; Struggling to Make Ends Meet at Month－End", April 23, 2019, Ipsos, https://www.ipsos.com/en－ca/news－polls/MNP－Debt－Index－Wave－8，检索日期：2019年9月25日。

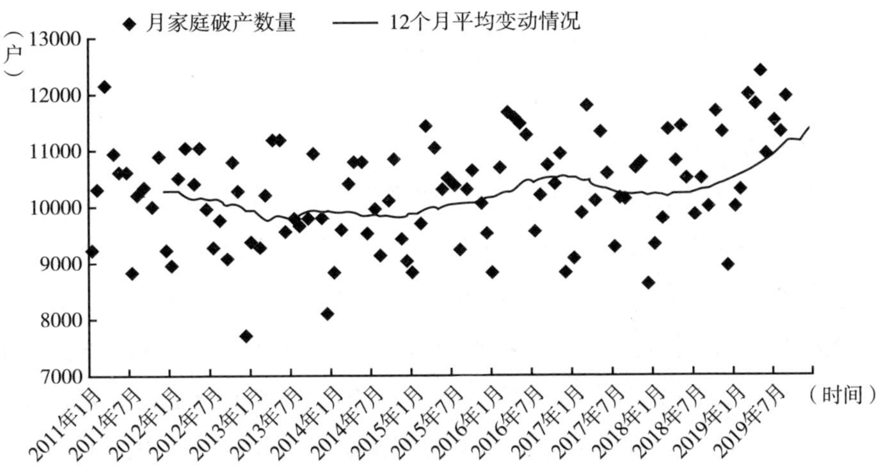

图 16　加拿大消费者无力偿付债务情况

资料来源：加拿大金融机构监督办公室，2020。

款和住房公司为其中的许多抵押贷款提供了保险，但大部分抵押贷款仍然没有得到保险（见图 17），凸显了加拿大工业和金融体系的脆弱性，这甚至在当前的危机之前就已经出现了。

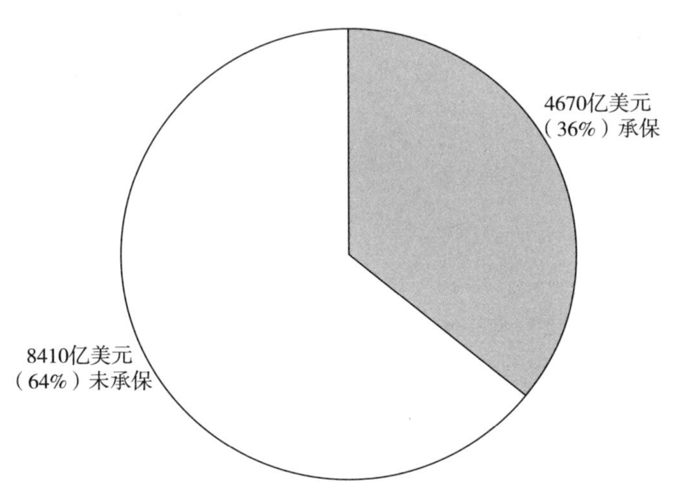

图 17　加拿大抵押贷款和住房公司承保的抵押贷款所占份额

资料来源：加拿大金融机构监督办公室，2020。

结 论

在过去的十年中，房地产的繁荣支撑了一个原本停滞不前的经济体。企业盈利能力差、家庭债务不断增加、房地产泡沫，以及基于不健全资产的高银行杠杆率，给加拿大金融体系带来了新的风险。实际工资增长停滞了十年，债务增长到历史最高水平，还本付息额创历史新高，加拿大家庭15%的可支配收入用于偿还债务，离破产只有几百美元的距离，半数家庭的生活甚至到了穷困潦倒的地步。尽管加拿大过去的经济十分强劲，足以抵御2008~2009年经济大衰退的冲击，但现实情况已经发生了变化。债务驱动型的经济增长在新冠疫情之前开始回落，平均利润率已经处于历史低位。如果家庭收入再得不到足够的支持，房地产繁荣将转为萧条，企业能够依靠的投资机会也将寥寥无几。工作岗位流失和实际工资缩水意味着对新房的需求下降、抵押贷款拖欠、消费者破产率上升，这一趋势在数据中已经有所体现。虽然国家试图补救经济状况，但是否能为经济止血尚未可知。加拿大的未来，就像全球经济的未来一样，仍然存在着巨大的不确定性。

（李松* 译）

* 李松，国家一级翻译，毕业于广东外语外贸大学英语口译专业，现为自由译者，曾多次获国家、省市级翻译比赛奖项。

B.11

新冠疫情下的加拿大互联网医疗

米　睿*

摘　要： 新冠疫情的暴发与持续给全世界的医疗行业带来了恐慌及严重不确定性。各国政府对新冠疫情给医疗体系带来的严重挑战已经有了共同的认识，所有国家都在用自己的方式尝试着拉平疫情发生、发展的曲线（flatten the curve）。加拿大的医疗体系在这一过程中着手进一步实践“虚拟”医疗服务，把本来就已开始实践的互联网医疗服务推上了另一个高度。现在，这个国家已经有95%的患者在疫情期间通过电话进行医疗服务预约，这其中一定比例的医疗服务已经以视频问诊的虚拟形式来实现，同时治疗也是通过稳定加密、具有安全性的邮件在医患之间进行的。众所周知，“避免接触”是最有效的疫情防控措施，互联网医疗在这个层面上具有无与伦比的先发优势。加拿大在疫情期间的互联网医疗应用避免了公民过度使用医院急诊科资源，也避免了人群在医疗机构的聚集，无论是对个人而言，还是对医疗机构、医疗体系及整个政府的卫生管理而言都有着重要的意义。

关键词： 加拿大　新冠疫情　互联网医疗　疫情防控　人工智能

* 米睿，主任导师，美国心脏协会国际培训中心，研究方向：加拿大公共卫生。

一　加拿大互联网医疗在新冠疫情中的关键作用

（一）新冠疫情期间加拿大互联网医疗应用的发展

在新冠疫情持续期间，居民处于持续隔离的状态中以使感染风险最小化，医生在出诊等日常工作中也面临着感染的风险。因为互联网医疗这个工具可以避免患者与医生的直接接触，所以全世界的医疗行业以及普罗大众都在某种程度上以更积极开放的态度来拥抱这一诊断及治疗的创新工具，甚至可以说全世界的医疗行业都在如何更有效地运用互联网医疗工具这件事情上展开了竞争。

在加拿大，新冠疫情进一步加速了互联网医疗应用的进程，[①] 彻底改变了自 20 世纪开始缓慢发展的互联网医疗实践，这一实践从政府及医疗创新机构的反复推进变成了民众对互联网医疗准入及治疗的全面接纳。几乎是在一夜之间，患者不再把走入诊室作为求医问诊的主要途径，用在线平台替代实体医疗机构问诊已经成为加拿大民众在疫情期间的主要就医方式。

家庭医生布伦达·哈迪（Dr. Brenda Hardie）就职于不列颠哥伦比亚省温哥华市，自该省 2020 年 3 月份开始出现社区感染病例之后，[②] 其医疗团队就开始加班加点提供公共卫生建议。他们认为，对患者旅行接触史进行筛查的面对面操作违背了疫情期间的黄金防控准则“避免近距离接触”，正如哈迪医生所说，“与患者面对面的问诊及体格检查是优质医疗服务的基石，

---

① Inderveer Mahal，“Coronavirus Has Sped up Canada's Adoption of Telemedicine. Let's Make That Change Permanent”，April 5，2020，The Conversation，https：//theconversation.com/coronavirus-has-sped-up-canadas-adoption-of-telemedicine-lets-make-that-change-permanent-134985，检索日期：2020 年 5 月 8 日。

② Stephanie Ip，“Eight New Cases of COVID-19 Announced，Including B.C.'s First Case of Community Tran-smission”，March 6，2020，Vancouver Sun，https：//vancouversun.com/news/local-news/two-post-secondary-schools-closing-in-vancouver-over-presumptive-case-of-covid-19/，检索日期：2020 年 5 月 9 日。

但是在疫情期间也显而易见地将患者及医生都置于危险的境地”。与此同时，加拿大政府多年的互联网医疗布局起到了非常关键的作用，[①] 哈迪医生在 10 天之内就从传统的面对面问诊模式切换到了结合在线电子病历系统（EHR）的互联网问诊模式，虽然短时间内工作流程的改变限制了每日的门诊量，但是随着时间的推移这一变化的影响日趋减弱。

加拿大各级政府充分认识到家庭医生门诊保持开放并持续不断地为民众提供互联网远程医疗服务是新冠疫情期间最为重要的防控手段。否则，身患各种慢性疾病（例如高血压、糖尿病、心力衰竭）的患者就不得不涌入医院，而同时新冠肺炎患者也出现在同一就医机构，这就导致疫情防控的压力激增，最终有可能引发医疗体系全面崩溃。加拿大政府在疫情发生之前就已经意识到规划合理的互联网就医流程及有条不紊的应对可以有效地对轻中症呼吸系统症状进行筛查，并能够指导患者进行有效的自我隔离、确保医务工作者的健康，最终避免各个社区不合理、不必要的暴露。[②]

互联网医疗作为新兴技术，不可避免地会遇到问题及阻力。例如，产前检查、腰背部疼痛等需要体格检查的全科诊疗项目在互联网 + 物联网基础设施建设不完善时是无法避免医患面对面交流的，因此，对互联网医疗进行支持，在现阶段的疫情防控中及疫情过后都有着重要的意义。虽然我们目前没有相关数据来总结加拿大在此方面取得的成就，但是我们可以回顾历史来看出其在互联网医疗基础设施建设上面的投入规模及所取得的具体成就。

---

① Laurel D. O'Gorman, John C. Hogenbirk and Wayne Warry, “Clinical Tele – medicine Utilization in Onta – rio over the Ontario Telemedicine Network”, https://www.liebertpub.com/doi/10.1089/tmj.2015.0166，检索日期：2020 年 5 月 10 日。

② Interview with Dr. Judd Hollander on How Health Systems Can Use Telemedicine Services during the Covi – d – 19 Pandemic, NEJM Podcasts, https://www.nejm.org/action/showMediaPlayer? doi = 10.1056%2FNEJMdo005734&aid = 10.1056%2FNEJMp2003539&area = ，检索日期：2020 年 5 月 11 日。

（二）加拿大互联网医疗建设之路

1994 年 4 月，加拿大政府授权信息高速公路顾问理事会（Information Highway Advisory Council，IHAC）调研信息技术对于加拿大整体经济、文化及社会发展的意义，IHAC 最终于 1995 年完成了完整的报告，其中有近 300 条建议与意见认为信息化以及互联网技术的应用对于加拿大的公共卫生有着积极的意义。加拿大政府对这些建议的回应也是非常积极的，时任政府总理让·克雷蒂安亲自发起并主持了加拿大国家健康论坛（National Forum on Health），[①] 论坛向政府提出使用创新型的信息技术来改造加拿大的公共卫生系统，于是政府在 1997 年的财政预算中正式承诺建设并开发全国卫生信息高速公路。同年，加拿大卫生部宣布成立卫生信息架构咨询委员会（Advisory Council on Health Infostructure），该委员会于 1999 年完成了关于加拿大公共卫生系统信息化及产业化的报告，其最为肯定的结论是：在全国范围内建设卫生信息高速公路可以显著地提升整个加拿大医疗健康服务领域的质量、准入程度及效率。[②]

1997 年 9 月，加拿大科研、产业及教育促进研究委员会（The Canadian Network for the Advancement of Research，Industry and Education，CANARIE）发布了《关于加拿大虚拟健康信息中心的愿景》白皮书，在确保开发与准入顺利推进的前提下保证信息安全性与患者隐私，协助医疗专家做出最准确的医疗诊断及治疗决策。

随后，1998 ~ 1999 年联邦/省/地区首席信息官论坛（The Federal/Provincial/Territorial Chief Information Officers Forum）、1999 ~ 2002 年健康资讯结构咨询委员会（The Advisory Committee on Health Infostructure，ACHI）、

---

① Government of Canada，“Canada's Health Infostructure”，October 1，2004，https：//www.canada.ca/en/health - canada/services/health - care - system/ehealth/canada - health - infostructure/national - forum.html，检索日期：2020 年 5 月 11 日。

② Government of Canada，“Canada's Health Infostructure”，March 31，2004，https：//www.canada.ca/en/health - canada/services/health - care - system/ehealth/canada - health - infostructure/advisory - council - health - infostructure.html，检索日期：2020 年 5 月 11 日。

2002～2005 年资讯及新兴科技咨询委员会（Advisory Committee on Information and Emerging Technologies，ACIET）充分明确了加拿大医疗信息机构化的具体任务：明确相关实施策略及远程医疗实现路径、保护患者个人隐私的信息安全、健康监护信息化建设及全国性电子病历体系建设。

2000 年 9 月 11 日，加拿大联邦政府宣布将立即投入 5 亿加元成立加拿大卫生信息通路公司（Canada Health Infoway Inc），这是一家非营利组织，主要目标是孵化及加速发展具有可操作性的互联网信息化医疗服务。2003 年 2 月 18 日，加拿大政府向加拿大卫生信息通路公司追加 6 亿加元，用于加速发展远程医疗服务的基础设施建设，并认为此举对偏远地区有着更加深远的意义。

2004 年 3 月，加拿大政府追加 1 亿加元用于建设覆盖全加拿大的、基于互联网医疗技术的慢性疾病管理监护系统，同时，国家卫生和信息高速公路办公室（The Office of Health and the Information Highway，OHIH）也积极对全国范围内的互联网医疗体系建设做出响应，其中比较突出的成就是通过了《获取信息法案》（Access to Information Act）。[①] 该法案授权加拿大公民获取关于自己的存储于联邦政府的所有信息，其中自然也包括健康信息，这一点对加速建设互联网医疗体系有着非常积极的意义。在此之后，卫生和信息高速公路（Health and the Information Highway，HIH）部门的建立意味着加拿大从此进入了全面、广泛建设互联网医疗体系的阶段。

（三）加拿大各级政府疫情期间在互联网医疗方面的技术应用回顾

我们可以从第一部分的案例内容看出，加拿大的互联网医疗应用从提出设想到具体操作进展迅速，从第二部分的内容可知加拿大政府实际上早在 20 世纪末就开始对互联网及信息产业在医疗行业的应用进行了广泛细致的

① Government of Canada，"Access to Information Act（R. S. C.，1985，c. A－1）"，https：//laws－lois. justice. gc. ca/eng/acts/A－1/，检索日期：2020 年 5 月 11 日。

研究及基础设施投入。第三部分将通过疫情期间加拿大各级政府的互联网应用具体措施来梳理脉络，以便从中获取更多的借鉴。

正如第二部分所述，加拿大政府成立的非营利组织加拿大卫生信息通路公司在新冠疫情暴发的第一时间就积极联合加拿大各省及地区政府资助远程非接触互联网医疗服务，并在疫情期间实现了2/3的全科问诊服务的非接触互联网视频问诊，这从根本上减少了医生、患者及社区居民因近距离接触而感染新冠疫情的风险。[①] 这一成就归功于加拿大卫生信息通路公司、加拿大卫生部（Health Canada）以及各省及地区政府。

除了互联网视频远程全科医疗服务之外，疫情期间加拿大还提供在线心理卫生远程医疗服务（Online Mental Health Services）。政府充分意识到大量居民在居家隔离期间面临着经济困难、社交隔离等诸多问题，因此提前布局可以24小时进行的远程心理支持医学服务，同时考虑到疫情扩散的风险，具体的服务依然是通过在线远程实现的。

与此同时，政府也注意到，患者在进行核酸检测之后，等待结果的过程是非常煎熬且充满压力的，于是推出了“811/在线分类”（患者实时在线获得核酸检测结果及解读）的互联网平台，大大缩短了加拿大公民在核酸检测过程中漫长又煎熬的等待过程。

疫情期间，各省及地区政府也在全国性的互联网医疗服务基础上推出了更多的在线视频问诊医疗服务项目。例如，萨斯喀彻温省扩大了在线问诊的服务范围，并提供居家健康监测的服务项目。该省的在线医疗问诊服务与其他各省一样，可以令医生在线完成对患者的首诊服务；考虑到很多患有慢性病的居民需要长期随访或定期返回医院就诊，该省的互联网远程医疗服务特别增加了居家健康监护模块，有效地避免了患者再次返回医院、频繁进入急诊科及住院的风险。患者所有的关键医疗指标将会以趋势波动的形式展现在医患之间，医生可以依据临床证据实施临床干预，患者也可以实时获得个性

---

① Canada health infoway, “Rapid Response to COVID - 19”, https://www.infoway - inforoute.ca/en/solutions/rapid - response - to - covid - 19，检索日期：2020年5月11日。

化的指导意见。正如吉姆·霍内尔（萨斯喀彻温省在线医疗首席执行官）所说，“萨斯喀彻温省在线医疗对于其在全省范围内支持一线临床工作者的重要角色非常自豪。无论新冠疫情对医疗服务带来的挑战有多么独特，IT技术对前线医院及医务人员的支持——从跟踪病毒传播路径到预测其暴发态势是非常全面的，eHealth 可以对医务人员的需求进行及时有效的反馈”。弗恩·贝尔（萨斯喀彻温省卫生局高级医疗信息官）也从官方的角度对此项目的应用进行了高度评价：我们对于研发出视频医疗服务这种方式，使得萨斯喀彻温省居民可以居家接受实时或者接近实时的医疗服务而感到兴奋。这确保了居民在需要得到医疗服务的时候能够获得医疗团队及其家人的支持，同时也降低了患者、家属及医务人员暴露于新冠病毒环境中的可能性。居家健康监护使得患者能够积极地参与到自己的医疗过程中去，与跨学科医疗团队一起配合获得更好的医疗结果。视频远程互联网医疗技术提升了医疗体系的能力，扩大了其容量，避免实体医疗设施因过度负荷而最终崩溃，这一益处在疫情期间得到彰显，并将在未来给萨斯喀彻温省居民带来深远的影响。①

马尼托巴省的居民从 5 月起可在线上获得核酸检测的结果，并能够确保个人信息的安全性。同时，在 Infoway 指导下的视频在线问诊服务项目也部分地减少了患者前往医疗机构的频率。②

新不伦瑞克省的居民已经可以提前在线获得核酸检测的结果。患者在核酸检测之后可以获得一个专属的代码，在 48 小时内登录网站就可以获得结

① Canada healty infoway, “Saskatchewan Expands Virtual Visits and Introduces Home Health Monitoring”, May 7, 2020, https://www.infoway-inforoute.ca/en/solutions/rapid-response-to-covid-19/5266-solutions/rapid-response-to-covid-19/8575-saskatchewan-expands-virtual-visits-and-introduces-home-health-monitoring，检索日期：2020 年 5 月 11 日。

② Canada health infoway, “Secure, Online Portal Improves Access to COVID-19 Lab Results for Manitobans; Virtual Options Support Care while Reducing the Need for Some In-Person Visits”, https://www.infoway-inforoute.ca/en/solutions/rapid-response-to-covid-19/5266-solutions/rapid-response-to-covid-19/8567-secure-online-portal-improves-access-to-covid-19-lab-results-for-manitobans-virtual-options-support-care-while-reducing-the-need-for-some-in-person-visits，检索日期：2020 年 5 月 11 日。

果，结果主要分为三种：确诊阳性、阴性以及不确定。确诊阳性的患者可以在第一时间获得居家隔离及避免疾病传播的指导，同时公共卫生官员也会在第一时间与其沟通完成一系列的防疫动作。詹尼弗·拉塞尔（该省首席医疗官）认为该项目可以有效地帮助患者减轻压力并能够使得公共卫生体系做出快速、积极、有效的反应。①

安大略省政府为了应对新冠疫情，将已经建设的互联网在线医疗服务端口继续扩张，全面实现在线全科医疗服务在该省的广覆盖。具体的服务端口为安大略省视频在线诊所（Ontario Virtual Care Clinic），安大略省居民可以凭借有效的安大略省健康保险计划账号在此获得免费全科医疗服务。②同时，省政府也为全科医生提供了互联网在线远程全科医疗项目（eVisit Primary Care Project），以便为患者及全科医生建立安全高效的问诊平台。③爱德华·布朗（安大略省卫生局首席执行官）认为：现有的临床实践证明患者们对在线远程互联网医疗服务喜闻乐见，在新冠疫情期间，出于保持人群隔离的公共卫生需要，所有相关方（包括患者）对于远程互联网医疗服务的认可都与日俱增，疫情之后互联网医疗的发展也会随之加速。

综上所述，加拿大政府在互联网医疗方面的布局有一定的历史基础，在公共卫生互联网医疗服务的基础建设方面投入较多，因此可以在新冠疫情期间迅速形成合力，有效地抗击病毒的侵袭。可以说，加拿大的互联网医疗及其在公共卫生领域的应用并不仅仅局限于新冠疫情期间，还会在未来帮助加拿大医疗行业及公共卫生体系在产业升级方面走上快车道，在互联网医疗服务方面持续发力。

---

① MyHealthNB, "Access Your NB COVID - 19 Test Result Online", https：//myhealth. gnb. ca/, 检索日期：2020 年 5 月 12 日。

② Ontario Virtual Care Clinic, "Connect to An On - call Doctor Today by Video or Audio during the COVID - 19 Pandemic", https：//seethedoctor. ca/, 检索日期：2020 年 5 月 12 日。

③ Ontario Telemedicine Network, "eVisit Primary Care", https：//otn. ca/evisit - primary - care/, 检索日期：2020 年 5 月 12 日。

二　加拿大互联网医疗体系建设对应对新冠疫情的深远意义

（一）加拿大国家医学专业机构对疫情期间的互联网诊疗临床路径的协调与组织

加拿大皇家内科及外科医师学院（Royal College of Physicians and Surgeons of Canada）是疫情期间相关临床路径与指南的发起者，其科学严谨的作风为互联网医疗服务抗击疫情提供了循证支持，其突出的特点是将所有与疫情有关的信息及时更新并上传，同时结合各省及地区的具体情况予以本地化。[①] 该学院提供的具体支持主要涉及以下四个方面：远程医疗临床标准（Telemedicine Standard of Practice）、虚拟护理（Virtual Care）、关于远程医疗及虚拟护理的付费模式（Billing for Telemedicine/Virtual Care）、医护人员及患者家属的互联网医疗支持体系（Physician and Family Support Program）。

加拿大远程医疗相关的临床标准最早制定于2010年1月1日，并于2014年6月5日进行了修订，其目的主要是为了规范所有经过培训认证的全科医生及专科医生的临床实践，并给予一系列相关资源，例如互联网医疗：给予专业人员的建议（Advice to the Profession：Telemedicine）、患者常见问题答疑（Patient FAQs）、关于互联网通信及移动设备安全性的专业意见（Advice to the Profession：Electronic Communications & Security of Mobile Devices）、责任医师制度（The Most Responsible Physician）[②]、申请注册互联

---

① Royal College, "Telemedicine and Virtual Care Guidelines (and Other Clinical Resources for COVID - 19)", http：//www. royalcollege. ca/rcsite/documents/about/covid - 19 - resources - telemedicine - virtual - care - e，检索日期：2020年5月12日。

② Empowering better health, "The Most Responsible Physician：A Key Link in the Coordination of Care", December, 2012, https：//www. cmpa - acpm. ca/en/advice - publications/browse - articles/2012/the - most - responsible - physician - a - key - link - in - the - coordination - of - care，检索日期：2020年5月12日。

网医疗服务制度（Apply for Telemedicine Register）等。

加拿大家庭医生学院（College of Family Physicians of Canada）是加拿大互联网医疗应用在全科医学方面的临床支柱，其与加拿大卫生信息通路公司共同编写了《最佳建议指南：电子病历记录系统的最佳实践及意义》（*Best Advice Guide*：*Advanced and Meaningful Use of EMRs*），这从根本上规范了全科医学在互联网情境下的诸多应用。该指南的主要模块为，模块一：应用电子病历记录系统进行质量改进及研究（Using EMRs for Quality Improvement and Research）；模块二：应用电子病历记录系统整合连接其他医疗设施及健康从业人员（Using EMRs to Connect with Other Care Settings and Providers）；模块三：加拿大电子病历记录系统中的临床决策支持（Clinical Decision Support in Canadian EMRs）；模块四：患者隐私与信息安全（Privacy and Security）；模块五：数据管理（Data Stewardship）；模块六：以患者为中心的服务（Patient - oriented Services）。这些具体的互联网医疗临床实践准则从根本上严格规范了家庭医生及初级保健机构在全科医疗领域及公共卫生领域的互联网临床实践。①

加拿大医学会（Canadian Medical Association）在互联网医疗临床实践的过程中所扮演的角色更像是调查研究及总结报告者。它发布的《虚拟医疗照护工作组报告》（Virtual Care Task Force Report）给出了在加拿大改进互联网医疗及公共卫生体系应用的路线图，该报告分别从五个方面提出了相关建议：第一，公民医疗信息准入的全国化标准建设；第二，简化医护人员互联网临床实践注册路径及相关流程细节措施；第三，建立国家级的互联网医疗安全及质量监控框架；第四，国家及各省与地区建立健全互联网医疗支付体系；第五，在医学院校及各专科协会

---

① The College of Family Physicians of Canada, "Best Advice Guide: Advanced and Meaningful Use of EMRs", November, 2018, https://patientsmedicalhome.ca/resources/best - advice - guides/best - advice - guide - advanced - and - meaningful - use - of - emrs/，检索日期：2020年5月12日。

建设互联网医疗临床实践的教育及继续教育体系。[①] 除此以外，加拿大医学会还发布了《虚拟医疗照护脚本》（*Virtual Care Playbook*），对互联网医疗过往在日常临床实践的过程中表现出的方方面面进行了详细描述，以使相关从业人员熟悉加拿大互联网医疗的细节。这主要包括五个方面：第一，如何将互联网医疗服务整合入医生的日常工作流程；第二，软硬件技术方面的要求及准备；第三，临床实践的范围——什么样的临床症状及问题可以通过互联网医疗进行安全诊断与治疗；第四，医疗人员在进行互联网医疗临床实践时的行为准则；第五，互联网医疗临床实践的全过程要求的细节。[②]

除此以外，加拿大政府在互联网临床路径上还兼收并蓄了其他国家的经验，其中广泛作为临床实践指导的是英国医学杂志（*British Medical Journal*）发布的《新冠肺炎：全科医疗远程评估文件》（COVID - 19：A Remote Assessment in Primary Care），它主要包括六个方面：第一，互联网在线诊治新冠肺炎患者的全部细节；第二，视频及音频问诊的异同及要求；第三，在线问诊与评估细节，即临床路径；第四，患者病史采集及其重要性；第五，如何通过互联网平台对患者进行体格及心理评估；第六，临床决策及具体诊治方案的依据。[③]

（二）加拿大互联网医疗法律法规及质量标准体系建设在疫情期间发挥的重要作用

互联网医疗作为新生事物，还不成熟。医疗行业向来事关人民的健康福

① Canadian Medical Association，“New Report：A Roadmap to Improve Virtual Care in Canada”，February 11，2020，https：//www.cma.ca/new - report - roadmap - improve - virtual - care - canada，检索日期：2020 年 5 月 12 日。

② Canadian Medical Association，“Virtual Care Playbook”，March，2020，https：//www.cma.ca/sites/default/files/pdf/Virtual - Care - Playbook_ mar2020_ E.pdf，检索日期：2020 年 5 月 12 日。

③ Trisha Greenhalgh，“Covid - 19：A Remote Assessment in Primary Care”，British Medical Journal 368（2020），https：//www.bmj.com/content/368/bmj.m1182 ，检索日期：2020 年 5 月 13 日。

祉，所以如何在更高层级对其效果进行保障，并通过第三方认证体系对其质量进行持续提升就显得非常重要。

加拿大联邦医学事务法规管理局（Federation of Medical Regulatory Authorities of Canada）制定了互联网医疗的框架结构（Framework on Telemedicine），其中提出了在加拿大境内开展互联网医疗的最低要求及标准，并给出了适用于加拿大的远程互联网医疗的定义。例如，该框架结构要求医生在开展互联网医疗之前满足五大条件：第一，必须有加拿大联邦政府及各省、地区政府在法律上认可的医师牌照，同时也须获得互联网医疗临床实践许可并能够证明其可以对临床误诊误治进行责任赔偿；第二，确立在互联网医疗服务需求基础上的患者医生远程医疗服务体系，其中医生应当向患者出示第一个条件中所列出的相关证件、临床工作场所地址，患者也需要能够在此过程中明确自己的身份识别信息，医生应当用通俗易懂的语言向患者解释远程医疗的实践范围（特别是局限性）、医生必须获得并保存所有患者认可互联网远程医疗服务的知情同意文件、同时也需要提供经由互联网远程医疗的随诊服务；第三，在互联网医疗的临床实践中，医疗机构及医生必须确保医疗记录、患者隐私的保密性与安全性；第四，在互联网医疗的临床实践中，要评估其对患者的适用性及有效性；第五，在互联网医疗的临床实践中，开具医疗处方的过程必须符合并满足该框架中的相关要求，特别是涉及精神类药物及麻醉药物时。①

加拿大医疗保护协会（Canadian Medical Protective Association）也向互联网医疗的实践给出了相关意见并提供了资源库，在新冠疫情期间起到了积极的作用。其支持主要分为三个方面：医疗建议、医疗支持，以及医学法务信息。例如，2020 年 3 月发布的《公共卫生紧急及灾难事件协助原则》（Public Health Emergencies and Catastrophic Events Principles of Assistance）对此次新冠疫情的公共卫生事件定义、医生开展互联网医疗

---

① Federation of Medical Regulatory Authorities of Canada，“FMRAC Framework on Telemedicine”，https：//fmrac. ca/fmrac – framework – on – telemedicine/，检索日期：2020 年 5 月 13 日。

实践的准备工作、相关执照与许可要求、互联网医疗在新冠疫情期间的工作类目进行了分类，并且对患者在新冠疫情期间接触互联网医疗的具体关切、大型公共卫生事件暴发时的工作计划、相关互联网医疗实践的底线都进行了规范与描述。①

除此以外，加拿大医疗保护协会还在新冠疫情期间连续推出了一系列的医护人员在线继续教育资源。例如，新冠疫情：医生的道德压力（COVID－19：Physician Moral Distress）（同样适用于互联网医疗方面），向在疫情中深受道德压力的医生提供相应的策略及辅导；② 新冠疫情：合理照护（COVID－19：Reasonable Care），这一继续教育项目充分意识到了医疗服务在紧急公共卫生事件中非常重要；③ 此外，该协会还为新冠疫情期间的互联网医疗相关信息安全提供了相应的教育服务项目——新冠疫情健康行业网络安全在线教育（COVID－19 Healthcare Cybersecurity eLearning），④ 并提供了相应的一揽子解决方案——“赛吉斯网络安全解决方案”（Saegis Cybersecurity Solution）。⑤ 协会还组织加拿大各大医学院校共同为抗击新冠疫情的医护人员提供学术及临床支持服务，这些院校分别是：达尔豪斯大学（Dalhousie University）、麦吉尔大学（McGill University）、麦克马斯特大学（McMaster University）、纽芬兰纪念大学（Memorial University of Newfoundland）、蒙特

① Empowering better healthcare，“Public Health Emergencies and Catastrophic Events”，March，2020，https：//www. cmpa－acpm. ca/en/membership/protection－for－members/principles－of－assistance/public－health－emergencies－and－catastrophic－events－the－cmpa－will－help，检索日期：2020 年 5 月 13 日。

② Empowering better healthcare，“Podcast：COVID－19：Physician Moral Distress”，https：//www. cmpa－acpm. ca/en/covid19/podcast－physician－moral－distress，检索日期：2020 年 5 月 14 日。

③ Empowering better healthcare，“Podcast：COVID－19：Reasonable Care”，https：//www. cmpa－acpm. ca/en/covid19/podcast－reasonable－care，检索日期：2020 年 5 月 14 日。

④ Saegis，https：//saegiscyber. myabsorb. ca/#/signup－form，检索日期：2020 年 5 月 14 日。注：该网址为加拿大医疗保护协会为已注册的健康行业从业人员提供的在线教育网址，非注册人员无法登录，引用此网站目的在于实证其功能与作用。

⑤ Saegis，“Saegis Cybersecurity Solution”，https：//saegis. solutions/en/saegis－programs/practice－management－services/cyber，检索日期：2020 年 5 月 14 日。

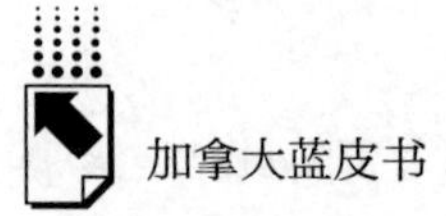

利尔大学（Université de Montréal）、路易斯塔里夫大学（Université de Sherbrooke）、拉法尔大学（Université Laval）、艾伯塔大学（University of Alberta）、不列颠哥伦比亚大学（University of British Columbia）、卡尔加里大学（University of Calgary）、马尼托巴大学（University of Manitoba）、渥太华大学（University of Ottawa）、萨斯喀彻温大学（University of Saskatchewan）、多伦多大学（University of Toronto）、西安大略大学（University of Western Ontario）①。

加拿大在新冠疫情期间实施的互联网医疗临床实践有条不紊，这是在质量控制与风险管理的基础上实现的。这里的质量控制主要是依据国际标准化组织（ISO）制定的标准：ISO/TS 13131，这一标准是基于风险管理过程的远程医疗长期及短期临床实践的建议及指南。该标准主要包括五个方面：第一，医疗机构如何通过质量管理来确保互联网远程医疗服务的质量；第二，优化财务资源管理来支持互联网远程医疗服务；第三，优化人力流程管理，以此支持互联网远程医疗服务，包括人员工作计划，健康照护计划及相关职责安排等；第四，互联网远程医疗服务的基础设施及资源要求；第五，管理互联网远程医疗服务中的信息及技术资源。通过标准指南及相关第三方评审认证，ISO/TS 13131 已经在潜移默化中统一了互联网远程医疗服务的标准，在新冠疫情期间部分实现了统一标准化的愿景。②

（三）加拿大互联网远程医疗系统建立过程的特点及对抗击疫情的现实意义

正如加拿大有关方面的相关报告所言，互联网远程医疗可以为公民提供更快、更好、价格更低、更方便的医疗服务。根据相关非营利组织的统计，

① Empowering better healthcare，“Canadian Medical Schools Offering COVID – 19 CPD Programs and Re – sources”，https：//www. cmpa – acpm. ca/en/covid19/covid – 19 – cpd – programs – and – resources，检索日期：2020 年 5 月 14 日。

② Iso，“Health Informatics — Telehealth Services — Quality Planning Guidelines”，December，2014，https：//www. iso. org/standard/53052. html，检索日期：2020 年 5 月 14 日。

自2007年以来，加拿大在互联网远程医疗上的投入已经获得了300亿加元的收益（控制医保费用及提高效率），其最新的互联网医疗六年计划（2017～2022年），主要从两个方面进一步提升收益：处方IT系统（PrescribeIT ®）及便捷准入医疗（Access Health）。因此，从2016/2017财年开始，加拿大政府就做出了政府预算，2020～2021年将投入1亿～1.15亿加元用于互联网基础设施建设，其中8700万加元投向PrescribeIT ®与Access Health，另外1300万～2800万加元投向其他数字化医疗项目。①

因此，加拿大互联网医疗发展的历程，特别是新冠疫情发生之后在公共卫生领域的作用可以归纳为以下几个具体方面，同时其面向未来的相关计划也极具特色。②

（1）从政策法规上促进互联网医疗基础设施的建设，并成立相对应的机构及组织来规范互联网医疗的具体执行操作。

（2）设立互联网医疗服务质量评审及监督机构，从根本上保证质量的持续提升。

（3）设立相对应的机构并进行合理的预算对互联网医疗服务产业进行孵化及资金支持。

（4）由相关行业协会及智库牵头，每年对互联网医疗服务产业进行调研评估并撰写相关年份的年度报告。

（5）在具体的互联网医疗应用细分上，着重加强社区及全科医疗的大范围临床实践互联网化，并将基层的公共卫生服务纳入该范围，从根本上达到加速医改及公共卫生服务体系建设的目的。

（6）将医保支付连接互联网医疗服务，在支付体系上对互联网医疗进行关键支持。

（7）鼓励商业医疗保险与互联网医疗服务的整合，将互联网医疗服务

---

① Canada health infoway, "Summary Corporate Plan", January 30, 2020, https: //www. infoway - inforoute. ca/en/component/edocman/resources/i - infoway - i - corporate/business - plans/3793 - summary - corporate - plan - 2020 - 2021，检索日期：2020年5月14日。

② 同上。

的差异化与支付体系的多样化相连接。

加拿大互联网医疗的使命与愿景①也同样具有鲜明的特色：

（1）全民参与性（Engaging），确保加拿大民众对互联网医疗的需求及期待成为加拿大互联网医疗发展的出发点。

（2）采取强有力的治理结构（Adopting），确保监管机构对整个行业的领导力，保证互联网医疗服务的可靠性、安全性以及有效性。互联网医疗在给整体医疗行业、患者、政府等各方带来便利的同时，其监督管理也与过往的行业有着巨大的差异，因此加拿大政府在大力发展互联网医疗的同时也不放松相关法律法规、监督管理、认证评审等的建立与实施。

（3）多方合作（Collaborating），多方应包括政府、各个行业（医疗行业、医药行业、医疗器械行业、互联网行业、第三方评审行业等）、医护人员、患者；通过多重管辖与监管限制来实现最佳医疗控费与质量相结合的互联网医疗解决方案。

（4）保持互联网医疗服务的高质量、稳健性及可靠性（Maintaining），并形成相对应的解决方案。加拿大将政府强有力的监管、提升第三方评审对医院及医疗机构的管控质量作为实现这一目标的主要途径。

（5）通过知情同意、个人隐私保护、互联网数据安全技术来保护公民的信息安全（Protecting），这需要在国家层面建设互联网医疗数据信任框架，让所有参与方与该框架系统连接，进行数据操作。加拿大全国性 EHR 的建立，彻底改变了各个医疗机构自研自用 EHR 的局面，由国家来统一建设互联网医疗数据信任框架，能够更稳健地发展这个行业。

（6）提供富有价值的互联网医疗服务评估工具、教育资源及临床实践指南（Providing），在加拿大全国推广并实现统一。

同样，加拿大政府制定的《2020～2022 年近期互联网医疗服务行业总

① Canada health infoway，"Canada Health Infoway"，January 30，2020，https：//www. infoway – inforoute. ca/en/component/edocman/resources/i – infoway – i – corporate/business – plans/3793 – summary – corporate – plan – 2020 – 2021，检索日期：2020 年 5 月 14 日。

体规划》[①] 也非常具有前瞻性。

（1）从具体的实践项目来看，加拿大希望通过这两年的投入及疫情期间的努力来实现：患者对自身所有健康信息准入及相对应的互联网权益的知情了解、视频远程医疗的全面构建、养老长期照护及舒缓治疗的互联网实践、精神健康及物质成瘾的互联网护理治疗实践。

（2）在2022年实现500万名加拿大公民互联网医疗服务的常态化、半数加拿大公民拥有互联网医疗远程问诊服务账号并体验过互联网医疗服务、173000名全科医务人员及4800家社区药房接入处方IT系统。

总体上来说，加拿大在此次新冠疫情期间互联网医疗应对的反应迅速，效果值得肯定，其主要原因在于该国提前进行了相关布局，并从不同的维度对互联网医疗服务的架构进行了夯实，例如健全法律法规、完善监管措施、完善第三方评审制度、建立并实施国家专项基金及孵化等。因此，如果从互联网医疗技术运用的角度来看，加拿大在抗击新冠疫情期间的表现仍然是相对乐观积极的。

① Canada health infoway，"Canada Health Infoway"，January 30，2020，https：//www.infoway-inforoute.ca/en/component/edocman/resources/i-infoway-i-corporate/business-plans/3793-summary-corporate-plan-2020-2021，检索日期：2020年5月14日。

B.12

军队在加拿大北极战略中的角色和行动

安德万*

摘　要： 伴随气候变化和技术发展，北极逐渐成为人类活动的一个新领域。未来，北极地区可以提供丰富的自然资源，以及便捷的战略通道。这些因素促使北极国家对自己在北极地区的主权利益和面临的威胁进行界定。加拿大政府在2019年发布的《北极政策框架》中指出，越来越多的国家和非国家行为体开始谋求在北极地区的战略优势，这将加剧北极地区的竞争。加拿大政府将增加资源和人力投入，确保加拿大国防部和武装部队具备有效的安保框架，具备发现和降低威胁、威慑对手、支持民事部门作业的能力，以便维护其北方地区主权以及北极地区的持续安全。

关键词： 加拿大　北极战略　武装部队

在深入讨论加拿大的北极战略之前，需要就“什么是加拿大的北极战略”加以明确的界定。通常意义上，任何一个北极国家在制定北极战略或政策时，都试图界定地理意义上的北极有哪些部分属于自己的主权范围，同时提出自己有关北极国际治理的构想和政策。当然，北极国家对彼此的相关

* 安德万，博士，讲师，成都中医药大学马克思主义学院，研究方向：加拿大防务与外交政策。

主权主张存在一些分歧，这也是意料之中的。加拿大在最新发布的北极战略文件——《北极政策框架》（The Arctic Policy Framework）中，使用了国际意义上通常使用的“Arctic”一词，意指北极圈（The Circumpolar Arctic）和“环北极国家”（Arctic States）；在国内环境下，加拿大则多使用“Arctic and North”的表述（在此译为“北方”）。限于篇幅，本报告集中讨论加拿大武装部队在加拿大的北极战略实施过程中被赋予的角色，并做出简要评论。

恶劣的气候一度使北极地区成为人类活动的禁区。但是，随着气候变化、科技进步，人类越来越有能力进入北极地区活动。利用北极地区的空中和海洋通道进入北美地区也变得容易起来。加拿大的北方地区是一个动态变化的概念，加拿大政府在不同时期的战略文件中都在对其进行重新定义。概而言之，加拿大北方地区横跨三个地区，纵向不断接近北极，是一片广阔的地理区域。加拿大北方地区的浩瀚海洋中点缀着36000多个岛屿。加拿大北方地区领土占其全部国土面积的40%以上，加拿大共有162000千米的北极海岸线，占国家海岸线的75%。因此，加拿大认为自己是一个典型的北极国家，加强北方地区事务治理事关自己的历史和国家认同。

一　加拿大的北极战略概览

2016年12月20日，贾斯汀·特鲁多总理宣布，将与原住民、地区和省政府合作，共同制定一个新的北极政策框架，以取代2009年的《加拿大北方战略》（Canada’s Northern Strategy）和2010年的《加拿大北极外交政策声明》（the Statement on Canada’s Arctic Foreign Policy）。促成这个政治决定的是《美加北极联合领导声明》（US – Canada Joint Arctic Leaders’ Statement）和玛丽·西蒙（Mary Simon）基于“参与共享的北极领导模式”（Shared Arctic Leadership Model Engagement）而提交的报告。[①] 为了制定这份新的北极政策框架，从2017年4月到2018年2月，加拿大政府广泛征求不同层次的利益攸关方和合作伙伴的意见。所以，这是一份基于广泛共识的北极战略文件。2019年9月10日，《北极政策框架》在渥太华公布。[②]

与以前的北极战略文件的表述相比，这份新的政策文件有一些新的特点。第一，该文件对北极地区安全环境的判断有一些新的细微变化。2016年，加拿大国会下议院国防常设委员会认为，虽然地理环境和地缘政治格局复杂且变化迅速，但在北极地区加拿大没有面临直接的军事威胁。所以，加拿大国防部和武装部队在北方/北极地区的主要任务是支持加拿大的“全政府行动”并进行主权监视和执行活动。[③] 2017年，加拿大的国防政策文件也认为，在北极的安全挑战主要源于重大公共安全挑战，而不是传统的军事挑战。因此，加拿大武装部队的行动侧重于在北极地区提供民事支持，而不是威慑其他国家或应对安全威胁。[④]《北极政策框架》则认为，虽然北极地区仍然是一个稳定与和平的地区，但是，气候变化与技术进步使进入北极地区变得更加容易，越来越多的国家和非国家行为体都在积极寻求分享北极地区丰富的自然资源，以获得战略优势地位。例如，2003年加拿大领空范围内监测到的极地航空飞行只有不到1000架次，而到2016年，这一数字已经超

① Indigenous and Northern Affairs Canada，“Toward a New Arctic Policy Framework”，https：//www. rcaanc－cirnac. gc. ca/eng/1499951681722/1537884604444，检索日期：2019年10月8日。

② Government of Canada，“The Government of Canada Launches Co－Developed Arctic and Northern Policy Framework”，https：//www. canada. ca/en/crown－indigenous－relations－northern－affairs/news/2019/09/the－government－of－canada－launches－co－developed－arctic－and－northern－policy－framework. html，检索日期：2019年10月15日。

③ House of Commons，“House of Commons Standing Committee on National Defence”，March 22，2016，https：//www. ourcommons. ca/Content/Committee/421/NDDN/Evidence/EV8166596/NDDNEV05－E. PDF，检索日期：2019年10月15日。

④ Ernie Regehr，“Arctic Security and the Canadian Defence Policy Statement of 2017”，August 31，2017，http：//www. thesimonsfoundation. ca/highlights/arctic－security－and－canadian－defence－policy－statement－2017，检索日期：2019年10月18日。

过14000架次。在加拿大北方地区水域航行的船只（包括政府资助的大型科考船和商业货船）也越来越多。2017年有190多艘船在加拿大北方地区水域执行了385次航行，相比2016年，航行次数增加了22%。此外，旅游船也不少，2016年一艘载有1000名乘客的外国游轮穿越了整个西北航道。① 因此，加拿大在北极地区面临着日益激烈的国际竞争，这带来了安全挑战，加拿大必须做好应对的准备。加拿大政府认为，虽然在北方/北极地区还没有受到直接的威胁，但仍需建立有效的安保框架、国防体系和威慑能力，以确保未来加拿大能在北极地区持续享有安全。②

第二，与以前的北极战略文件相比，《北极政策框架》更加长远、更加全面、更加综合。《北极政策框架》确定了加拿大到2030年在北极地区的整体目标，并将以“全政府协作”（Whole - of - Government Approach）的方式推动落实确定的目标。《北极政策框架》共确定了八个“远景目标”（Goals），包括保障原住民的健康和福利、加强基础设施建设以加强北方地区与其他地区的联系、加强北极地区的生态保护、增强当地经济的多样性和可持续性等各个方面。而且，为确保每个远景目标的实现，《北极政策框架》还制定了相应的不同数量的具体目标（Objects）。③

就加拿大国防部和武装部队在整个北极战略中的角色而言，它们对第七个远景目标——防卫加拿大北方地区领土，保障其人民的安全——承担直接的主体责任。这主要体现在第七个远景目标所包括的具体目标中，比如，加强加拿大在安全、安保和防卫问题上的国内外合作；加强加拿大的军事存在，并防止出现或应对北方/北极地区的安全事件；加强加拿大对北方/北极地区的态势感知、监视和控制能力；等等。此外，在其他几个远景目标的实现中，加拿大军队也发挥着辅助作用，比如远景目标五（确保加拿大北方

---

① Government of Canada, “Arctic and Northern Policy Framework: Safety, Security, and Defence Chapter”, https://www.rcaanc - cirnac.gc.ca/eng/1562939617400/1562939658000，检索日期：2019年10月25日。

② 同上。

③ Government of Canada, “Canada's Arctic and Northern Policy Framework”, https://www.rcaanc - cirnac.gc.ca/eng/1560523306861/1560523330587，检索日期：2019年11月2日。

地区生态系统的健康和弹性）和远景目标六（建立基于规则的北极国际秩序，以有效应对新的挑战和抓住新的机遇）。这种辅助角色，主要是通过为其他政府部门和团体提供民事支持，即“非战争军事行动”的形式体现的。

二　加拿大武装部队在北方地区的主权监视和执行活动

武装部队是加拿大维护主权的重要力量。加拿大武装部队主要以两种方式维护加拿大在北方地区的主权。第一，通过维持全年的、常规的区域军事力量部署，显示主权存在。加拿大武装部队通过多种方式，如“阿勒特加拿大军用电台”（Canadian Forces Station Alert）、加拿大游骑兵（the Canadian Rangers）等，显示加拿大在北方地区的永久性主权存在。为了在北方地区行使主权，加拿大武装部队设立了北方地区总部——北方联合特遣部队（Joint Task Force North），定期或不定期地在高纬北极地区（The High Arctic）、北极的西部和东部举行军事演习。这些活动的共同目的是维护加拿大在该地区的主权，加强加拿大武装部队在北极的行动能力，并提高其与其他政府部门共同应对北方地区安全事件的能力。[①] 第二，通过全域态势感知行动，确保加拿大能够知道在北方/北极地区发生了什么事情。为此，加拿大武装部队还通过先进的技术加强对北方地区的监视和侦察，并锻炼在北极严酷的环境下采取军事行动的能力，以应对未来的各种挑战。

（一）在北方地区主要的常规军事存在

2012 年，加拿大国防部认识到，与在阿富汗等战区实施作战支持任务相比，在遥远的北方地区实施同样的任务要更艰难。2013 年，加拿大陆军认识到，在北方地区开展作战行动的成本要比在加拿大南部开展作战行动高

---

① Department of National Defence，“2018 - 19 Departmental Results Report”，p. 13，2019，https：//www. canada. ca/content/dam/dnd - mdn/documents/departmental - results - report/2018 - 19 - drr/english/DRR - 2018 - 19_ DND_ English. pdf，检索日期：2019 年 11 月 10 日。

5～7倍，因为很多军事装备都要从南方部署。[①] 因此，从2013年起，加拿大联合作战司令部启动了建立“北方作战枢纽”（Northern Operations Hubs）的计划，以提高作战支持能力。加拿大国防部和加拿大自然资源部还共同创建了“加拿大武装部队北极训练中心”（Canadian Armed Force Arctic Training Centre）。这是加拿大武装部队在高纬北极地区展示永久性战略存在的标志之一。它既是军事装备和战斗车辆的预先部署场地，也是一个负责紧急行动和救灾的指挥所，支持民事部门的救灾行动。国防部还负责加拿大的两个“海上安全行动中心”（Marine Security Operations Centres）的行政协调。[②] 这两个“海上安全行动中心”分别位于新斯科舍省的哈利法克斯市和不列颠哥伦比亚省的埃斯奎莫尔特市，负责监视北极水域。[③]

加拿大陆军在加拿大的北方地区部署了许多资产。加拿大陆军已经成立了4个“北极快速反应连队”（Arctic Response Company Groups），负责在北极地区开展维护主权的行动。“北极快速反应连队”主要由加拿大陆军预备役部队的成员组成，并得到常备部队的支持。这是一支小型、自成一体、高度机动的部队，提供强大和有弹性的北极行动能力，为重大灾难和其他安全局势提供关键的支持。4个“北极快速反应连队”中，2个在夏季部署，2个在冬季部署。通过轮换，4个“北极快速反应连队”处于高度戒备状态。[④] 此外，目前大约有5000名加拿大游骑兵全年在加拿大北方地区进行主权监视和巡逻活动。[⑤] 他们负责搜集具有重大军事意义的当地情报，为年度军事演习提供支持。他们还负责参加搜救行动，向联邦、省/地区和市政

① David Pugliese，“Canadian Military Looks to Expand Arctic Footprint”，May 23，2016，https：//www. defensenews. com/global/2016/05/23/canadian - military - looks - to - expand - arctic - footprint/，检索日期：2019年11月12日。

② 2004年，加拿大建立了第三个“海上安全行动中心”。

③ Government of Canada，“Canadian Sovereignty Operations”，https：//www. canada. ca/en/department - national - defence/services/operations/military - operations/types/canadian - sovereignty. html，检索日期：2019年11月15日。

④ John McLearn，“Arctic Response Company Group”，June 8，2015，https：//rusi - ns. ca/wp - content/uploads/2016/07/ARCG1. pdf，检索日期：2019年11月15日。

⑤ 加拿大游骑兵属于加拿大陆军预备役部队。

府提供援助。2019 年 1 月，加拿大陆军以“总体实施指令”（Master Implementation Directive）的形式颁布了一项为期三年的计划。该计划通过建立新的巡逻区，或在现有巡逻区内增加分区来扩大和增强加拿大游骑兵的巡逻范围和能力，以及通过增强加拿大游骑兵巡逻队总部来提高巡逻能力。在 2018/2019 财年，加拿大游骑兵巡逻队从 180 支增加到 186 支。截至 2019 年 3 月 31 日，加拿大游骑兵的总人数为 5231 人，相较 2018 年 3 月 31 日时增长了 2%。

皇家海军方面，纳尼西维克海军设施（Nanisivik Naval Facility）在通航季节为加拿大皇家海军的北极/濒海巡逻舰（Arctic/Offshore Patrol Ships）加油，以提升加拿大海军在北极的行动能力。[①] 2018/2019 财年，纳尼西维克海军设施的建设工作取得了进展，预计到 2020 年全面建成。

2009 年 4 月 1 日，“阿勒特加拿大军用电台”（Canadian Forces Station Alert）成为总部设在安大略省特伦顿市的第八飞行联队（8 Wing）的一个单位，[②] 归属于加拿大皇家空军指挥链。[③] 这个军用电台的主要任务是维护信号情报设施以支持加拿大的军事行动，以及维护高频和方向查找（High Frequency and Direction Finding，HFDF）系统，这种设备为搜索和救援行动提供了非常重要的支持。它还支持加拿大科学人员对环境、气候变化以及北极相关问题开展研究。皇家空军的 440 空中运输中队（440 Transport Squadron）负责为加拿大武装部队在北方地区的行动提供空中运输支持，也对加拿大游骑兵提供行动支持。440 空中运输中队配备了 4 架 CC－138“双水獭”（Twin Otters）运输机以执行多种多样的任务：应联合救援协调中心

① Government of Canada，“Canada's North：The Nanisivik Naval Facility”，July 17，2015，https：//www. canada. ca/en/news/archive/2015/07/canada－north－nanisivik－naval－facility. html，检索日期：2019 年 10 月 5 日。

② 阿勒特（Alert）是全球最北端的永久居住地，位于北纬 82°28′西经 62°30′，加拿大努纳武特地区埃尔斯米尔岛东北端的雪莱顿角（Cape Sheridan）往西约十千米处。阿勒特距离北极点约 817 千米。它的名字是取自 1875～1876 年在附近过冬的英国船。

③ Government of Canada，“Canadian Forces Station Alert”，Febraury 27，2019，http：//www. rcaf－arc. forces. gc. ca/en/alert. page，检索日期：2019 年 11 月 2 日。

(Joint Rescue Coordination Centres）的要求，执行搜救任务；进行自由降落伞作业，向地面部队运送货物；在“大奴湖”（Great Slave Lake）进行渔业巡逻作业。①

（二）注重提升实战能力的军事演习

为了提升和检验加拿大军队在北方地区的实战能力，加拿大国防部规划了一系列有针对性的军事演习活动。这些军事演习旨在发现能力差距、积累实施军事行动的实战经验，为加拿大军队进行军事组织、指挥与控制、作战支援体系建设和改革提供依据。

1. NANOOK 行动

2007～2018 年，加拿大武装部队在北极地区举行了多种军事演习活动。“努纳利武特行动”（Operation NUNALIVUT）的重点是与国际伙伴合作进行陆上行动，并支持冬末或初春时节在高纬北极地区的研发活动；“努纳克普特行动”（Operation NUNAKPUT）的重点是在夏季与加拿大其他政府部门联合在北极水域展开行动；“NANOOK 行动”（Operation NANOOK）则在夏末于北极地区展开行动，在每年 8 月举行，为期两周。现在，这三类演习被整合为“NANOOK 行动”。②“NANOOK 行动”已经成为一个按年度进行的常规行动，每年都会举行多次军事行动或演习，不再局限于 8 月。这种变化可以让加拿大武装部队与其他联邦政府部门以及国际伙伴共同参与这项军事演习。③

2019 年，“NANOOK 行动”分四个部分进行：2019 年 3 月 17 日～4 月 1 日在西北地区举行的高纬北极地区行动能力训练（Op NANOOK -

① Government of Canada, “440 Transport Squadron”, Febraury 19, 2019, http://www.rcaf-arc.forces.gc.ca/en/squadron/440-squadron.page，检索日期：2019 年 11 月 8 日。

② Government of Canada, “Operation NANOOK”, October 1, 2018, https://www.canada.ca/en/department-national-defence/services/operations/military-operations/current-operations/operation-nanook.html，检索日期：2020 年 2 月 6 日。

③ Government of Canada, “Operation NANOOK: Towards a New North”, June 29, 2018, https://ml-fd.caf-fac.ca/en/2018/07/15249，检索日期：2020 年 2 月 14 日。

NUNALIVUT)、2019 年 5 月 27 日 ~6 月 7 日在育空地区举行的野外生存疏散训练（Op NANOOK - TATIGIIT）、2019 年 8 月 11 日 ~30 日在努纳克普特举行的野外生存疏散训练（Op NANOOK - NUNAKPUT)、2019 年 8 月 9 日 ~9 月 13 日在西北航道举行的海军对西北航道的监视能力训练（Op NANOOK - TUUGAALIK)。①

2020/2021 财年，“NANOOK 行动”将包括：在努纳武特和西北航道的东入口进行跨机构联合演习，模拟应对重大海上事件；开展多国海上安全和安保活动实弹演习；在加拿大游骑兵的支持下，对加拿大最北的地区进行全域存在、监视和态势感知演习；在联合作战背景下向高纬北极环境中投射和维持军事力量。②

2. NEVUS 行动

“NEVUS 行动”（Operation NEVUS）是加拿大武装部队每年向埃尔斯米尔岛（Ellesmere Island）部署一个联合任务小组、对高纬北极数据通信系统（The High Arctic Data Communications System）进行必要维护的行动。通常，大约有 100 名加拿大国防部和武装部队的成员参加“NEVUS 行动”，核心人员是通信和电子分队（the Communications and Electronics Branch）的技术人员。加拿大皇家空军为这些行动提供空中支援。在行动期间，技术人员会访问高纬北极数据通信系统的每个现场，乘坐直升机往返于卫星上载地点和微波站。

3. BOXTOP 行动

加拿大皇家空军还每年两次（春季和冬季各一次）运送物资，补给

---

① Government of Canada, “Operation NANOOK 2019”, October 1, 2018, https: //www. canada. ca/en/department - national - defence/services/operations/military - operations/current - operations/operation - nanook. html，检索日期：2020 年 2 月 16 日。

② Government of Canada, “2020 - 21 Departmental Plan”, 2020, p. 14, https: //www. canada. ca/content/dam/dnd - mdn/documents/departmental - results - report/2020 - 21 - dp/english/DP%202020 - 21_ DND_ English_ FINAL%203%20Feb%202020%20 - %20PDF%20Website. pdf，检索日期：2020 年 2 月 19 日。

“阿勒特加拿大军用电台”。[①] 这一行动被称为“BOXTOP 行动”。

4. LIMPID 行动

“LIMPID 行动”（Operation LIMPID）是加拿大武装部队在天空、海洋、陆地、太空和网络领域展开的全域监视行动，掌握正在空域、水道和网络空间中发生的事情，以尽早发现加拿大面临的安全威胁。北方联合特遣部队负责领导“LIMPID 行动”的北方地区行动。它负责监视的总面积近 880 万平方千米，包括陆地监视区域（育空地区、西北地区、努纳武特地区）、海上监视区域［沿格陵兰领土边界向北延伸到北极点，向西面延伸到育空地区和阿拉斯加的边界，包括哈得孙湾（Hudson Bay）、昂加瓦湾（Ungava Bay）、詹姆斯湾（James Bay）］。2019 年的“LIMPID 行动”完成了两项重要任务，一是飞到地理北极，二是飞行接近汉斯岛（Hans Island）——加拿大和丹麦都声称汉斯岛是属于它的，激烈的争论仍在持续。[②]

5. NOREX 演习

“NOREX 演习”由总部设在多伦多的加拿大第 4 师（4 Cdn Div）管理。该演习在加拿大的北部进行，“NOREX 20 演习”于 2020 年 2 月 28 日 ~3 月 8 日在距离桑德贝（Thunder Bay）东北约 300 千米的格林斯通市进行。“NOREX 20 演习”通过展示机动性、覆盖范围，增强了加拿大武装部队在北极地区的存在，同时还锻炼了能力，以便在必要时通过人道主义援助和救灾行动更好地满足居住在北方地区的居民的需要。[③]

① Government of Canada，“Operation BOXTOP”，October 10，2018，https：//www. canada. ca/en/department – national – defence/services/operations/military – operations/current – operations/operation – boxtop. html，检索日期：2020 年 3 月 3 日。

② Corporal Jessica Reynolds and Aviator Tyler Hawes，“RCAF Assures Canada's Sovereignty in the North”，September 6，2019，http：//www. rcaf – arc. forces. gc. ca/en/article – template – our – people. page? doc = rcaf – assures – canada – s – sovereignty – in – the – north%2Fk01wxrg4，检索日期：2020 年 3 月 5 日。

③ NetNewsLedger，“Army Soldiers Complete Major Exercise in Greenstone Region”，March 9，2020，http：//www. netnewsledger. com/2020/03/09/army – soldiers – complete – major – exercise – in – greenstone – region/，检索日期：2020 年 3 月 15 日。

三　在北方地区的民事支持角色

加拿大在北方地区的主权是通过联邦、省/地区和市的各级政府合作的办法来维护的。事实上，行使主权并不完全依赖加拿大武装部队。所以，就在北方地区的角色而言，除了在加拿大的领土、领空和领海进行定期行动和巡逻外，加拿大武装部队也支持其他政府部门在北方地区的主权行动。这方面的行动主要体现为参与国家的应急管理和搜救行动计划，以及协助其他政府部门执行加拿大的法律和国际法等。比如，加拿大皇家海军派遣军舰进行渔业巡逻。

这里主要介绍武装部队参与加拿大国家应急管理和搜救行动计划的情况。2013 年完成的第一份《四年搜救审查》（Quadrennial SAR Review）促使加拿大把“国家搜救秘书处”（The National Search and Rescue Secretariat）从国防部转移到公共安全部，以利用其在协调不同的政府机构以及整合非政府组织方面的专长。根据《2015 年国防采办指南》（The 2015 Defence Acquisition Guide）中的决定，移交立即生效。[①] 在加拿大目前的“国家搜救计划”（The National Search and Rescue Program）中，加拿大国防部、武装部队的主要职责是提供航空搜救能力，并协调航空和海上的搜救系统，以及协助加拿大游骑兵和主要预备役部队（Primary Reserve）参与的地面搜索和救援工作。具体而言，国防部将继续在执行航空搜救行动方面发挥主导作用，加拿大海岸警卫队将继续负责海上搜救任务。[②] 搜寻那些在陆地或内陆水域失踪的人通常被称为“地面搜救”（Ground Search and Rescue），这是省政府和地区政府的一项职责，往往被委托给管辖区内的警察部门。在省、地区或市政府的请求下，包括加拿大游骑兵和主要预备役部队在内的武装部队

---

① Government of Canada, “Search and Rescue Canada”, July 24, 2015, https: //www. canada. ca/en/news/archive/2015/07/search - rescue - canada. html，检索日期：2019 年 10 月 6 日。

② 与世界上多数国家的海岸警卫队不同，加拿大海岸警卫队不是军事或执法部门，因此无权执行加拿大的法律。它主要的职责是支持加拿大皇家骑警、加拿大渔业官员、加拿大边境服务机构，保护加拿大渔业，防止非法侵入和在加拿大水域执法。

将协助地面搜救工作。

为了满足航空搜救要求，加拿大皇家空军在五个地点运营和维护专用的航空资产。每天有 4 架固定翼飞机和 4 架旋转翼直升机待命，以便响应搜救需求。2019 年 8 月，国防部宣布增加对 CH - 149 “科莫兰特” （CH - 149 Cormorant） 搜救机队的投资，至少增加 2 架直升机，并通过升级使机队的寿命至少延长至 2042 年。[①] 三个联合救援协调中心（The Joint Rescue Coorination Centre）负责在加拿大北方地区启动空中或海上搜救反应行动。[②] 任何一个联合救援协调中心都可以要求空军的搜救中队做出响应，它还可以请求附近的任何军事力量提供支持。2018/2019 财年，共有 8773 起搜救事件，其中的 1825 起事件最终被归为“1 类”（遇险）或“2 类”（紧急遇险）。在处置 1825 起事件的过程中，共有 793 个任务请求加拿大皇家空军派遣其人员和资产。在加拿大皇家空军执行的 793 个任务中，有 38 个任务因天气、飞机无法抵达、除冰、加油及其他原因而延误或无法完成，但空军会尽可能迅速处理所有案件。[③]

四　支持北方行动能力的研发活动和计划

首先，本报告根据在 2020 年 1 月 9 日更新的《加拿大防务能力蓝图》编制了加拿大国防部和武装部队正在实施的提升北方/北极地区作战和提供民事支持等能力的国防装备开发和采办项目计划（见表 1）。

---

① Government of Canada, “Investments in Modernizing And Increasing the CH - 149 Cormorant Search And Rescue Fleet”, August 22, 2019, http://www.rcaf - arc.forces.gc.ca/en/article - template - standard.page? doc = investments - in - modernizing - and - increasing - the - ch - 149 - cormorant - search - and - rescue - fleet/jzhwr10e，检索日期：2020 年 1 月 5 日。

② 联合救援协调中心（维多利亚）负责育空地区；联合救援协调中心（特伦顿）的责任区覆盖西北地区和努纳武特地区，包括巴芬岛（Baffin Island）北部；联合救援协调中心（哈利法克斯）负责巴芬岛南部。

③ Government of Canada, “Operations”, February 26, 2020, https://www.canada.ca/en/department - national - defence/corporate/reports - publications/departmental - results - report/2018 - 19 - index/results - achieved/operations.html，检索日期：2020 年 2 月 28 日。

表1　加拿大国防部和武装部队提升北方/北极地区作战和提供民事支持能力的项目计划

项目名称	能力描述	项目执行时间表	主管项目的军种或防务机构
北极/濒海巡逻舰（Arctic and Offshore Patrol Ship）	这个项目的目标是为加拿大皇家海军提供6艘具有破冰能力的海上巡逻舰，以在加拿大水域（包括北极地区）进行主权和监视行动，并在国外开展各种行动。这个项目包括购置舰船、相关的综合后勤支持服务、在哈利法克斯市和埃斯奎莫尔特市的码头的基础设施建设，以及在努纳武特地区的纳尼西维克建造停泊和加油设施	2014～2025年	加拿大皇家海军
轻型鱼雷升级（Lightweight Torpedo Upgrade）	这个项目的目标是升级MK 46 Mod 5A（浅水）轻便鱼雷，以提高舰队在不断演变的水下威胁下的生存能力。升级后的鱼雷可不受限制地在海洋、大陆架和濒海环境、不同的水温和盐度（跨越极地、温带和赤道纬度范围）以及各种水深环境中使用。升级后的轻型鱼雷将在通常有海冰的加拿大北部和北极水域提供有效的作战性能	到2027年	加拿大皇家海军
国内和北极机动增强（Domestic Arc-tic Mobility En-hancement）	该项目将用新的北极机动工具——可能包括一辆履带式两栖全地形运输车，以及雪地摩托和全地形车辆——取代目前的BV206履带式装甲全地形车。该项目将保障加拿大武装部队在任何季节都能够在北极地区的任何地形保持机动能力，以应对北方地区的突发事件	2020～2030年	加拿大陆军
CC－138“双水獭”寿命延长计划（CC－138 Twin Otter Life Extension）	现役的4架CC－138“双水獭”中的第一架的使用寿命在2017年11月终止，该计划将延长CC－138“双水獭”的使用寿命，确保加拿大武装部队在广阔的北方地区具备永续的轻型运输能力。该计划将升级飞机的关键部件，将它们的使用寿命至少延长到2025年	到2022年	加拿大皇家空军

续表

项目名称	能力描述	项目执行时间表	主管项目的军种或防务机构
增强型卫星通信项目－极地(Enhan-ced Satellite Co-mmunication Pro-ject-Polar,ESCP－P)	该项目最初是战术窄带卫星通信的一部分,后来被分拆出来作为北方联合特遣队的北极卫星通信能力项目。这个项目将为加拿大武装部队提供超高频窄带和宽带卫星通信,这是北极地区超视距通信(Beyond Line Of Sight communications)必不可少的	到2031年	加拿大皇家空军
遥控飞行系统(Remotely Piloted Aircraft System,RPAS)	该项目将增强现有的情报、监视、目标获取和侦察能力,提高在海洋和北极地区的态势感知能力,并提供精确的火力,以支持陆战部队和特种作战部队。这个项目将减少发现目标、请求精确打击与实施精确打击之间的时间。具备长航程、长航时、超视距通信能力的"遥控飞行系统"将大大提高情报获取、监视和侦察的持久性,及时提供与作战有关的信息,使指挥官能够利用这些信息做出有效的决定	2019～2030年	加拿大皇家空军
耶洛奈夫多用途建筑(Multi-purpose Building-Yellowknife)	在耶洛奈夫建造一座新的多用途建筑,提供办公空间、集结区、仓库、运输设施,以容纳加拿大游骑兵第一巡逻队、北方联合特遣队。该建筑预计占地9000平方米,最多可容纳110人	到2024年	国防部负责基础设施和环境的副部长助理
多功能运输机(Utility Transport Aircraft)	该项目将提供一批新飞机,取代现役的CC－138运输机,以在加拿大遥远的北部进行公用空运业务、维护和训练。它们将具备足够的航程能力,并在机组人员值班日内,搭载福特公司的一辆标准"游侠"(Ranger)皮卡,实现耶洛奈夫(Yellowknife)和伊卡卢伊特(Iqaluit)之间的往返。空乘人员可以安全地装卸货物,无需额外的人员或设备。飞机必须能够在携带两辆标准"游侠"皮卡的情况下在不光滑的跑道上起飞和降落。同时,在北极地区部署时,飞机还必须具备自主行动的能力	到2030年	加拿大皇家空军

资料来源:Government of Canada,"Defence Capabilities Blueprint",January 9,2020,http://dgpaapp.forces.gc.ca/en/defence－capabilities－blueprint/results.asp,检索日期:2020年4月23日。

这些能力提升项目都在实施中，有的已经取得了阶段性成果。比如在“遥控飞行系统”项目方面，加拿大武装部队打算在2021年建立一支新的武装无人机队，于2023年投入作战行动。相关的预算可能超过10亿加元。据报道，加拿大军方表示有兴趣购买美国生产的“捕食者”无人机。2019年春季，加拿大国防部宣布打算从德国购买高空监视无人机原型。目前，加拿大国防部将无人机系统视为一种新能力，正在增加投资，以确保其武装部队在未来作战中能够根据作战需要部署这种新能力。不过，有些项目进展缓慢，不得不延期交付装备。比如，根据“北极/濒海巡逻舰”项目的计划，国防部打算建造6艘海上巡逻舰，以加强在北极地区的主权监视能力。目前，有4艘在建造过程中，[①] 但是，由于种种原因，第一艘巡逻舰的交付时间被一再推迟。最初的计划是哈利法克斯的欧文造船公司在2018年交付第一艘船——“哈利·德沃尔夫号”（HMCS Harry DeWolf），之后被推迟到2019年底，后来又被推迟到2020年春季。根据2020年3月的报道，交付的日期又被推迟到2020年冬季。[②]

其次，加拿大国防部还在开发一些具有革新性的技术解决方案，以提高加拿大武装部队在北极寒冷的条件下的作战能力。比如，“北极轻型雪地车”（Arctic Light Over Snow Vehicle）项目旨在为陆军提供强大、轻便的冬季机动能力。该项目将与“北极全地形车辆项目”（The Arctic All – Terrain Vehicle Project）共同解决加拿大军队的机动能力问题。

加拿大国防部还在增加国防研究和开发的投资，以应对加拿大武装部队在监视北方地区方面面临的挑战。2019年1月，加拿大国防部通过“全域态势感知”（All Domain Situational Awareness）科学和技术项目，与加拿大雷声有限公司和多伦多大学航空航天研究所空间飞行实验室签订了两份合

① Government of Canada, “Arctic And Offshore Patrol Ships”, March 10, 2020, https://www.canada.ca/en/department – national – defence/services/procurement/arctic – offshore – patrol – ships.html，检索日期：2020年5月3日。

② Alexander Quon, “Delivery of First Arctic And Offshore Patrol Ship Delayed Again”, Global News, March 9, 2020, https://globalnews.ca/news/6649765/delivery – first – arctic – and – offshore – patrol – ship – delayed/，检索日期：2020年5月10日。

同，总金额为4620万加元。加拿大雷声有限公司负责开发发射和接收雷达信号的电子设备（合同金额为3120万加元），用于研究超视距雷达探测；多伦多大学航空航天研究所空间飞行实验室将开发一个多用途微型卫星的原型（合同金额为1500万加元），该卫星将配备最先进的空中和海上监测传感器。① 这些项目会提高加拿大在北极地区的空中和海上监视能力。加拿大国防部还将“北极联合情报、监视和侦察”项目列为国防研发的优先项目之一，并在2015~2020年共计投资1.33亿加元，以便提升加拿大武装部队的监视能力。预计在2020/2021财年初期，加拿大武装部队以及工业界和学术界将提供一个初步的研究成果。

加拿大武装部队每两年举行一次“联合北极实验”（The Joint Arctic Experiment），以便提升加拿大军队在北极地区的联合作战能力。在2020/2021财年，国防卓越与安全创新项目（Innovation for Defence Excellence and Security）将继续展开“弹性城市”（Pop - up City）和“硬化的风力涡轮机”（Ruggedized Wind Turbines）两项研究挑战赛，为在北极地区搭建临时营地开发可靠的、节能的、集成的和可扩展的能源、水和废物管理系统，减少对柴油发电的依赖。② 国防部评估了替代能源备选方案，并制定了一个方案，即《联合北极实验和极地研究国际协作环境方案》（Joint Arctic Experiment and International Collaborative Environment Program for Polar Research），提供空勤人员在北极条件下生存所需的电力和能源。③ 加拿大国

---

① “Canada Awards Contracts In Support of Arctic Surveillance”, Canada's Leading Defence Magazine, January 2, 2019, http: //www. canadiandefencereview. com/news? news/2620，检索日期：2019年10月15日；Marc Boucher, “Canadian Arctic Security Increasing with Acquisition of Three Satellites and Polar Radars”, February 6, 2019, https: //spaceq. ca/canadian - arctic - security - increasing - with - acquisition - of - three - satellites - and - polar - radars/，检索日期：2020年1月5日。

② Government of Canada, “2020 - 21 Departmental plan”, 2020, p. 47, https: //www. canada. ca/content/dam/dnd - mdn/documents/departmental - results - report/2020 - 21 - dp/english/DP%202020 - 21_ DND_ English_ FINAL%203%20Feb%202020%20 - %20PDF%20Website. pdf，检索日期：2020年5月18日。

③ Government of Canada, “2018 - 19 Departmental results report”, 2019, p. 42, https: //www. canada. ca/content/dam/dnd - mdn/documents/departmental - results - report/2018 - 19 - drr/english/DRR - 2018 - 19_ DND_ English. pdf，检索日期：2019年11月25日。

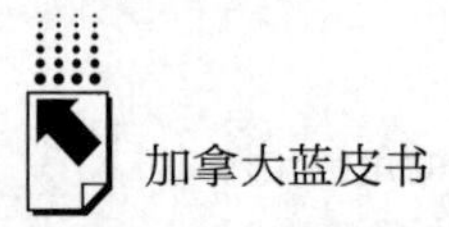

防部与国家研究委员会联合启动了一个电动飞机项目，为电动飞机电源装置和推进系统提供了一个试验平台。

五　加拿大武装部队与美军的合作

历史上美国和加拿大已经建立起了特殊的安全关系，它们之间的边界是不设防的。在北美安全防御中，虽然美、加之间存在一些分歧，但它们是信任度非常高的盟友。冷战时期美、加合作建立的北美防空司令部（NORAD）——主要负责联合防空预警、海上预警和空中交通控制——已经成为美、加建设军事安全关系的核心支柱。①

同样作为北极国家，美国和加拿大在保卫北极地区的国土、领空、领海方面面临着一些相同的挑战。因此，两国军队的合作对确保两国北方安全和加强北极事务合作非常重要。两国的北方领土已经成为“北美边缘安全”（North American perimeter security）战略的重要组成部分。美、加的武装部队计划强化北美大陆防御，这包括更新北方预警系统（The North Warning System），以及通过创新对进入两国北方领土的舰船和飞机进行监测、提升北极地区的全域态势感知能力等。

在北极地区事务上，目前美、加武装部队的合作集中在三个方面。第一，讨论升级北美防空司令部的问题。北美防空司令部负责运维北方预警系统——由 11 个远程雷达和 36 个短程雷达组成。该雷达预警系统的覆盖区域包括从阿拉斯加到格陵兰岛的广阔空间。2017 年，加拿大政府的国防战略包括一项升级北美防空司令部的计划，但加拿大没有透露具体细节。2020 年初，美国政府和加拿大政府仍然在同工业界讨论具体的技术细节。② 第

① Government of Canada，“The Canada - U. S. Defence Relationship”，April 25，2014，https：//www. canada. ca/en/news/archive/2014/04/canada - defence - relationship. html，检索日期：2019 年 5 月 6 日。

② “Aging Norad Warning System Can't Detect Russian Bombers in Time，Canadian Officer Warns”，January 29，2020，https：//globalnews. ca/news/6480258/norad - system - russian - bombers - outdated/，检索日期：2020 年 2 月 26 日。

二，推进《北美防御演变研究》（The Evolution of North American）以建立新的军事指挥体系。2012 年 12 月 11 日，美国和加拿大签署了《三大司令部北极合作框架》（the Tri – Command Framework for Arctic Cooperation）。根据该框架，美国北方司令部、加拿大联合作战司令部和北美防空司令部将进一步整合。[①]这三个司令部正在推进《北美防御演变研究》。这份研究主要分析了北美地区当前和未来面临的来自六大域的威胁，以找到整合加拿大和美国军事能力的最佳方法。[②] 第三，加拿大与美国的军队还通过参与其他多边论坛（比如北极海岸警卫队论坛、北极搜救协定等）加强相互之间的协调。

六　加拿大军队北方/北极能力开发的影响因素

2008 年 12 月，加拿大陆军向边陲小镇丘吉尔（Churchill）派遣了一支小分队，执行“北方野牛演习”（Exercise Northern Bison）。在 –45℃ ~ –57℃的温度下，士兵们无法开展作战行动。这次事件让加拿大军方认识到他们无法在北极地区完成作战任务。[③] 从此，加拿大武装部队开始不断提高其在北方地区的行动能力。经过十多年的努力，加拿大武装部队取得了一些成绩。比如，2018 年 5 月，加拿大国防部与加拿大交通部合作，扩大了“加拿大防空识别区”（CADIZ），使其覆盖了整个加拿大的北极群岛。但是，北方能力的开发仍受到多个因素的影响。

首先，历届加拿大政府对北极战略的定位在不断变化。加拿大国内在北方地区主权问题上存在不同的意见。一种看法强调，许多北极和非北极国家

---

① Dana Gabriel, “The Tri – Command Strategy and Merging U. S. – Canada Arctic Foreign Policy”, December 31, 2012, http://axisoflogic. com/artman/publish/Article_ 65268. shtml，检索日期：2019 年 3 月 16 日。

② Governent of Canada, “2018 – 19 Departmental Results Report”, 2019, p. 14, https://www. canada. ca/content/dam/dnd – mdn/documents/departmental – results – report/2018 – 19 – drr/english/DRR – 2018 – 19_ DND_ English. pdf，检索日期：2020 年 1 月 5 日。

③ Adam Lajeunesse, “The Canadian Armed Forces in the Arctic: Purpose, Capabilities, and Requirements”, May, 2015, p. 3, https://www. cgai. ca/canadian_ armed_ forces_ in_ the_ arctic，检索日期：2018 年 10 月 15 日。

正在谋求在北极地区的作战能力，因此，加拿大需要采取强有力的军事行动；另一种看法则强调保持克制，通过加强国际合作来避免北极地区的“军事化”,[①] 比如哈珀政府强调北方地区的经济发展。虽然目前加拿大政府对北方地区存在的威胁的认识正在发生细微的变化，但是加拿大武装部队仍然要在应对各种新威胁（包括国家威胁）和支持民事机构方面取得适当的平衡。2018 年 8 月，国防部部长哈尔吉特·萨詹指出，北方地区主权不仅包括防务问题，还包括确保北方地区的社区得到支持、人们能够生活。[②] 因此，加强与北方地区的原住民的关系，对于加拿大武装部队在北方地区的行动的成功至关重要。对北方地区的原住民来说，为了实现真正的和解，联邦政府应立即采取行动，满足他们的利益，尊重他们的条约权利。加拿大国防部正在致力于与原住民接触，讨论双方共同关心的问题。

其次，北极作战能力的开发也受到军事技术的可获得性、在严峻的北极环境下实施军事演习的复杂性等因素的制约。北极地区是一个新的领域，在北极严寒的条件下进行作战、救灾援助等行动是人类军事能力开发过程中的一个新课题。开发北极作战能力的过程中，加拿大需要考虑到军事能力发展的延续性、继承性。因此，虽然 2019 年加拿大政府出台了新的北极战略文件，但是目前加拿大国防部的北极军事能力开发的行动路线仍以《强大、安全、参与：加拿大国防政策》（Strong, Secure, Engaged: Canada's Defence Policy）为基准。以加拿大陆军为例，2013 年加拿大陆军陆战中心发布的文件——《陆军北极概念 2021》（The Army Arctic Concept 2021）确定了“陆军的北极概念”（the Army's Arctic Concept）并阐述了 2008 年的《加拿大第一防御战略》中概述的到 2021 年陆军需要具备的能力。《陆军北极概念

① Samer Khurshid, “The Arctic Doctrine of Sovereignty, Security and Regional Economic Development”, December 26, 2019, http://natoassociation.ca/the-arctic-doctrine-of-sovereignty-security-and-regional-economic-development/, 检索日期：2020 年 1 月 29 日。

② Ken Poole, “Is the Arctic Still an After-Thought in Canada?”, Front Line Defence and Security, Volume 16, Number 3, 2019, https://defence.frontline.online/article/2019/3/12577-Is-the-Arctic-still-an-after-thought-in-Canada%3F, 检索日期：2019 年 12 月 25 日。

2021》是《加拿大第一防御战略》、2010年的《北极一体化概念》（the Arctic Integrating Concept）、2011年的军事指令《加拿大国防部/武装部队在北方的使命》（the DND/CF in Canada's North）的具体执行文件。《陆军北极概念2021》根据2009年的《加拿大北方战略》和2010年的《加拿大北极外交政策声明》制定，这两份文件同样是加拿大陆军的相关军事能力开发计划的指南。

Contents

Ⅰ General Report

B. 1 Report on Canadian General Development in 2019 –2020

Huang Zhong / 001

Abstract: In 2019 – 2020, Canada's macro economic growth has become slowly and the negative impact of Coronavirus Disease 2019 (COVID – 19) on the country's overall economic development remains to be seen. The inflation has faced with a high uncertainty, employment has fluctuated, and the trade deficit has shrunk to the low level. Meanwhile, the national fiscal deficit and federal debt have reduced slightly, but COVID – 19 would significantly worsen future national finances. Trudeau Jr. won the prime minister's election without enough votes to form a majority government, and COVID – 19 has gave him new opportunities. As COVID – 19 poses a major national security challenge, the government has launched emergency assistance operations. Besides, the domestic crime situation has continued to deteriorate, and the new cybersecurity action plan has been officially put on the agenda. Relations between Canada and the United States are still nasty, and the impasse in China – Canada relations has not fundamentally changed. It is difficult for Canada to coordinate domestic politics and environmental diplomacy. Canada has failed in the race for one of the rotating seats on the UN Security Council. Its national competitiveness and international reputation has risen, but the country's soft power ranking has continued to decline.

Keywords: Canada; Economy; Politics; Security; Diplomacy

Ⅱ Study Reports

B. 2 Report on Canadian Party and Politics in 2019

Tang Xiaosong / 023

Abstract: In October 2019, Trudeau led the Liberal Party to win the election again, but was re-elected with a minority government. For the Liberal Party, this situation means more constraints and crisis. The Conservative Party and the newly rising People's Party continue to criticize the Liberal government, and the other opposition parties have not supported Trudeau as they expressed previously, especially the New Democratic Party. In his early re-election, Trudeau encountered a series of domestic contradictions and problems, including the requirements of independence of the western provinces, the railway strike, and the aboriginal opposition to the construction of energy pipelines. However, the sudden outbreak of COVID-19 gave Trudeau a chance for the second term. In the face of the pandemic, the federal government has adopted a series of anti-pandemic and relief measures to satisfy voters, due to which approval ratings of Trudeau and the Liberal Party have held up . However, all these have been exchanged for increasingly high fiscal deficits. After the pandemic, the Trudeau government will face various problems such as how to restore the economy, reduce the deficit, and resolve domestic conflicts.

Keywords: Canadce; Minority Government; COVID-19; Deficit

B. 3 Report on Canadian Economic Situation in 2019 *Lin Jue* / 040

Abstract: In 2019, Canada's real GDP increased by 1.6% compared with the previous year. The biggest contribution to real GDP growth came from final consumer expenditure, and the second came from the export of goods and services. However, the total amount of fixed capital formation of enterprises and government is negative. The main features of Canada's economic growth in 2019 are: Government and non - profit organizations' consumption expenditure increases significantly in the growth of final consumption expenditure; on the whole, consumer price index (CPI) and industrial product price index (IPPI) have not changed much year on year; the import and export volume of goods and services has increased, and the trade surplus has expanded; however, the investment of enterprises and governments decreased and the total amount of fixed capital formation decreased; in the first three quarters, the company's tax profit decreased year on year; the increase in total liabilities exceeded the increase in total assets and the scale of liabilities expanded. In the future, Canada's economic development will still be affected by the world economic development situation. From 2020, the novel coronavirus pneumonia will shrink dramatically. In the first quarter, both manufacturing production and manufacturing sales in Canada declined, which will lead to negative growth in the whole year. Canada's economy will grow throughout 2021.

Keywords: Canada; Economic Growth; COVID -19

B.4 Report on Canadian Diplomacy in 2019 *Liu Dan* / 082

Abstract: Frem the second halt of 2019 to the first half of 2020, there are three focuses of Canadian diplomacy. First, the United States - Mexico - Canada Agreement (USMCA) was finally passed in the Canadian Parliament, which has resolved the major trade disputes in Canada-US relationship. This is the most important diplomatic task completed in Trudeau's first term. However, the two countries still have some contradictions and differences during COVID - 19 pandemic. Second, China - Canada relations are facing a crisis again. Over the past year, Trudeau has made certain personnel arrangements to ease China - Canada relations, and has also established a good cooperative relationship with China during the pandemic. However, as Meng Wanzhou was pronounced guilty in Vancouver, China – Canada relations have further deteriorated. Third, multilateral diplomacy is the way that the Trudeau government has always insisted. Especially in the run of the Non – Permanent Member of the UN Security Council and the process of anti – pandemic, the Trudeau government pays more attention to canvassing for itself in a multilateral cooperation environment and working together to tackle global governance problems.

Keywords: US – Canada Relations; China – Canada Relations; COVID – 19

B. 5 Report on Canadian Social Situation in 2019 *Yu Minghui* / 101

Abstract: In the new Canada federal election in October 2019, social welfare has become a hot debating issue. Either the "enhancing Middle Class policy" of the Liberal Party or the "Tax Cut policy" of the Conservative party, they all pointed out the urgent social – economic problems of Canada, as the volatile job market, persistently low birth rate, and the increasingly severe aging crisis. COVID – 19, which began in the beginning of 2020, further exposed some hidden social problems like the public medical supply in some indigenous communities, and even evoked some small – scale violent protests. The Canadian federal government attempted to adopt a series of emergency relief programs for special groups, with the purpose to maintain the core foundation of Canadian society. However, the uncertain economic situation and the increasingly tight fiscal budget made it difficult for the government, and casted a big question mark on the actual affects of these social policies. Can Canada maintain a relative stable social condition in 2020? That is largely depends on the economic recovery capacity and the Trudeau government's new instruments to help different social groups.

Keywords: Canada; Social Policy; Middle Class; COVID – 19

Ⅲ Special Reports

B. 6 Higher Education of Canada and China – Canada Higher Education Cooperation *Li Shuying, Wei Hang* / 116

Abstract: Higher education of Canada ranks very top around the world, which has been attracting many international students from different countries nowadays. The high quality of its higher education relates well to the great emphasis and the high proportion of funds that the federal and provincial or territorial governments have placed on, and efforts paid for internationalization of higher education improvement. The multi – faceted cooperation of higher education between China and Canada and the popularity of Canadian higher education among Chinese students shows positive trends of education development in both countries. The close cooperation of higher education between the two countries also serves as a model and reference for China's long – term goal of advancing the quality of higher education. The sudden impact of COVID –19 on higher education and its internationalization may accelerate the process of achieving new teaching normal of online classes and remote international mobilities.

Keywords: Canada; Higher Education; China – Canada Cooperation; COVID –19 ; Remote Communication

B. 7 The Federal Election of 2019 and Chinese Canadian Participation in Canadian Politics *Ding Guo* / 138

Abstract: During the 2019 federal election, the number of Chinese Canadian candidates and elected representatives reached a record level. However, The writer believe that there are two clear issues with this perspective. The first problem is that although the Chinese Community has many members running for

MP positions, very few end up making an impact in the lawmaking process, whether due to lack of initiative or influence. The second issue is that Chinese Canadian voter turnout is very low, despite the presence of so many Chinese Canadian candidates. Because of these two problems, Chinese Canadians are still a long way from becoming a key minority in elections. This article follows the observations of the writer's 20 years experience in the Chinese Canadian political sphere, as well as Canadian politics as a whole. It will compare Chinese Canadians' roles in politics to other South Asian Canadians' roles, with the purpose of elucidating the blind spots of Chinese Canadian participation in politics.

Keywords: Canada; Chinese Canadian Participation in Canadian Politics; Political Tokens; Low Voter Turnout

B. 8 Analysis of the Canadian Immigration Policy in 2019

Bobbie Jia / 156

Abstract: This article highlights the characteristics of federal, provincial, and federal – territorial cooperative immigration pilot programs in 2019, summarizes the new trends and focus points of new immigration policies in this year. The adjustment of the immigration policy in 2019 is mainly due to the acceleration of population aging, the needs of economic development, humanitarianism and elections and other considerations. In 2019, Canada federal government still focuses economic immigration. In order to balance the development among provinces and regions, fully utilize the resource of immigration, federal government has adopted more " bottom –up" immigration application procedures to strengthen the cooperation with regional and community governments. Each of new pilot programs is to be dynamically adjusted according to local economic development and immigration effectiveness in timely manner. International students are the major financial resources of Canadian education institution, among economic immigration streams, they are also the major force contribute to Canada's sustainable development in the future. Therefore, this group shall be key considerations in future immigration policies.

Keywords: Canada; Immigration Pilot Programs; Local Economic Development

B. 9 A Report on the Indigenous Policy of Trudeau's Administration

Liu Jiangyun / 185

Abstract: Indigenous policy reform is Prime Minister Justin Trudeau's main initiative. Since taking office, Trudeau has promoted new indigenous policies in terms of reshaping relations, legal and funding reforms, and has achieved some results. However, since 2019, there have been incidents that are closely related to Indigenous issues such as judicial interventions case, investigation report incidents, "Rail Blockade Campaigns", etc., and policy implementation has encountered difficulties. This article argues that the most important reason why Trudeau's indigenous policies have encountered resistance is the existence of structural problems. Specifically, these issues include: the backwardness of the governance framework, the differentiation of interests, and the lack of a stable driving force.

Keywords: Trudeau's Administration; Indigenous Policy; "Rail Blockade Campaigns"

B. 10 Canadian Financial Instability in the Time of COVID -19

Geoffery McCormack / 202

Abstract: The financial crisis in 2007 was a decisive moment in world history. It has caused long-term stagnation and instability in the global economy that is difficult to recover. In the last decade of economic stagnation, Canada's economic resilience was destroyed, and its financial and industrial systems became fragile and more vulnerable to shocks. Now, the outbreak and pandemic of COVID – 19 has catalyzed the biggest global economic crisis since the Great Depression in the 1930s, and further severely undermined Canada's macroeconomic stability. Poor corporate profitability, rising household debt, real estate bubbles, and high bank leverage based on unsound assets have all brought new risks to the Canadian financial system. Although the Canadian government is trying to remedy the economic downturn, the future is uncertain and there is still huge uncertainty.

Keywords: Canada; COVID – 19; Economic Depression; Financial System

B. 11 Canadian Virtual Care Historical Development and Specific Performance during COVID –19 Epidemic *Mi Rui* / 231

Abstract: The outbreak and continuation of the COVID –19 pandemic has brought panic and serious uncertainty to the medical industry around the world. Governments of all countries have a common understanding of the serious challenges that the COVID –19 epidemic has brought to the medical system. All countries are trying to flatten the curve of the pandemic in their own ways. In this process, Canadian medical care system sets out to further implement "virtual" medical services, or to push the telemedicine practice that have already been practiced to another level. Now 95% of Canadian outpatient appointments are made through internet, and a certain percentage of these medical services have been implemented via video consultation. At meantime, majority of the treatment communication process between physicians and patients through encrypted mails. The epidemic has made it clear to everyone, 'avoid contact' is the most effective way to prevent the disease transmission and telemedicine has unparalleled first mover advantage. Canada's telemedicine application during the epidemic has at least prevented citizens from overusing hospital emergency department resources, and also avoiding crowds gathering in medical institutions. This is certainly a clear and effective value for individuals. What is more important is that this also has epoch－making significance for the health management of medical institutions, and medical systems.

Keywords: Canada; COVID－19; Telemedicine Epidemic; Prevention and Control; Artificial Intelligence

B. 12 Canada's Arctic Strategies and the Roles and Operations of the Canadian Armed Forces

An Dewan / 248

Abstract: Climate changes and technological developments have drove the Arctic to become gradually a new domain of human activities. In the future, the Arctic will be a very convenient strategic access and its abundant natural resources will be exploited. These factors have prompted Arctic states to define their sovereign interests in the Arctic and the threats and challenges there that they will meet. The Government of Canada's Arctic Policy Framework, released in 2019, noted that a growing number of state and non－state actors were seeking strategic advantages in the Arctic, the competition in the Arctic will to be fiercer later. So the Government of Canada will increase its investments to ensure that the Department of Defence and its armed forces maintain an effective security framework and have the ability to detect, deter and reduce threats in order to preserve its own northern sovereignty and the sustainable security of the Arctic.

Keywords: Canada; Arctic Strategies; Armed Forces

权威报告·一手数据·特色资源

皮书数据库

ANNUAL REPORT(YEARBOOK) DATABASE

分析解读当下中国发展变迁的高端智库平台

所获荣誉

- 2019年，入围国家新闻出版署数字出版精品遴选推荐计划项目
- 2016年，入选"'十三五'国家重点电子出版物出版规划骨干工程"
- 2015年，荣获"搜索中国正能量 点赞2015""创新中国科技创新奖"
- 2013年，荣获"中国出版政府奖·网络出版物奖"提名奖
- 连续多年荣获中国数字出版博览会"数字出版·优秀品牌"奖

成为会员

通过网址www.pishu.com.cn访问皮书数据库网站或下载皮书数据库APP，进行手机号码验证或邮箱验证即可成为皮书数据库会员。

会员福利

- 已注册用户购书后可免费获赠100元皮书数据库充值卡。刮开充值卡涂层获取充值密码，登录并进入"会员中心"—"在线充值"—"充值卡充值"，充值成功即可购买和查看数据库内容。
- 会员福利最终解释权归社会科学文献出版社所有。

中国社会发展数据库（下设 12 个子库）

整合国内外中国社会发展研究成果，汇聚独家统计数据、深度分析报告，涉及社会、人口、政治、教育、法律等 12 个领域，为了解中国社会发展动态、跟踪社会核心热点、分析社会发展趋势提供一站式资源搜索和数据服务。

中国经济发展数据库（下设 12 个子库）

围绕国内外中国经济发展主题研究报告、学术资讯、基础数据等资料构建，内容涵盖宏观经济、农业经济、工业经济、产业经济等 12 个重点经济领域，为实时掌控经济运行态势、把握经济发展规律、洞察经济形势、进行经济决策提供参考和依据。

中国行业发展数据库（下设 17 个子库）

以中国国民经济行业分类为依据，覆盖金融业、旅游、医疗卫生、交通运输、能源矿产等 100 多个行业，跟踪分析国民经济相关行业市场运行状况和政策导向，汇集行业发展前沿资讯，为投资、从业及各种经济决策提供理论基础和实践指导。

中国区域发展数据库（下设 6 个子库）

对中国特定区域内的经济、社会、文化等领域现状与发展情况进行深度分析和预测，研究层级至县及县以下行政区，涉及地区、区域经济体、城市、农村等不同维度，为地方经济社会宏观态势研究、发展经验研究、案例分析提供数据服务。

中国文化传媒数据库（下设 18 个子库）

汇聚文化传媒领域专家观点、热点资讯，梳理国内外中国文化发展相关学术研究成果、一手统计数据，涵盖文化产业、新闻传播、电影娱乐、文学艺术、群众文化等 18 个重点研究领域。为文化传媒研究提供相关数据、研究报告和综合分析服务。

世界经济与国际关系数据库（下设 6 个子库）

立足“皮书系列”世界经济、国际关系相关学术资源，整合世界经济、国际政治、世界文化与科技、全球性问题、国际组织与国际法、区域研究 6 大领域研究成果，为世界经济与国际关系研究提供全方位数据分析，为决策和形势研判提供参考。

法律声明